鲁迅少不读 胡适老不读

全新修订版

韩石山／著

陕西出版集团
陕西人民出版社

图书在版编目（CIP）数据

少不读鲁迅　老不读胡适 / 韩石山著. —修订本. —西安：陕西人民出版社，2011

ISBN 978-7-224-10034-1

Ⅰ. 少…　Ⅱ. ①韩…　Ⅲ. ①鲁迅（1881~1936）—人物研究 ②胡适（1891~1962）—人物研究　Ⅳ. ①K825.6 ②K825.4

中国版本图书馆CIP数据核字（2011）第277505号

少不读鲁迅　老不读胡适（全新修订版）

作　　者　韩石山

出版发行　陕西出版集团　陕西人民出版社
（西安北大街147号　邮编：710003）
发货联系电话（传真）：（010）88203378

印　　刷　北京兴鹏印刷有限公司
开　　本　710mm×1000mm　16开　16.75印张　1插页　234千字
版　　次　2012年3月第1版　2012年3月第1次印刷
书　　号　ISBN 978-7-224-10034-1
定　　价　32.00元

新版序

这是我多年前写的一本书。当时觉得真理在握，气冲斗牛，现在老了，不这么看了，觉得自己也可能是错的。

最近看到一本专为反驳我而写的书，名为《著名作家的胡言乱语——韩石山的鲁迅论批判》（房向东，2011年1月上海书店出版社），前面还有北大某教授的万字长序，名为《"反鲁英雄"韩石山、苏雪林优劣比较论》，前者说我的言论怎样的"操蛋"，反来则让它"见鬼去吧"。护法的韦驼不过尔尔，其所护之法，又能如何了得。拜读之下，又犯了心思，觉得自己很可能还是对的。

退一万步，即使我的看法不一定正确，鲁迅研究既然是一种研究，也应当允许有这么一个思路，有这么一个观点，何至于到了"操蛋"且"见鬼"的地步。百花齐放，百家争鸣，总比一家独尊好些。只能说好，不能说一个不字，叫什么都行，叫研究总觉得别扭。我的看法是在读书中发端的，也是在读书的过程中完善的。我可以不相信自己的德行与智力，却不敢无视那么多书本的品质，还有它们的作者的诚挚。

当年书成之后，送了几家出版社，这家让删一些，那家让删一些，删了又不出，后来还是中国友谊出版公司给出了。此番修订，原本想将删去的恢复过来，想想，还是免了吧，还是尽量保持原先的模样。有两三个材料，实在不忍心舍弃，加在了书中适当的地方。有看过原书的朋友，粗略翻阅，不难发现。

原书中的一些掉字衍字，错了的人名地名，凡是看出的，都改了过来。

感谢陕西人民出版社的朋友，给此书一个修订再版的机会。

2011 年 4 月 3 日于潺湲室

原版序

研究鲁迅,对我来说是一次学术训练。

我不否认我有事先的看法。相反，我还很尊重我的事先的看法。因为它是从平日的阅读和思考中得来的。

但我也绝不固执事先的看法。从这点上说，我更尊重研究过程中所使用的科学的方法。

你认定你所使用的方法是科学的，即便得出的结果与原先的看法不一致,也得放弃成见而承认这最后的结果。这个科学的方法,就是有一分材料说一分话,有八分材料不说十分话。一切从当时的实际情况出发,不夸大也不遮掩,尽量还原历史,呈现历史的本来面貌。

作为一个过去时代的人,鲁迅的一生是曲折的,也是复杂的,有过坚守也有过转变。他有他的光荣,也有他的悲哀。

有两点是要先作说明的,一是我的研究,不涉及鲁迅的私德,也就是不涉及他个人的品德,只看他在那个大的历史时期站在什么立场,起过什么作用。二是我把这一研究限定在一九二七年以前，此后鲁迅已兼具革命战士的身份,超出了我的研究范围。

还有一个考虑,也不能不说。过去因为尊崇鲁迅,以为鲁迅从来是正确的，把跟他有过争论或对立的人，全贬为落后或反动，这样做太对不起历史了，也太对不起那些曾对中国社会的进步做出过贡献的个人了。

还鲁迅一个公道，也是还历史一个公道，还历史上许多人物一个公道。

二〇〇四年十一月二十八日于潺湲室

目　录

鲁迅和胡适:同时来到历史的交叉路口

要不要把胡适赶出北大课堂

一九一七年秋季的一天，北京大学西斋丙字十二号宿舍里，后来成了著名历史学家的顾颉刚,与后来当过北京大学代理校长的傅斯年正在商谈,是不是要将一个叫胡适的新教授从北大哲学系的课堂上赶走。

两人虽住在同一宿舍,却不是一个系的,顾是哲学系,傅是中文系。这一年顾二十四岁，傅二十一岁，同是二年级学生。他们不知道他们后来的事业，更不会知道他们商谈的事情，将决定北京大学学术史上一个重要的时期。

顾颉刚说,他们系这一学期来了一位新教授,叫胡适,是美国留学生。原先的教授从三皇五帝讲起，讲了两年才讲到商朝，这位新教授却抛开唐虞夏商，直接从周宣王讲起。同学们都说这是割断中国哲学史，这是思想造反,这样的人怎么配来北京大学讲哲学史呢。同学们想将这位教授赶走,他自己倒是觉得胡先生讲课还有新意,但也拿不定主意,希望对方去听听课,作个评价,以决定是不是将这位新教授赶走。

同是二年级学生,仅是学科不同,且顾还要长傅三岁,为什么顾要如此郑重地向傅请教以作定夺呢?

这就要说到傅的本事了。

傅斯年天分极高，十一岁时读完十三经，许多篇章都能背诵。在北大预科三年，已显出不凡的才学。和他同年级，后来成了著名文史学家的毛子水曾说过：在北大读预科时，傅曾对他说过："张皋文在清代学者中，文章和学问都是第一等的，而都不是第一。"毛对傅所说的"第一"的含义虽不甚明确，但颇惊骇他诵读的广博，见解的卓异。其时北大预科尚是桐城派经学大师的天下，如此深厚的旧学功底，自然受到老学究们的青睐、新学生们的钦羡。此后不久，章太炎弟子入主北大，所注重者仍是旧学，只是治学方法有所不同。这样一来，入本科后傅斯年又交了好运，很快便受到刘师培、陈汉章、黄侃等国学大师的器重。其中陈汉章、黄侃均出自章太炎门下。尤其是黄侃视之为高足，期望甚殷。傅斯年在学生中的声望较预科时更其彰显。

再则，傅斯年在学生时期，就表现出极强的组织能力，是闹学潮、赶教授的一把好手。且不说在后几年的五四运动中，此人是集会游行的主要组织者，就在跟顾颉刚谈话前不久，便做了件漂亮的赶教授的壮举。据北大同学罗家伦回忆是这样的：

> 朱蓬仙是章太炎的门生，学问不能说没有，只是所教的《文心雕龙》非其所长，在教室里不免出了好些错误，可要举出这些错误，学生们的笔记终究难以为凭。恰好有位同学借到朱教授的讲义全稿，交给傅斯年审核。傅用了一夜的时间看完，摘出三十几条错误，由全班签名上书蔡校长。蔡先生是内行，看了自然明白，可他不信这是学生们自己发觉的，为预防教授们互相攻讦之风，于是突然召见签名的全班学生。同学们慌了，害怕蔡先生要考，又怕傅斯年一人承担这责任未免太重。于是大家在见蔡先生之前，一人分担了几条，预备好了方才进去。果然蔡先生当面口试，分担的同学回答得头头是道。考完之后，蔡先生一声不响，同学们也一声不响，一一鞠躬鱼贯退出。过后不久，遇到一个适当的时候，朱蓬仙果然不再教这门课了。（罗家伦《元气淋漓的傅孟真》）

傅斯年也很自负，听了顾颉刚的话，同意去听听胡适的课，以决定是不是将这个新来的留学生从北大哲学系课堂赶走。认真地旁听了几次课之后，傅斯年对那些要赶走胡适的同学们说：

"这个人书虽然读得不多,但他走的这一条路是对的。你们不能闹。"

于是胡适留在了北大哲学系。

当然了,胡适继续留在北大教书,不能说全是此事起了作用,但是对于一个刚刚回国的留学生来说,若是一出马便失了前蹄,从马上栽下来,对日后事业的发展,不能说不是一个莫大的障碍。可贵处还在于,傅斯年从未以此自傲,多少年都没向胡适说过。傅斯年去世后,胡适在缅怀文章中提及此事,不无动情地说:"我这个二十几岁的留学生,在北京大学教书,面对着一般思想成熟的学生,没有引起风波;过了十几年之后才晓得是孟真暗地里做了我的保护人。"(胡适《傅孟真先生的思想》)

听过胡适的课之后,傅斯年对胡适的治学方法很是景仰,从此之后,便疏远了黄侃等太炎门生,投奔到胡适麾下。不时趋访,请教学问,纵论时局。正是在胡适的家里,傅斯年结识了同在北大读书而不在一个系的罗家伦。在上引的文章中罗说:

> 我和孟真是一九一七年在北京大学认识的……我们开始有较深的了解,却在胡适先生家里。那时我们常去,先则客客气气的请教受益,后来竟成为讨论争辩肆言无忌的地方。这时期还是适之先生发表了《文学改良刍议》以后,而尚未正式提出"国语的文学,文学的国语",也就是未正式以文学革命主张作号召以前。适之先生甚惊异孟真中国学问之博与精,和他一起接受以科学方法整理旧学以后的创获之多与深。适之先生常是很谦虚地说,他初进北大做教授的时候,常常提心吊胆,加倍用功,因为他发现许多学生的学问比他强。(抗战胜利后的第二年,适之先生于北大校庆之夕,在南京国际联欢社聚餐时演讲,就公开有此谦词。)这就是指傅孟真、毛子水、顾颉刚等二三人说的。当时的真正国学大师刘申叔(师培)、黄季刚(侃)、陈伯(汉章)几位先生,也非常之赞赏孟真,抱着老儒传经的观念,想他继承仪征学统或是太炎学派等衣钵。孟真有徘徊歧路的资格,可是有革命性、有近代头脑的孟真,决不徘徊歧路,竟一跃而投身文学革命的阵营了。以后文学革命的旗帜,因得孟真而大张。

顾颉刚劝傅斯年听听胡适的课，以决定是否将胡适赶走，在其起始，确实算不得大事，但谁又能料到，后来会有这一连串的结果呢。小事中每每隐匿着大的历史事变的开端，可惜这样的见微知著，常是许多历史学家事后的聪明。

胡适晚年也谈到了北大的新旧两派。在与胡颂平谈到清华出身的张荫麟时，胡颂平问："倘使他不入清华而入北大，能在先生旁边作研究工作，那他一定会有特殊的成就。"胡适说："不，北大里边也有守旧派，就是入了北大，也不一定会跟我学。他是广东人，或是出于守旧的家庭；如果他有好的师友，造就当然不同了。你不要以为北大全是新的，那时还有温州学派，你知道吗？陈介石、林损都是。他们舅甥两人没有什么东西，值不得一击的。后来还有马叙伦，马叙伦大概是陈介石的学生。"胡颂平又问："傅斯年当初不是很守旧吗？"胡适笑着说："是的，孟真是很守旧的。那时穿上大袍褂，拿着大葵扇的。"（胡颂平《胡适之先生晚年谈话录》第63页）

还有一件小事，也颇能说明当年北大新旧两派之间的对峙与猜忌。一九一八年十二月，傅斯年和罗家伦响应新文化运动，办起《新潮》杂志，陈独秀对他们仍是心存疑虑。周作人在《知堂回想录》中说：

> 《新潮》的主干是傅斯年，罗家伦只是副手，才力也较差，傅在研究所也单认了一种黄侃的文章组的"文"，可以想见一年之前还是黄派的中坚。但到七年十二月，就完全转变了。所以陈独秀虽自己在编《新青年》，却不自信有这样的法力，在那时候曾经问过我，"他们可不是派来做细作的么？"我虽然教过他们这一班，但实在不知底细，只好成人之美说些好话，说他们既然有意学好，想是可靠的吧。（《知堂回想录》第376页）

傅斯年的转变，其意义在于，肇始了太炎门生在北京大学地位的衰落，开启了北大学术史上的一个新纪元，那就是留学英美的一批自由主义学者，终将成为北京大学真正的主宰。而这批自由主义学者和太炎门生的抗争，也必然会越来越激烈，其中有学术理念的不同，也有政治见解的歧异，有私人间的意气用事，也有莫名其妙的人事纠纷。就大势而言，却是先进文化思想与传统文化思想的抗争。起初是学术的抵牾，后来便演变成思想认识的冲突，最终便是社会立场的异途。

当然，两派明火执仗的对立与打斗，还在多年之后。历史老人正在精心地安排着一次大的事业，暂时需要他们同心合力来做，之后才会让他们分其道而扬其镳。

这件大事，便是两派的鼎力合作，共同创建新文化运动初期的繁荣景象。

北京大学学术流派的变迁

利用这个间隙，让我这从未窥过北大门墙的村儒，来谈谈北京大学文科学术流派的变迁。

北京大学文科学术的变迁，从建校到二十世纪三十年代，大致经过三个时期，一是桐城派古文学家称霸的时期，一是太炎弟子称雄的时期，一是英美留学生风光的时期。太炎弟子称雄的时期，也可以称为留日学生称雄的时期。之所以不给出精确的时间界限，是因为这三个时期只是相对而言，它的特征是明显的，它的过渡又是从容的。大体说来，从北大创办直到民国初年，是桐城派古文学家称霸的时期。民国建立，蔡元培执掌教育部之后，便开始了太炎弟子称雄的时期，这一时期直到一九一七年蔡元培出任北大校长之后，仍在继续着，但同时也开始了英美留学生风光的时期。

也不是不可以给个确切的分期。北大创立之初，桐城派古文学家称霸就不用说了。到了一九一四年六月，浙江籍的夏锡祺被委任为文科学长，此时桐城派便失去了左右文科发展的力量。此后近十年的时间，北大文科一直是太炎门生的天下。随着归国的英美留学生的增多，蔡元培也看出了太炎门生的不可依仗，遂于一九二二年四月二十五日任命胡适为北大教务长，可说是正式开启了英美留学生风光的时期。这种风光，不光是在文科，而是在整个北大。

于此可知，太炎门生在北大的力量之大，称雄时期之长，直到一九二四年女师大风潮之后，太炎门生的势力才衰微下去，逐渐为欧美留学生所取代，成为北大学术力量的中坚。从此之后，北京大学才走上了现代大学的途程。以中国这样一个老大帝国，以北京大学这样一个传统根基深厚的旧式大学堂，能历经多次巨大的时局动荡，用短短二十几年时间走上现代大学的途程，也可说是中国教育史上的奇迹了。

《北京大学史料》第二卷上，刊有一九一八年北京大学的《职员名录》，我们且将文科学长以下，文预科教授以上的教员名单开列如下。兼职教授不计，后面的留学国别是我加的。

文科学长	陈独秀	四十	安徽怀宁	留日
文本科教授	贺之才	三十三	湖北蒲圻	留比
文本科教授	顾兆熊	三十	京兆	留德
文本科教授	黄　节	四十一	广东顺德	未留学
文本科教授	徐宝璜	二十五	江西九江	留美
文本科教授	张相文	五十三	江苏泗阳	不详
文本科教授	叶　瀚	五十七	浙江杭县	未留学
文本科兼预科教授	朱家骅	二十六	浙江吴兴	留德
文本科兼预科教授	关应麟	四十三	广东南海	不详
文本科教授兼哲学门研究所主任又兼国文英文二门研究所教员	胡　适	二十八	安徽绩溪	留美
文本科教授兼哲学国文二门研究所教员	陈汉章	五十四	浙江象山	未留学
文本科教授兼哲学门研究所教员	陶履恭	三十一	直隶天津	留英
文本科教授兼哲学门研究所教员	陈大齐	三十四	浙江海盐	留日
文本科教授兼哲学门研究所教员	康宝忠	三十三	陕西固城	不详
文本科教授兼哲学国文二门研究所教员	马叙伦	三十四	浙江杭县	留日

文本科教授兼 哲学门研究所教员	章士钊	三十七	湖南长沙	留日
文本科教授兼 哲学门研究所教员	朱希祖	四十	浙江海盐	留日
文本科教授兼 国文门研究所教员	黄　侃	三十三	湖北蕲春	留日
文本科教授兼 国文门研究所教员	钱玄同	三十二	浙江吴兴	留日
文本科教授兼 国文门研究所教员	周作人	三十五	浙江绍兴	留日
文本科教授兼 国文门研究所教员	吴　梅	三十九	江苏吴县	未留学
文本科教授兼 国文门研究所教员	刘师培	三十四	江苏仪征	留日
文本科教授兼 英文门研究所教员	卫而逊	二十八		留美
文本科教授兼 英文门研究所教员	辜汤生	六十二	福建同安	留英
文预科教授	马裕藻	四十一	浙江鄞县	留日
文预科教授	杨敏曾	六十一	浙江慈溪	不详
文预科教授	朱宗莱	三十八	浙江	留日
文预科教授	沈兼士	三十二	浙江吴兴	留日
文预科教授兼 国文门研究所主任	沈尹默	三十六	浙江吴兴	留日

以上文本科和文预科教授共二十九人，除卫而逊和辜汤生为英文门教授外，共二十七人。其中留学日本的十三人，太炎弟子十人，留学欧美的六人。再一个很明显的特征是，留学欧美的年龄大都在三十岁以下，年龄最大的陶履恭不过三十一岁，年龄最小的徐宝璜才二十五岁。还有一个不用统计也能看出来的特征是，年龄越大的有留学经历的越少，这

就是前面所说的桐城派的遗存了。比如杨敏曾，六十一岁，虽未查出他的履历，怕只能作如是观。朱宗莱即前面罗家伦提到的朱蓬仙。

这样，北京大学文科学术变迁的历史，也就大致呈现在我们的面前了。像傅斯年这样的优秀学生，舍弃黄侃这样的太炎弟子，投奔胡适的麾下，也就不难理解了。

要特别强调的是，留日学生，尤其是太炎弟子对北大学术发展的贡献是不可埋没的，也是不可替代的。他们取代桐城派老学究，可说是北京大学迈向现代化的第一步。也正是他们这些人的努力，奠定了北大的学术地位，为北大赢得了广泛的社会声誉。尤其是国学门研究所，其组建之正规，成绩之扎实，多少年之后，仍引起后辈学人的关注。台湾学者陈以爱的《中国现代学术研究机构的兴起——以北大研究所国学门为中心的探讨》，就是一本这方面的研究专著。从上面的列表可以看出，国学门研究所主任是沈尹默，教员即研究员有胡适、陈汉章、马叙伦、黄侃、钱玄同、周作人、吴梅、刘师培。除了胡适、吴梅等人之外，几乎全是清一色的太炎弟子。

对北大学术历史的源流，对太炎弟子的历史功绩，陈以爱有精到的论述：

> 20年代主导北大文科的太炎门生，多是浙江人。他们具有相当浓厚的旧学根底；又因留学日本，对西学也有一定程度的认识。这批学者于辛亥革命前返国，靠了同门的关系互相援引，在浙江各府中学任教。1913年后，主持北大校政的留日学者为了打击桐城派的旧势力，将这批太炎门生相继延揽到北大，使他们顿时成为北大文科的主流派，考证之学也因而成为文科的主要学风。当1916年底，章太炎的旧交、同样的浙江籍的蔡元培出任北大校长后，太炎门生的地位益形巩固。陈独秀、胡适在北大鼓吹新文学时，也因为得到不少太炎门生的响应支持，在《新青年》踊跃投稿，才使文学革命的声势大张，新文化运动得以席卷全国。曹聚仁谓太炎弟子是新文学运动期间“北京大学学术思想的中心，也正是领导新文化运动的重镇”，

是有根据的说法。(陈以爱《中国现代学术研究机构的兴起》第324页)

胡适不光是白话文运动的倡导者，也是国学研究的倡导者，此中原委，陈以爱是这样说的：

> 1917年被聘为北大教授的留美学生胡适，在初进文科时，对这批太炎门生也表示相当的尊重。胡适治中国哲学史，对章太炎的相关著作十分熟悉，这使他与其他同事相处时，具有学术交流的共同语言。在新文化运动的高潮中，"国学"的研究价值与发展前景这些核心而关键的问题，引起学者的热烈讨论。面对西学的强烈冲击与挑战，胡适提出今日当以科学方法来"整理国故"，以期在乾嘉考证学的基础上，将中国传统学术与西方的科学方法结合起来。胡适的这种融和中西的主张，获得大部分同事响应，"整理国故"立时成为传诵一时的学术新口号。(陈以爱《中国现代学术研究机构的兴起》第324页)

胡适对太炎门生的尊重是一回事，太炎门生对胡适的态度又是一回事。可以说，从进入北大的第一天起，太炎门生对胡适其人就是有成见的。原因很简单，胡适是陈独秀向蔡元培力荐之下才来到北大的。在太炎门生们看来，陈独秀连当北大教授的资格都没有，竟当了文科的学长(文学院院长)。一九一九年四月，陈独秀辞职，表面看是因为私行不检，以致受到舆论与同事的攻击，不得不离开北大。实际上，驱陈最力的，乃是太炎门生的中坚人物沈尹默。沈看到安徽籍的陈独秀与同是安徽籍的胡适结为一体，预知必然对浙江籍的太炎门生们不利，必欲驱之而后快。正好陈独秀私行不检点，授人以柄，其去职也就成为必然。胡适学历高，人缘好，要下手就不那么容易了。但胡适也分明感觉到了来自太炎门生的压力，他所以要在短时间内完成《中国哲学史大纲》(上卷)，正是为了在陈独秀去职之后，能在北大站住脚跟。若不是他表现得这么优秀，真说不定下一个被驱逐的便是安徽籍的胡适了。看看胡适最初在北大研究所国学门的处境，也就可能想见，日后如果得志，胡适会对太炎门生持何种态度了。陈以爱说：

事实上，在整个20年代，这些留日的太炎门生不仅主导了国学门的发展方向，而且透过控制北大评议会，他们也具有左右北大校政的力量。相较之下，胡适虽曾出任《国学季刊》的主任编辑，但随着新文化运动以后胡氏在知识界声望的日涨，他和沈兼士等人的关系也越来越紧张。在双方关系迅速恶化的情况下，胡适在国学门逐渐被视为圈外人，对国学门的事务实际上是无法置喙的。（《中国现代学术研究机构的兴起》第82页）

事实也确是这样。两派之间的抗衡与争斗，一直延续到二十世纪三十年代前期。一九三〇年秋，胡适出任北大文学院院长。同年十一月蒋梦麟出任北大校长，力矫积弊，重振学风，其对手仍为盘踞国文系的一班太炎弟子。第二年五月八日，时任中研院史语所所长，亦在北大兼任教职的傅斯年，在给蒋梦麟的信上说：

国文系事根本解决，至慰。惟手示未提及马幼渔，深为忧虑不释。据报上所载情形论，罪魁马幼渔也。数年来国文系之不进步，及为北大进步三障碍者，又马幼渔也。林，妄人耳，其言诚不足论。马乃以新旧为号，颠倒是非，若不一齐扫除，后来必为患害，此在先生之当机立断，似不宜留一祸根，且为秉公之处置作一曲也。马丑恶贯满盈久矣，乘此除之，斯年敢保其无事。如有事，斯年自任与之恶斗工作。似乎一年干薪，名誉教授，皆不必适于此人，未知先生以为何如？（《近代史资料文库》第九卷第516—517页）

马幼渔即时任国文系主任之马裕藻，林当指该系教授林损。读此信，想见其声口，真到了咬牙切齿、不共戴天的地步。直到一九三四年，胡适取代马裕藻兼任国文系主任，且辞退了林损，两派之间的抗衡与争斗，才真正见出了分晓。

以此逆推，不难想象当初是怎样一种态势。

有人或许会说，这些太炎门生也太霸道了，品质上也太差了。不能这么说。时代的更迭，新旧的不睦，本是历史的必然，不是谁的品质好，谁的品质不好所能改变得了的。即以傅斯年诋为“马丑”的马裕藻先生，绝非什么无德之人，学问不必深究，以人品而论，乃事理通达、心气平和之辈，任国文系主任十多年，人称“好好先生”。被诋为“妄人”的林损先生，更是一位饱学之士。狷介有之，诬为“妄人”，实在是过了。

这样，就把新文化运动初期，留学欧美的自由主义知识分子，与早期留学东洋归来的太炎门生合作的一面、不睦的一面，最终导致破裂的原因也说清楚了。综合两个方面，也就可以大致弄明白，为什么在五四运动中他们是并肩战斗的战友，“五四”之后没有几年就起了纷争，最终分道扬镳。

近世以来，留学热潮和中国政局的变革，思想文化的嬗递，其中的关系是微妙的，也是豁朗的。

几乎可以说，每一次大的留学浪潮，过后都会在中国本土引发一次或几次大的社会变革。现代的社会理念是中国本土产生不出来的。封建时代的知识分子，要么去做官从政，要么去研究学问，被逼得没办法了要反抗朝廷，也不过是参与民间的起义，目的在另立朝廷，而不会想到以一个新的社会制度去取代旧的社会制度。只有学习了西方的社会理论，才会有推翻封建制，建立共和制的理想，才会有废除专制独裁，实现民主政治的举措。大体可以这样说，清朝末年的那次大的留日浪潮，引发了辛亥革命，继而引发了民国初年的宪政运动。以《新青年》肇其端，以五四运动为高潮的新文化运动，则可以说是以留学欧美的知识分子为主发动起来的。新文化运动的三位主将级的人物，蔡元培是留德的，陈独秀是留日的，胡适是留美的，这三个人不同的出处，绝不能说是巧合而不是必然。顺便提一下，从出生年份上说，蔡元培一八六八年，陈独秀一八七九年，胡适一八九一年，彼此相差十一二岁。从功名上说，蔡是前清的进士，陈是前清的秀才，胡是留美的博士（假设学位也可算作功名）。这些也都是大可玩味的。后来新文化运动的进一步发展，主要是留学欧美的知识分子的参与。一九二七年国民政府成立后，这批知识分子对国民政府上层的改组，也起了极为重要的作用。

凡事都不是绝对的。就是五四运动之后，也还有留日的潮流，只是与留学英美的潮流比较起来，已大为逊色了。

留学英美的浪潮，若不说更早的国派留学，可说是以一九〇九年第一批庚款留美学生为其起始的。一九一一年清华学校设立后，随着一批批清华学生的放洋，社会上也就掀起了一个新的留学浪潮。舒新城的《近代中国留学史》中说：“清华学校成立于一九一一年（宣统三年），而美国退还庚款则始于一九〇九年，故在清华未成立及未有毕业生以前，于是一九〇九年八月，一九一〇年七月，一九一一年七月，举行三次甄别试验，所考之科目皆准当时中学毕业入大学所需之程度，此三年所考取之人数，计第一年四十七人，第二年七十人，第三年六十三人，以后继续派送该校学生，至一九二四年已达六百八十九人。”胡适就是一九一〇年考上第二批庚款留学生名额而去了美国的。徐志摩是一九一八年自费去美国的。梁实秋是一九二三年清华毕业赴美留学的，与梁实秋同船赴美的有谢冰心、吴文藻、许地山、顾毓琇等数十人。正是这一批又一批英美留学生的归来，将已然掀起的中国的新文化运动推到一个新的高潮，一个新的境界。

太炎弟子入主北大文科，必然预示着桐城派的没落。

英美留学生的归来，也就必然预示着留日学生和太炎弟子的失落。

历史就是这样更替的，谁也阻挡不了。

就在这样的大背景下，从西单南大街中华民国教育部的朱红大门里，走出了一个矮个儿、蓄着浓浓的如隶书一字黑胡须的中年人，他就是后来成了在大陆编写的现代文化史和文学史上地位最高、声名最大、非议也最多的周树人先生，笔名鲁迅者是也。

鲁迅的幸与不幸

从教育部出来，鲁迅回到位于宣武门外南半截胡同的绍兴会馆；独自一人住着三间房子，他叫它补树书屋。是寂寞也是心性，他用抄录古碑帖来打发时光。天黑了，蚊子多了，踱出居室，摇着蒲扇坐在院里的槐树下，仰头从密叶缝里看那一点一点的青天，晚出的槐虫每每冰凉地落在他的额头上。

这是一九一七年夏季的一天，鲁迅已是三十六岁的中年人了。此时的心境，且看他的自述：

> 只是我自己的寂寞是不可不驱除的，因为这于我太痛苦。我于是用了种种法，来麻醉自己的灵魂，使我沉入于国民中，使我回到古代去，后来也亲历或旁观过几件更寂寞更悲哀的事，都为我所不愿追怀，甘心使他们和我的脑一同消灭在泥土里的，但我的麻醉法却也似乎已经奏了功，再没有青年时候的慷慨激昂的意思了。（《呐喊·自序》）

正是在这样的心境下，一天下午，他的留日时期的好朋友，同为太炎门生的钱玄同来访，谈到夜半时分始离去。两人有这样一番对话：

"你抄这些有什么用？"钱玄同翻着鲁迅古碑的抄本。

"没有什么用。"鲁迅说。

"那么，你抄他是什么意思呢？"

"没有什么意思。"

"我想，你可以做点文章……"

这番对话，后来鲁迅把它写在小说集《呐喊》的自序里。接着说，我懂得他的意思了，他们正办《新青年》，然而那时仿佛不仅没有人来赞同，并且也还没有人来反对，我想，他们许是感到寂寞了。

几番交谈之后，鲁迅终于答应做文章，这便是转年四月间写的小说《狂人日记》。"从此以后，便一发而不可收，每写些小说模样的文章，以敷衍朋友们的嘱托，积久就有了十余篇"，出了本名为《呐喊》的小说集。

这是鲁迅的幸。若没有《新青年》的创办，没有较早参与《新青年》编务的钱玄同的督促，这位十多年前就雄心勃勃翻译出版《域外短篇小说集》的老文学青年，会在抄古碑的日子里销蚀下去。

正是这些短篇小说，奠定了鲁迅最初的声名。

鲁迅是教育部的佥事，这是个不小的官儿，若他一直以票友的身份参与新文化运动，保持一种局外人的心态，也就不会有后来那么多的麻烦了。

鲁迅的不幸在于，后来以兼职的身份进了北京大学教书，这就把他拖进是非的旋涡里了。

是二弟周作人,把鲁迅引进北大的。

一九一七年春天,鲁迅托蔡元培的面子,把二弟从南方叫到北京,进了北大。初来时,因是四月间,只有美学课需人,此外便是预科的国文,这些课周作人说他都不能胜任。当时国史馆刚由北大接收,改为国史编纂处,蔡元培让他去做编译员,到了八月,中文系有了空缺,改任文科教授。

转眼到了一九二〇年八月,中文系安排下学期的课程,系主任马幼渔想让周作人开一门叫中国小说史的课,每周两小时,周作人答应了。回家和鲁迅说起,觉得哥哥去教更为合适,鲁迅说去试试也好。鲁迅的本事,马幼渔是知道的,自然不会见怪周作人的举贤不避亲。八月六日晚间,马幼渔便将北京大学的聘书送到绍兴会馆补树书屋,交到鲁迅手上。因为鲁迅是教育部的现任官员,属兼职,按北大的规定只能聘为讲师。当年的讲师和教授,没有学术资格上的差别,只是专职与兼职的区分。

如果说一九一七年的北京大学,蔡元培刚主政不久,正在援引人才,各种改革措施纷纷出台,英美派和太炎门生的矛盾还不怎么彰显的话,经过五四运动,随着更多的英美留学生进入北大,这种矛盾,和由矛盾而引起的斗争,就一天甚似一天了。因为北大老人中,还有一部分是留学法国的,而这些留学法国的,和留学日本的,有着同一渊源(好些是先去日本后去法国),因此有些书上,将英美派与太炎门生的矛盾,扩大一点称做与法日派的矛盾。通俗一点,也可说是新派与旧派。

鲁迅一进入北大,以他的留学出身,师承,还有籍贯,很快便和太炎门生们打成一片。他本人就是太炎门生。对新派人物取怎样一种态度,也就不难想见了。其时北大旧派的势力还是相当大的,只能说新派对旧派造成一种心理上的威胁,却不能说新派主动对旧派施以攻击。至于旧派对新派的攻击,周作人晚年谈到蔡元培时是这样说的:

> 他的成功也不是一帆风顺的。学校里边先有人表示不满,新的一边还没有表示排斥旧的意思,旧的方面却首先表示出来了。最初是造谣言,因为北大最初开讲元曲,便说在教室里唱

起戏文来了，又因提倡白话文的缘故，便说用金瓶梅当教科书了。其次是旧教员在教室中谩骂，别的人还隐藏一点，黄季刚最大胆，往往直言不讳。他骂一般新的教员附和蔡孑民，说他们“曲学阿世”，所以后来滑稽的人便给蔡孑民起了一个绰号叫做“世”，如去校长室一趟，自称去“阿世”去。知道这个名称，而且常常使用的，有马幼渔、钱玄同、刘半农诸人，鲁迅也是其中之一，往往见诸书简中，成为一个典故。（《知堂回想录》第523页）

新派对旧派心理上的威胁，最典型的例子该是刘半农的留法读博士了。周作人也有记述：

现在要讲刘半农，这也与胡适之有关，因为他之成为法国博士，乃是胡适之所促成的。我们普通称胡适之为胡博士，也叫刘半农为刘博士，但是很有区别，刘的博士是被动的，多半含有同情和怜悯的性质。胡的博士却是能动的，纯粹是出于嘲讽的了。刘半农当初在上海卖文为活，写“礼拜六派”的文章。但是响应了《新青年》的号召，成为文学革命的战士，确有不可及的地方……可是英美派的绅士很看他不起，明嘲暗讽，使他不安于位，遂想往外国留学，民九乃以公费赴法国。留法六年，始获得博士学位，而这学位乃是国家授与的，与别国的由私立大学所授的不同，他屡自称国家博士，虽然有点可笑，但这是可以原谅的。（《知堂回想录》第358页）

这两则资料很有意味。周作人的书，写于二十世纪六十年代，对胡适的态度不能不受时局的影响，他本人是太炎门生，笔下不会不有所倚侧。称刘半农为博士是同情和怜悯，称胡适是嘲讽，这心态先就不对。除去这两点，应当说所记基本是实情。至于说英美派绅士即胡适等人，看不起刘半农且明嘲暗讽，怕言重了。心里看不起，脸上或许会不屑，言语上怎样伤害，想来不会吧。他们的存在，他们与日俱隆的声誉，对刘半农这样没有留学经历，且与太炎门生们过从甚密的教授，无形间就是一种巨大的压力。

再就是，刘半农不前不后，恰于“民九”即一九二〇年赴法留学，也是很值得玩味的。五四运动的热闹劲儿过去了，要在北大这样的学术重镇生存，凭靠的不是一时的痛快，而是学术上的建树。这样的情势之下，刘半农就不能不考虑自己的资历了。就是英美派绅士不明嘲暗讽，自己还不知道自己的本事吗？只能说刘半农是个有上进之心的人，是个能与时俱进的人。这一点，他比那些太炎门生们要高明多了。这与他当时年龄不太大也有关系，刘半农当年不过二十九岁，与胡适同年出生。

黄侃的心态就是鲁迅的心态，刘半农的处境就是鲁迅的处境，还没有进入北大，鲁迅的心态和处境，已大致确定了。这是我们事后的分析，当时鲁迅怕是懵然不知的。

经过四个月的准备，一九二〇年十二月二十四日，鲁迅高高兴兴地踏上北京大学中文系的讲堂，讲起他精心准备的中国小说史了。

这就是鲁迅的不幸。没有赶上昔日的辉煌，却恰好承担了今天的艰窘。好在他是有大本事的，自负与才学让他一时还感受不到历史的冷落。已然掀起的新文化运动，更让他兴奋不已，一展雄才，此其时矣。只有当豪华落尽之际，才会感到岁月的无情，人生流转的无奈。

以上只是就北大的情形而言，若是放眼那个大的时代，对鲁迅的处境，就可以看得更清了。

新文化运动的起止时间

这就要说到中国新文化运动的起止时间了。

中国学术界有一个很大的毛病，就是说什么都含含糊糊，似是而非。比如五四运动、五四新文化运动、新文化运动这些概念，就没有明确的定义。至少它们的异同，各自的起止时间，就没有准确的界定。还有的，一说就是二十世纪二三十年代的新文化运动，就更含糊了。我的看法是，五四运动包含着新文化运动，新文化运动又超出了五四运动的时间，五四新文化运动和新文化运动应当是一个概念，只是说新文化运动时省略了“五四”两个字。

对中国新文化运动的起止时间，海外学者在他们的著作中大都有所涉及。

美国威斯康星大学东亚语言文学研究所的周策纵教授，长期以来致力于中国现代思想史的研究，一九六〇年出版的《五四运动：现代中国的思想革命》被誉为“一本材料翔实、内容丰富的卓越著作，任何一位研究现代中国的读者不可缺少的指导性参考书”。

他认为一九一七年陈独秀办《新青年》杂志，是新文化运动的开始。他把五四运动的终止，定在一九二三年七月北京成立反帝大同盟。新文化运动终止的时间，应当比这要晚些。

香港学者陈万雄写的《五四新文化的源流》，也是以陈独秀办《新青年》作为新文化运动的开始。他认为，五四运动广义上包括了五四爱国运动和新文化运动。陈万雄的书不是一本成体系的著作，是本论文集，没有确定新文化运动的终止时间。

美国学者J.B.格里德的《知识分子与现代中国》（单正平译），对新文化运动的起止时间，给出了明确的界定。他说：“我们认为，新文化运动前后大约是十二年，即从处于政治分裂和军阀主义边缘的一九一五年到一九二七年，这一年中国至少名义上重新统一在自称为早期革命继承者的国民政府之下。”（第235页）

止的原因他说了，始的原因，他说是因为这一年年底，袁世凯“发动一场运动复辟帝制，就任新王朝的开国皇帝。共和被强奸，但使袁的帝制阴谋最终受挫的一个极为重要的因素，是敌对军阀和野心勃勃的继任者的嫉妒。在袁世凯去世的一九一六年一年中，军阀割据，全国处于无政府状态中。就连他的政府曾经行使的脆弱管理，也随着国家的分裂而不复存在”（第236页）。于是中国的知识分子和有正义感的各界人士，便起来寻求救国之道。一九一九年的五四运动是这场新文化运动的高潮。

新文化运动开始的时间，是一九一五年还是一九一七年，差别不大，承认五四运动是它的高潮就行了。关键是，这位美国学者给了个终止的时间，那就是一九二七年南京国民政府的成立。我以为，还是将一九一七年作为新文化运动开始的时间较为恰当。这样，中国的新文化运动，就是一九一七年《新青年》杂志总部迁到北京，到一九二七年南京国民政府成立这十年的时间。五四运动是新文化运动的高潮。“五四”之后，经过一个两三年的平稳的过渡时期,大体上说,到了一九二四年,就进入它的后期了。

从一九一八年四月发表第一篇白话小说《狂人日记》起,到一九二四年,也就是新文化运动的前期,鲁迅可说是新文化运动的积极参与者。此后,因为与新文化运动的主要人物一个一个接连闹翻,对新文化运动也就取一种疏离、厌恶乃至敌视的态度了。

胡适:如今我们回来了

新文化运动的一员主将

"You shall know the difference now that we are back again."

——Iliad,xviii,I.125.

这是胡适一九一七年三月八日写在日记上的一段话。注明是《伊利亚特》第十八章第125行。他不是直接从该书中摘录的。日记中说,英国十九世纪的宗教改良运动未起时,其未来的领袖纽曼(Newman)、傅鲁得(Froude)、客白儿(Keble)诸人久以改良宗教相期许。三人将其所做的宗教诗歌合为一集,纽曼取荷马诗中这句话题其上。其意若曰:"如今我们回来,你们请看分晓罢。"日记中又说,此亦可作吾辈留学生之先锋旗也。

多年后,胡适又一次重译这句话时,做了稍许的改动。那是他为清华二十周年校庆的题词:"如今我们回来了,你们请看,要换个样子了!"并加了注说:"当英国'牛津运动'初起时纽曼取荷马此句题他和几个同志的诗集,我现在也用这句话来祝清华二十周年纪念。"

还是后来的翻译,更符合原意。

一九一七年六月中旬,胡适离开绮色佳(康奈尔大学所在地)起程回国。回国前三个月写在日记中的这个名句,可说是胡适彼时对所有留学生的期许,也可说是对自己的勖勉。

在未回国前,因年初在《新青年》上发表《文学改良刍议》,随后又发表多篇诗文，胡适已是国内文化界瞩目的新锐人物了。正因为有此声誉，前一年年底刚就任北大校长的蔡元培，便延揽这位刚刚毕业的留美博士为他正在锐意改革的北京大学的哲学教授。一个未曾谋面的留学生，仅凭看过几篇文章，便聘之为教授，这在北大乃破格之举。未回国之前，胡适已然知晓北京正在开展的新文化运动的局面。他这样说，该是多大的气魄。

是这样说了，后来也就这样做了。

胡适回国后十多年的作为，这里就不说了。要说的是，在中国新文化运动中，他究竟是一个什么样的角色，或者说应给他一个什么样的地位。

美国学者J.B.格里德的《胡适与中国的文艺复兴——中国革命中的自由主义（1917—1937）》，是一部研究胡适及现代中国知识分子的力作。书名中的“中国的文艺复兴”，指的就是中国的新文化运动。书中对胡适在这一运动中的地位与作用，有公允翔实的论述。在该书第三章《文学革命》中，说到了胡适在新文化运动初期的作用，还有他的巨大而广泛的影响：

> 20世纪最初10年的后期，这场生机勃勃的反传统运动之物质的与精神的中心就是国立北京大学。1917年秋，胡适入北大文学系教授中国哲学和西方哲学。1916年年底以后，蔡元培（1868—1940）任北大校长，他为把北大提高到其学术上和思想上的杰出地位做了重大贡献。他的愿望是把北大建成一所真正自由的学校，一所能容忍所有观点的学校。由于他本人就是某种意义上的激进派，一位转向革命的古典学者，所以毫不足怪，北大在他的主持下很快就成了怀疑派和反抗者的聚集之地。1917年陈独秀（1879—1942），这位受过日本和法国教育的《新青年》杂志的创办人和主编，被任命为文科学长。李大钊（1889—1927）与陈独秀一起成了马克思列宁主义的早期中国皈依者。1918年初，他任北大图书馆馆长，后来入法学院。教授语言学的钱玄同（1887—1939）是一位古汉语语言学家，章炳麟的门徒，

他自称自己是“钱疑古”。他也是最早涌现出来的和最热情的新文学支持者之一。在北大的教员中还有受过英国训练的社会学家陶履恭（字孟和，1887—1960）以及在日本接受过教育的政治家高一涵（1885—？）。在北京的还有，既在北大教书又是与北大集团来往密切的作家周作人和比他更有名气的兄长周树人（鲁迅），周作人是位相当有才华的散文作家。在1917到1920年之间芸集北京的正是这批非凡的青年人。26岁的胡适是其中最年轻的人物，但是，他那无可怀疑的受过西方教育的归国学者身份，他在北大的地位，以及他与《新青年》的联系，都标志着他是这个虽然规模较小但却条理分明，影响巨大的先锋派的天然领袖。他知道，无论他说什么都会引起人们的关注——至少在那些日子里——也会得到人们恭敬的聆听。（《胡适与中国的文艺复兴》第85—86页）

这个稍嫌冗长的叙述，画出了一幅新文化运动初期的将帅图。蔡元培是当之无愧的主帅。对陈独秀的作用虽着笔不多，将他列为蔡元培之下第一人，却是恰当的。《新青年》的创办人和主编，北大文科学长，这两个身份点到了，也就足以说明他的作用。李大钊、钱玄同、陶孟和、高一涵、周作人、鲁迅，一个个都是新文化运动的骁将。而胡适，却是这个“影响巨大的先锋派的天然领袖”。

关于新文化运动的主要发动者，或者说是主要责任人，陈独秀和胡适之间，曾有过一次没有交锋的论争。

二十世纪二十年代初，中国文化界发生过一场科学与玄学的论战，一九二三年十二月，上海亚东图书馆将参战的文章辑为一书，名为《科学与人生观》，成书前请陈独秀和胡适分别写了序。陈序写于同年十一月十三日，胡序写于同年十一月二十九日。这时两人都在上海，胡看了陈的序后，有不同意的地方，写了篇《答陈独秀先生》让陈看了，陈写了篇《答适之》，这两篇小文章作为“附注”附在两篇序文的后面。相互辩驳的文章，一个最大的遗憾是，若不能无休止地辩驳下去，截止的一方多少总会占点便宜。这次的情况恰是这样。为书写序，书出来了，就等于辩驳停止了。陈独秀的《答适之》写在胡适的《答陈独秀先生》之后，就占了这样一个便宜。文中他说：

常有人说，白话文的局面是胡适之陈独秀一班人闹出来的。其实这是我们的不虞之誉。中国近来产业发达，人口集中，白话文完全是应这个需要而发生而存在的。适之若在三十年前提倡白话文，只需要章行严一篇文章便驳得烟消灰灭。此时章行严的崇论宏议有谁肯听？

这样的话，胡适看了肯定不受用的，可是书出来了，辩论停止了，也就没办法了。这不受用存在心里，总有一天要了结的。胡适这个人，只要他认为有道理的，迟早总要说出来。他要说的道理，总有地方可以说。

不到一年，机会来了。一九二四年八月间，为赵家璧主编的《中国新文学大系·建设理论集》写导言时，他便把这股不平之气放了出来。文中引用了陈独秀上面那段话之后，接着说：独秀这番话是站在他的经济史观的立场上说的。历史事实的解释不是那么简单，不是一个“最后之因”可以解释得了的。比如一千一百年前的临济和尚和德山和尚的门徒们，在他们的禅林里听讲，忽然不用古文，而用一种生辣痛快的白话文来记录他们老师的说话，就开创了白话散文的“语录体”。这件史实和“产业发达，人口集中”有什么相干！还有明清以来一些文学流派的发达，也和产业的发达与否，人口的集中与否，没有什么因果的关系。于此可知，文学史上的变迁，“代有升降，而法不相沿，各极其变，各穷其趣”（袁宏道语），其中各有多元的、个别的、个人传记的原因，而不能用一个“最后之因”去解释的。

在分析了白话文运动起来的各种原因之后，胡适一点也不抹煞个人在这一运动中所起的作用。他借用陆九渊的一句话，说是：“且道天地间有个朱元静、陆子敬，便添得些子。无了后，便减得些子。”意思是，中国的白话文运动，大点说就是中国的新文化运动，有他胡适的参与和没有他胡适的参与，是不一样的。这也正是一九一七年他离开美国前，在日记中引用前人的话所表达的心志：我们这次回来了，事情就不一样了。

说过上面的话，胡适接下来说：

白话文的局面，若没有“胡适之陈独秀一班人”，至少也得迟出现二三十年。这是我们可以自信的。《逼上梁山》一篇是要用我保存的一些史料来记载一个思想产生的历史。这个思想不是“产业发达，人口集中”产生出来的，是许多个别的，个人传记所独有的原因合拢来烘逼出来的。从清华留美学生监督处一位书记先生的一张传单，到凯约嘉湖上一只小船的打翻；从进化论和实验主义的哲学，到一个朋友的一首打油诗；从但丁(Dante)到却叟(Chaucer)马丁路得(Martin-Luther)诸人的建立意大利英吉利德意志的国语文学，到我儿童时代偷读的水浒传西游记红楼梦，这种种因子都是独一的，个别的；他们合拢来，逼出我的“文学革命”的主张来。我想，如果独秀肯写他的自传，他的思想转变的因素必定有同样的复杂，也必定不是经济史观包括得了的。(《中国新文学大系·建设理论集》第17页)

上面提到的几组事件，每一个相对应的事件中，都有一件或两件与胡适自己有关，无须一一诠释了。单说“清华留美学生监督处一位书记先生的一张传单”和“凯约嘉湖上一只小船的打翻”吧。

胡适在《逼上梁山》一文中，对此有详尽的叙述。文章一开头就说，提起当时讨论“文学革命”的起因，不能不想到那时清华学生监督处的一个怪人。那个人叫钟文鳌，是一个基督教徒，受了传教士和青年会的很大影响，在华盛顿的清华学生监督处做书记，职务是每月寄发各地学生应得的月费。钟想利用他发支票的机会来做一点社会改革的宣传，便印了一些宣传品，和每月的支票夹在一个信封寄给留学生们。他的小传单有种种花样，大致是这样的口气：

“不满二十五岁不得娶妻。”

“废除汉字，取用字母。”

“多种树，种树有益。”

支票是留学生们每月渴望的；可是钟文鳌先生的小传单未必都受他们的欢迎。留学生们往往拆开信，把支票抽出来，就把这个好人的传单抛在字纸篓里去。

"可是钟先生的热心真可厌！他不管你看不看，每月总照样夹带一两张小传单给你。"胡适平时是厌恶这种青年会宣传方法的，总觉得他这样滥用职权是不应该的。有一天，又接到他的一张传单，说中国应该改用字母拼音；说欲求教育普及，非有字母不可。胡适一时动了气，就写了一封短信去骂他。信上的大意是说："你们这种不通汉字的人，不配谈改良中国文字的问题。你要谈这个问题，必须先费几年工夫，把汉文弄通了，那时你才有资格谈汉字是不是应该废除。"

这封信寄出去之后，胡适就有点后悔了。等了几天，钟文鳌先生没有回信来，他更觉得不应该这样"盛气凌人"。心想，这个问题不是一骂就可以完事的。自己既然说钟先生不够资格讨论这件事，够资格的人就应该用点心思才力去研究这个问题。不然，就应该受钟先生的训斥。

那一年恰好美国东部的中国学生会新成立了一个"文学科学研究部"（Institute of Arts and Sciences），胡适是文学股的委员，负有准备年会时分股讨论的责任。他就同赵元任商量，把"中国文字的问题"作为本年文学股的论题，由他们两个人分做两篇论文，讨论这个问题的两个方面：赵元任专论"吾国文字能否采用字母制，及其进行方法"；胡适的题目是"如何使吾国文言易于教授"。

当时胡适并没有明确的改良中国文字的主张，只是觉得这个问题应当讨论。由此切入，到了一九一五年夏天，他就开始和梅光迪等人讨论中国语言文字的改革问题了。到一九一六年六月，他的白话文理念已基本确立。而一件小事的发生，又将他逼到决心试做白话诗的路上去。

这年七月八日，任叔永、陈衡哲、杨杏佛等人在美国凯约嘉湖上摇船游玩，近岸时小船翻了。又遇着大雨，虽说没伤着人，大家的衣服全湿了。任叔永做了一首名为《泛湖即事》的四言长诗，寄给在纽约的胡适看。经过一番书信往还，胡适故意要气气这位好朋友，便写了一首一千多字的白话诗回答他。此为胡适做白话诗之始。

赵家璧找人分头编《中国新文学大系》各集时，找的都是在这方面最为权威的人士。新文学的"建设理论"当然非胡适莫属了。胡适也不客气，全集收文五十篇，他自己的就有十九篇，连上那篇序言，就是二十篇了，占了少一半。而那篇叙述他在美国怎样思考改革中国文学语言的《逼上梁山》列为全书的首篇，且单独作为一辑，名为《历史的引子》。于此也就可知胡适对自己在新文学理论建设上的自负了。

他的这种自负，历来研究中国新文化运动的学者，也都是承认的。美国学者J.B.格里德在《知识分子与现代中国》一书中，分析了胡适的《文学改良刍议》之后说：

> 胡适这篇标题谦谨的文章有所保留地陈述了这场准备就绪的运动的意义。一定程度的缺乏自信，以及与此相关的顽强的自我保护，是胡适个性中的固有特征。对他奉行的价值观的坚定信心，对历史变革进步目标不动摇的乐观信念，使胡适不仅成为知识分子坚定信念的表达者，而且也成为一个个性令人愉快，值得信赖的人。在许多方面，他是成功的新派知识分子的典范，一个成功战胜早年逆境的青年，一个未受中国社会及政治崩溃精神打击的幸存者，新文化时代出现的名星之一，善于表达，富于创造，是新文化理想最有说服力的倡导者。（《知识分子与现代中国》第261页）

同是这位J.B.格里德先生，在他的《胡适与中国的文艺复兴》一书中，则干脆说：“胡适一直为他作为这场运动的发起人所起的作用感到骄傲，而且比起他其他的种种努力来，这点也是尤应值得人们纪念的。”（第84页）

就是陈独秀，后来也改变了看法。一九四〇年，蔡元培去世后，陈独秀在《蔡孑民先生逝世后感言》中说过：“五四运动是中国现代社会发展之必然的产物，无论是功是罪，都不应该专归到哪几个人；可是蔡先生、适之和我，乃是当时在思想言论上负主要责任的人。”

现在可以说了，中国的新文化运动，其主将是蔡元培、陈独秀和胡适这三个人。若有个区分的话，应当说，蔡元培是一位统帅，陈独秀和胡适两位是这位统帅帐下的两员主将。

说统帅未免虚幻。若论战功，这三个人都是主将。同是主将，他们各自所起的作用是不同的。蔡元培是社会环境的创造者，一九一六年十二月二十六日任北京大学校长。没有他的到来，没有他对北大的改革，就不可能聚集起那么一大批优秀人才，也就不可能在两年后引发五四运动。陈独秀和胡适都是他引进北大的，是他给了他们一个环境，才有他们后来的发展。陈独秀是舆论阵地的创建者，没有他创办《新青年》，且在很短的时间内造成那么大的声势，就不可能起到开启民智、号召民众的作用。正是有了《新青年》，才有了胡适的参与。中国的新文化运动，正是胡适提倡白话文而肇其端的。胡适是白话文运动、新文学运动这个方面均当之无愧的主将。没有他率先提出"文学革命"的口号，新文化运动总要迟上好多年，也不会有那么明确的指向性。

可以这样说，蔡元培是一位韬略深远、而又知人善用的主将。陈独秀是一位攻城略地、摧枯拉朽的主将。而胡适则是一位勇于除旧布新、注重建设的主将。正是他们三人的积极配合，互相欣赏，各自发挥各自最大的能力，这才造就了中国新文化运动初期那种生机蓬勃的浩大局面。

真正的自由是什么

胡适在写信。给陈独秀写信。时间是一九二五年十二月间，为的是晨报报馆被烧的事。

一九二五年十月，徐志摩接手《晨报副刊》。先是《社会周刊》发表了陈启修的《帝国主义有白色和赤色之分吗》，接着《晨报副刊》发表了张奚若的《苏俄究竟是不是我们的朋友？》，正式引发了"苏俄仇友"的大辩论。其中张奚若的观点最为激烈。在下一篇文章《苏俄何以是我们的敌人》中，张氏坦言："我在这篇文章中不但要说苏俄是我们的敌人，并且还要说他是比帝国主义者更厉害的敌人。"

其时国民党正在采取"联俄"的方针，对《晨报》是什么态度也就不言自明了。这年十一月底，在国民党人组织领导之下，北京发生了反对段祺瑞政府的大规模的示威活动。十一月二十九日下午，示威活动达到高潮，约五万人在天安门前集会，随后举行大游行。部分游行群众，激于义愤，捣毁并焚烧了宣武门大街的晨报馆。

事后的一天，陈独秀和胡适在一起谈起来，胡适说了自己的意见，陈独秀反问：

"你以为《晨报》不该烧吗？"

几天后，胡适给陈独秀写了封长信。先说：五六天以来，你的这句话常常来往于我脑中。我们做了十年的朋友，同做过不少的事，而见解主张上常有不同的地方，但最大的不同莫过于这一点了，我忍不住要对你说几句话。接下来写道：

> 几十个暴动分子围烧一个报馆，这并不奇怪。但你是一个政党的负责领袖对于此事不以为非，而以为"该"，这是使我很诧怪的态度。
>
> 你我不是曾同发表一个"争自由"的宣言吗？那天北京的群众不是宣言"人民有集会结社言论出版的自由"吗？《晨报》近年的主张，无论在你我眼睛里为是为非，决没有"该"被自命争自由的民众烧毁的罪状；因为争自由的唯一理由是："异乎我者未必即非，而同乎我者未必即是；今日众人之所是未必即是，而众人之所非未必真非。"争自由的唯一理由，换句话说，就是期望大家能容忍异己的意见与信仰。凡不承认异己者的自由的人，就不配争自由，就不配谈自由。
>
> 我也知道你们主张一阶级专制的人已不信仰自由这个字了。我也知道我今天向你讨论自由，也许为你所笑。但我要你知道，这一点在我要算一个根本的信仰。我们两个老朋友，政治主张上尽管不同，事业上尽管不同，所以仍不失其为老朋友者，正因为你我脑子背后多少总还同有一点容忍异己的态度。至少我可以说，我的根本信仰是承认别人有尝试的自由。如果连这一点最低限度的相同点都扫除了，我们不但不能做朋友，简直要做仇敌了。你说是吗？（《胡适来往书信选》上册第355页）

为了能打动陈独秀的心，胡适还举了当年的一个例子：我记得民国八年你被拘在警察厅的时候，署名营救你的人中有桐城派古文家马通伯与姚叔节。我记得那晚在桃李园请客的时候，我心中感觉一种高兴，我觉得这个黑暗社会里还有一线光明：在那反对白话文最激烈的空气里居然有几个古文老辈肯出名保你，这个社会还勉强够得上一个"人的社会"，还有一点人味儿。最后说：

> 但这几年以来，却很不同了。不容忍的空气充满了国中。并不是旧势力的不容忍，他们早已没有摧残异己的能力了。最不容忍的乃是一班自命为最新人物的人。我个人这几年就身受了不少的攻击和污蔑。我这回出京两个多月，一路上饱读你的同党少年丑诋我的言论，真开了不少的眼界。我是不会怕惧这种诋骂的，但我实在有点悲观。我怕的是这种不容忍的风气造成之后，这个社会要变成一个更残忍更惨酷的社会，我们爱自由争自由的人怕没有立足容身之地了。(《胡适来往书信选》上册第357页)

陈独秀和胡适的不同，有各自性格的不同，有社会处境的不同，更大的怕还是教育背景的不同。不同的教育背景，就会有不同的思想训练，也就会有不同的人生理念，不同的社会理念。这之中，最重要的，该是不同的思想训练。这一点，在他们最初的交往中，就显示出来了。

一九一七年二月一日《新青年》第二卷第六号上刊出胡适的《文学改良刍议》时，胡适尚在美国。四月九日收到杂志后，胡适给陈独秀写了封信，其中说："此事之是非，非一朝一夕所能定，亦非一二人所能定。甚愿国中人士能平心静气与吾辈同力研究此问题！讨论既熟，是非自明。吾辈已张革命之旗，虽不容退缩，然亦决不敢以吾辈所主张为必是而不容他人之匡正也。"有自己的主见，同时又容许他人提出不同意见，共同讨论，明辨是非，决不以己意强加于人。二十七岁的胡适，已然有了这样豁达坦诚的态度。只能说，这是受美国民主教育与思想训练的结果。

且看陈独秀是怎样看待这个问题的。接信后陈即复信，信中说："鄙意容纳异议，自由讨论，固为学术发达之原则；独至改良中国文学，当以白话为文学正宗之说，是非甚明，必不容反对者有讨论之余地，必以吾辈所主张者为绝对之是，而不容他人之匡正也……吾辈实无余闲与之作此无谓之讨论也。"坚定是够坚定的了，也正说明了思想训练之不足。陈独秀后来经历了那么多的坎坷，能说与他的这种固执己见、不容他人质疑的性格没有一点关系吗？

一九二五年十二月胡适给陈独秀的信，在胡适的思想发展史上是一份重要文件。他的许多关于民主、自由、平等、容忍等人生理念与社会理念，在这封信中已彰显出来。这些理念，可说是一生恪守，未曾更易。有的还有发展，比如关于自由，晚年更进一步说，宽容比自由更重要。

对胡适的民主自由的思想，不可作简单的理解。美国普林斯顿大学东亚研究系教授周质平先生，写过一篇论文《胡适对民主的阐释》，对胡适的民主思想有较为系统的概括与评价。兹撮录如下：

胡适晚年，对民主一词下过一个简明扼要的定义："民主的真意义只是一种生活方式。"而这种生活方式，"千言万语，归根只是一句话，就是承认人人各有价值，人人都望可以自由发展"。他又将这种生活方式归结为"一种个人主义的生活方式"。个人主义，很多人都理解为利己主义，不是的，这是一种积极的个人主义。用胡适的话说，就是："你要想有益于社会，最好的法子莫若把你自己这块材料铸成器。"这是胡适一九一八年写的《易卜生主义》中的一句话。

胡适所说的个人主义的精义，可以概括为"独立自主，参与奋斗"八个字。民主的生活方式，就个人来说是独立的，是有充分个人自由的；但就整体来说，是参与的，是有一个共同理想的。独立而不参与固然无法达成这个理想，参与而不独立，也会失掉个人的价值。在民主的生活方式中，中国人所最需要的是参与而不党同，独立而不避世的精神。

胡适还说过，民主只是一个过程。换句话说，民主永远不会有实现的一天。无论现在的社会是如何的民主，我们总可以盼望一个更民主的将来。我们必须不断地在独立和参与之间努力奋斗，才能一天一天地让我们的生活方式接近民主的理想。

胡适谈民主时，常与自由并举。在他看来，民主与自由是一物之两面，不容分割。将民主落实到一个制度上时，胡适说这个制度"只是要保障个人的自由，使他不受政治暴力的摧残，不受群众压力的压迫"。他又说："民主的生活方式，在政治制度上的表现，好像是少数服从多数，其实他的最精彩的一点是多数不抹杀少数，不敢不尊重少数，更不敢压迫少数，毁灭少数。"（《胡适手稿》）

"少数服从多数"是"参与"，而"多数不抹煞少数"是承认"少数"的独立。这样相互尊重的关系是建立在对不同意见的容忍上。

五四运动前后，对中国思想界起过巨大作用的知识分子当中，始终主张民主自由的人并不多，胡适是这少数人中的重要一员。

在《胡适对民主的阐释》一文的开篇，周质平先生有一段话，可说是对胡适一生思想主线的概括：

> 胡适从他留学时代开始，直到1962年去世，半个世纪当中，民主自由始终是他思想中的重要成分，也是他坚持努力的一个方向。终其一生，他确信民主自由是“眼前世界文化的趋向”，他从不曾因为世界政局的改变，而动摇过这个信念。（《胡适与中国现代思潮》第229页）

正因为有这样的思想主线且恪守不渝，胡适一生的为人行事，常常受到时人与当局的非议与非难。北洋政府时期，他主张过好人政府。南京国民政府成立不久，他发表《人权与约法》，挑起人权论战，矛头直指国民党政府的立国之本。九一八事变后，全国人民抗战激情高涨，他参与“低调俱乐部”，主张暂时的妥协退让，增加国力以争取最后的胜利。这些，在常人看来，都是不合时宜的，胡适却坦然地去做了，无怨无悔，也无忧无虑。

胡适的这种超越时代局限，坚持自已独立思考、独立行事的精神，在新文化运动初期，就有突出的表现。对此，J.B.格里德是很欣赏的：

> 文学革命从其发端就是更广阔范围的思想改革运动的工具，也是一股用它的诺言波及甚广以至很快就以“新文化运动”闻名的变革潮流的工具。对于胡适来说，这些年中，他对白话始终保持着最大的热情，但是他所关切的事情远非是使书面语言恢复活力……在他论述文学革命的观点中，已经清楚地表现出了他探讨这些引起广泛问题的某些特点。当别人是武断的时候，胡适总是保持着暂时性、尝试性的观点。当别人号召的革命是对过去的否定时，胡适总是尽力把它视作通向未来的一个过渡阶段。当别人把革命说成是一次突发的毁灭性的剧变

时，胡适总是在更缓慢、更少破坏性的进化过程的前后联系上来思考它。而且，他一直保持着这样的信心：只要引导得当，这种“有意识的进化”将会实现它希望的目标。

这些使胡适的思想具有了其本身特色的永久性的理性和气质特征，一方面不是总与他的朋友们的观点相一致的，另一方面与他的时代特征也不是常常和谐的。（《胡适与中国的文艺复兴》第97—98页）

给社会一点清凉作用

一九二一年八月三十日上午，胡适和高梦旦一起去沧州旅馆看望赵元任夫妇，出来时已十二点多了，高梦旦邀胡适去消夏别墅吃饭谈天。不知怎样话题一转，谈起了胡适的婚事，高说，据他所知，许多旧人都恭维胡适不背弃旧婚约，是一件最可佩服的事。他所以敬重胡适，这也是一个条件。胡适自然知道，这是因为他的夫人江冬秀没有文化，又是小脚，他留美前与之订婚，回来后仍按约结婚不曾嫌弃。此时距胡适结婚不过四年，留美博士娶小脚太太还是人们常常提起的话题。听了高梦旦的话，胡适反问：

“这一件事有什么难能可贵之处？”

“这是一件大牺牲。”高说。

胡适听了说：“我平生做事，没有一件比这件事最讨便宜的了，有什么大牺牲？”

高问何以最讨便宜，胡适说道：

“当初我并不准备什么牺牲，我不过心里不忍伤几个人的心罢了。假如我那时忍心毁约，使这几个人终身痛苦，我的良心上的责备，必然比什么痛苦都难受。其实我家庭里并没有什么大过不去的地方。这已是占便宜了。最占便宜的，是社会上对此事的过分赞许；这种精神上的赞许，真是意外的便宜。我是不怕人骂的，我也不曾求人赞许，我不过行吾心之所安罢了，而竟得这种意外的过分报酬，岂不是最占便宜的事吗？若此事可算牺牲，谁不肯牺牲？”

事见胡适当天的日记。

“不过行吾心之所安罢了”是胡适无意中说的一句话，不管这话在这儿有没有勉强的成分，就胡适一生来说，尤其是就他初回国的那些年的为人行事来说，这句话可说是他的一个人生准则。他是这样说的，也是这样做的，这是很不容易的。

行吾心之所安，最重要的是践行自己的人生理念与社会理念。

好多人都认为胡适是个说得多、做得少的人，不能这么看，文人对社会尽其责，说也是一种做。至于这个说起了多大作用，不可一概而论。有时说就说了，并没起什么作用，有时说了还真的起作用。以起不起作用做评判的标准，那是势利者的护符，非是尽责者的担当。敢说和不敢说，是不一样的。还有的人认为，胡适只是谈论政治，而没有实际从事政治的能力，那就更没道理了。

所以造成这样的印象，或许与胡适本人的一些说法不无关系。比如一九一七年留美回国后，胡适曾说过“二十年不谈政治”的话。实际上，胡适的一生，几乎没有停止“谈政治”。他主编的《努力周报》，和几个朋友办的《独立评论》，都是时政刊物，他在上面发表的文章，也大都是谈政治的。

胡适确实说过他“不能做实际政治活动”的话。梁实秋在《怀念胡适先生》文中曾说过这样一件事。某一时期，有些人想推举胡适领导一个政治运动，他谦逊不遑地说：“我不能做实际的政治活动。我告诉你，我从小是生长于妇人之手。”梁文中接下来说，这话是什么意思？生长于妇人之手，是否暗示养成“妇人之仁”的态度？是否指自己胆小，不够心狠手辣？当时看他的态度十分严肃，大家没有好追问下去。

这里的“实际政治活动”，不是指对时局的建言，而是指从事政治运动，只能说他没有这个兴趣，不能说他没有这个能力。他是要始终保持自己独立不羁的身份，不愿纠缠进实际政治的是非中去。

国家或社会，每遇大事，胡适都能挺身而出，发表自己对时局与事件的看法，在这点上，他是从不考虑一己的利害的。一九二〇年八月一日，与几位朋友一起发表的《争自由的宣言》，最能说明胡适的这种精神。胡适领衔，签名者还有蒋梦麟、陶履恭、王徵、张祖慰、李大钊、高一涵共七人。开篇便说：

我们本来不愿意谈实际的政治，但实际的政治，却没有一时一刻不来妨害我们。自辛亥革命直到现在，已经有九个年头。这九年在假共和政治之下，经验了种种不自由的痛苦；便是政局变迁，这党把那党赶掉，然全国不自由的痛苦仍同从前一样。政治逼迫我们到这样无路可走的时候，我们便不得不起一种彻底觉悟，认定政治如果不由人民发动，断不会有真共和实现。但是如果想使政治由人民发动，不得不先有养成国人自由思想自由评判的真精神的空气。我们相信人类自由的历史，没有一国不是人民费去一滴一滴的血汗换来的。没有肯为自由而战的人民，绝不会有真正的自由出现。这几年军阀政党胆敢这样横行，便是国民缺乏自由思想自由评判的真精神的表现。我们现在认定，有几种基本的最小限度的自由，是人民和社会生存的命脉，故把他提出，让我全国同胞起来力争。（转引自《胡适之先生年谱长编初稿》第二册第 410—411 页）

《争自由的宣言》明确提出如下六条：

一、民国三年三月二日所公布的治安警察条例应即废止。

二、民国三年十二月四日所公布的出版法应即废止。

三、民国三年四月二日所公布的报纸条例应即废止。

四、民国八年所公布的管理印刷业条例应即废止。

五、民国三年三月三日所公布的预戒条例应即废止。

六、以后如果不遇外患或战争开始的时候，不得国会、省议会议决，或市民请求，不得滥行宣布戒严。

针对以上六条，宣言中特别重申，下列四种自由，不得在宪法外更设立限定的法律：①言论自由；②出版自由；③集会结社自由；④书信秘密自由。另外还提出，应即实行《人身保护法》，保障人民身体的自由，行政机关和警察机关不经法庭审判，不得擅自拘留或惩罚每一个公民；组织选举监督团，杜绝选举中的舞弊现象。

在北洋军阀政府统治下，敢于公开提出这样的政治主张，应当说是有勇气的。

大事是这样,小事也是这样。

一九二二年十一月十二日《时事新报》上有位新猛先生发表了一篇《胡适之与王正廷》,攻击《努力周报》第二十七期上胡适所写的社论,说胡适不该替王正廷辩护。文中引用“未吃得羊肉,反惹一身膻气”,说“王正廷是什么一种人,胡君还要和他说话,恐怕人家未必因此而相信王正廷,却更因此而怀疑胡适之了”。

胡适在第二十九期《努力周报》的《这一周》专栏撰文给以反驳,义正词严地说:“我若因为怕人怀疑而不敢说话,那就不成胡适之了。我在山东当面对山东朋友说的话,在北京当面对山东代表说的话,和我在《努力周报》第二十七期上说的话是一样的。”“我是不怕人怀疑的。”“凡是替某人某派说公道话的,一定是得了某人某派的好处的,或是想吃羊肉的。老实说罢,这是小人的心理,这是可以亡国的心理!”

无论是对国事,还是对朋友的事,胡适的立场是鲜明的,态度是严肃的,有时言辞也是尖锐的,但他的持论却是公允的,很少有激烈的、褊狭的看法。这是因为,胡适始终认为,一个文化人的言论,必须是符合法理的,必须是对国家对社会负责的,必须是对人民有积极的引导作用的。多年后,和丁在君等朋友一起办《独立评论》时,他写过一篇《我的意见也不过如此》,其中说:

> 政论是为社会国家设想,立一说或建一议,都关系几千万或几万万人的幸福与痛苦。一言或可以兴邦,一言也可以丧邦。所以作政论的人更应该处处存哀矜、敬慎的态度,更应该在立说之前先想像一切可能的结果,必须自己的理智认清了责任而自信负得起这种责任,然后可以出之于口,笔之于书,成为“无所苟”的政论。

一九二九年胡适在人权论战中写的几篇文章,对国民党的批评是相当尖锐的。曾不客气地指出,“生平不曾梦见共和政体是什么样子的”蒋介石先生,应当“入塾读书”,从头学习民主政治。这些事,已超出了原先约定的时间范围,就不详细说了。

说到这里，一个问题自然而然地凸显出来了。那就是，在新文化运动时期，胡适究竟是左派，还是右派？多少年来，我们的脑子里，早就形成了胡适是新文化运动右翼的铁定看法。如果能对这一段历史多增加些了解，这种看法至少到了该怀疑的时候了。这里且提供一个看法供参考。周质平在《胡适与中国现代思潮》一书中说：

> 如果以左派与右派来代表激进与保守，胡适在文化上，毫无疑问地是代表左派。他反孔，非孝，批评传统的贞操观念，主张无后，妇女解放，全心全意地输入西方文化，提倡怀疑的精神，批评的风气。在在都显示出他是一个革命党，一个激进派；可是一谈到政治，胡适的立场往往由左偏右，一变而成了持重温和。
>
> 以文学来说，胡适主张在"自然的演进"上，加上人为的"一鞭"，使演进加速，成为革命；在政治上，胡适就没有这么果决的加上"一鞭"了，而是主张在现有的基础上，做一点一滴的改良。在文学上，胡适要以白话来彻底的取代文言；在政治上，无论政府多么腐败，他从不曾说过要推翻某个政权，而由另一个政权取代之。
>
> 胡适对政治的态度，充分地显示了他的理性与冷静。他可以在群情最激愤的时候，不为所动；在民气最高涨的时候，泼上冷水。在政治上，胡适走的绝不是"群众路线"，相反的，他的主张往往是反群众的。他有的是"冷眼"，而不是"盲目"。（《胡适与中国现代思潮》第 288—289 页）

周质平对胡适的整体评价是：在民国史上，能以一介书生之力，不与枪杆子结合，而隐然能造成清议的，胡适是第一人。几十年来，胡适对中国近代政治最大的作用，不在他的"好政府主义"，也不在他的"知难，行亦不易"，而是在他的一点清凉作用。

白话文的意义和《白话文学史》的失误

胡适有什么了不起，不就是提倡白话文吗？白话谁不会说，白话文谁不会写？就是现在，到了白话文运动兴起八十多年后，还有人说这样的话。

说这样的话，真是没有一点历史的常识。白话文运动的意义之大，是怎么估量都不过分的。《论语·宪问》里孔子说："微管仲，吾其披发左衽矣。"按杨伯峻的翻译，这句话的意思是说，假若没有管仲，我们都会披散着头发，衣襟向左边开，沦为落后民族了。仿照这句话，也可以说："微胡适，吾其披发左衽矣。"若不是胡适在八十多年前提倡白话文，我们现在还处于蒙昧不开化的状态。

一九一一年的辛亥革命，结束了两千多年的封建专制，遽然而起的变革，只能说是改变了国家的体制，却不能说是造就了一代新的国民，一个新的社会。新国民、新社会的造就，还有待数年后起来的新文化运动，而新文化运动的核心，则是白话文的提倡与实施。

这样的功效，用现代语言学的理论来解释，是很好理解的。杰姆逊在《后现代主义与文化理论》一书中说："在过去的语言学中，或是我们的日常生活中，有一个观念，以为我们能够掌握自己的语言。语言是工具，人则是语言的中心；但现代语言学正是在这个意义上成为一场哥白尼式的革命……当我们说话时自以为自己在控制着语言，实际上我们被语言控制，不是'我在说话'，而是'话在说我'。"换句话说，用什么话语，就有什么样的思维方式，就有什么样的社会理念。也就是说，用文言，就是旧人，用白话，才是新人。用文言，社会永远停滞不前，用白话，时代才会更新，社会才会进步。

要根除旧社会的贻害，要造就新时代的公民，就必须用白话文；嘴里说着"之乎者也"的人，你别想让他接受民主自由这些现代观念。没有这些现代观念的人，绝不能说是一代新人。没有新的人，也就不会有新的社会。

胡适对白话文运动的认识，也是逐渐加深并明确起来的。他起初提出的《文学改良刍议》，只能说是一种平和的改良的建议。倒是陈独秀的认识，比胡适还要激进，还要彻底。是陈独秀将这个"刍议"，一下子提升为"革命"。胡适的《文学改良刍议》刊于一九一七年《新青年》第二卷第二期，第五期陈独秀的呼应文章刊出，径直就叫《文学革命论》。其中说，

"文学革命之气运,酝酿已非一日,其首举义旗之急先锋,则为吾友胡适"。又说,"今欲革新政治,势不得不革新盘踞于运用此政治者精神界之文学"。这里,已把文学的改革和社会的改革联系起来了。陈独秀是个革命的鼓动家,真正要将白话文推为一个社会的运动,还得胡适做脚踏实地的工作。

不用别人开导,胡适很快就认识到,白话文的运用,绝不是一种文字工具的改革,乃是一场社会意识与社会规范的改革。白话文,是文学革命的工具,更是改革社会的利器。任何陈腐的观念和窳陋的习俗,都将在白话文的攻势下溃败与消亡。在前面引用过的《知识分子与现代中国》一书中,作者说:"在后来的论争中,胡适的新创见是,白话文必须取代文言文,而不仅仅只作为文言的补充。"在《胡适与中国的文艺复兴》一书中,同一作者对这一点说得就更为明确了:"文学革命从其发端就是更广阔范围的思想改革运动的工具。"可以说,将白话文不仅是作为书写的工具,而是作为改革社会的利器且终其一生身体力行,乃是胡适对中国文化事业,对中国社会进步的最大的贡献。正是在这样的意义上,海内外许多人都认为他是中国现代的孔夫子,"微胡适,吾其披发左衽矣"。

为了让更多的人认识到白话文的意义,也是为了给自己的理论找到更为坚实的史实根据,胡适在倡导白话文的同时,就开始写他的《白话文学史》。最初是他的讲义,也不是叫这个名字。据《白话文学史·自序》上说,一九二一年教育部办第三届国语讲习所,要他去讲国语文学史,他在八个星期之内写了十五篇讲义,约八万字。这部讲义叫《国语文学史》,只写到南宋的白话文。第二年他去天津南开学校讲演,晚上住在旅馆,忽然想到要修改这部讲义,当下便取出稿本,作了删改,归并为三篇。仍不满意,次日在旅馆里又拟了一个大计划,定出新的纲目。不久办起《努力周报》,后来又病了,没有工夫实行这个大的计划。直到五年后从海外回到上海,时局动荡,难以北上,就在上海住了下来。待到和徐志摩等人办起新月书店,在朋友们的劝说下,才决定把这部文学史修改出来。说是修改,实则是重写。"从汉初写到白居易,在北京印本只有六十一页,不满二万五千字;在新改本里却占了近五百页,约二十一万字,增加至九倍之多"。预计全书写完,大概有七十万到一百万字。实际上,只写到唐代就停止了，约二十一万字，叫做《白话文学史》上卷。他的《中国古代哲学史》也只写了上卷，终其一生，这两部书都没有写完，只有上卷没有下卷，因此有人说他是"上卷先生"。

《中国古代哲学史》没有写完的原因，姑且不论。《白话文学史》没有写完，按他的说法，是没有时间，太忙，顾不上。怕不完全是这样。胡适写作的速度之快，常人难以想象。白天应酬不断，晚上回来，灯下写几千字不是难事。八万字的《国语文学史》写了八个星期，不过两个月。《白话文学史》上卷是为新月书店写的，书店一九二七年七月成立，写书当在此后。到一九二八年一月二十八日，跟新月的几个朋友闹起别扭，要抽回自己的书稿，说"我的《白话文学史》已排好三百五十页，尚未做完，故未付印，请诸公准我取回纸版，另行出版"。每页四百二十字，三百五十页约十五万字。六七个月之内，写了这么多，且是边写边发排，够快的了。下卷已有纲目，在此后的几十年间，几个月的时间不是抽不出来。鉴于此，只能说他后来的兴趣淡了，不想写了。若是非做不可的事，纵然忙，纵然兴趣淡了，也会强打起精神抽出时间完成的。因此，这忙与淡中，怕也有无此必要的成分。

以我之见，确也无此必要。在《白话文学史·引子》中，他说，他所以写这样一部文学史，"老实说罢，我要大家知道白话文学史就是中国文学史的中心部分。中国文学史若去掉了白话文学的进化史，就不成中国文学史了"。于是他便撮录了历代诗文中白话的诗句与文句，反复强调，说这就是其时中国文学的精髓之所在。这样说，多少有附会的成分。中国诗文的历史，向有"俗语入诗"、"俗语入文"的传统，找几首有白话意味的诗，找几篇有白话意味的文，不是难事。若据此便说这是中国文学史的"中心部分"，怕胡适自己也不会相信。汉代的赋，唐代的诗，宋代的文，其中心只能是文言的诗文，绝不会是白话的诗文。他最为推崇的梵志诗："梵志翻著袜，人皆道是错，乍可刺你眼，不可隐我脚。"应当说是释家的偈语，难说是什么白话诗。再就是，他写《白话文学史》，原本是为白话文运动张目，要那些反对者与怀疑者相信，白话文乃中国文学的中心所在，精华所在。写白话文，乃中国文学历史发展的必然与归宿。唐代以前，是最没有白话文可言的时代；唐以下，话本起来了，小说起来了，白话文的材料满眼都是，也就没什么史可写了。再写下去，就会违背他写史的初衷。一条河水淌下来，就该着白话文了，你胡适先生又做了场何事？既无初创之功，又未竟赓续之业，胡先生何以建树自己的不世之功？

再就是，胡适写此书，其思路也是错的。他写的是“白话文学史”，重点在“白话”，而非他提倡的“白话文”。白话是古已有之的，白话文却绝不是古已有之的。他说文言文是死文字，死文学，白话文是活文字，活文学，要以白话文取代文言文。也就是要以今日之是，攻昨日之非，既然白话文在历朝历代都占据文学的中心地位，都是其时文学之精华，那昨日又有何非可攻，今日又有何是可言？真要从文学史上找白话文的地位，应当写的是“白话文文学史”，而不是“白话文学史”。可以说，胡适一开始写作，就把自己置于一个尴尬的境地了。这才是《白话文学史》写不下去的真正的原因。

胡适对白话文的贡献，严格说来，不是什么写了一部《白话文学史》，而是他对汉语语法的研究，而是他对白话文的自觉自如的运用。

现代汉语语法研究的先行者

在“五四”那一茬作家与学者中，胡适是最早关注现代汉语语法，且长期从事研究，卓有成效的一个人。可惜对这一点，后人没有给以应有的重视。

现在知道了，胡适到北大代课之初，除了教中国哲学史、中国文学史之外，还上过语法课。

且看他的日记上的记载。一九一八年没有日记。一九一九年有《日程与日记》，从十一月十六日开始。这是种格式化的日记本，每天从早八时到晚十时都有格子，又分作“预算”与“实行”。若预算了而没有实行，也要标明，比如十一月十六日预算是“作《传》”，没有实行，则注明“谈天看书误了”。兹将十一月与十二月里，关于编文法讲义的记载抄录如下：

十一月十二日（星期三）：预算，下午二时到五时“编文法讲义”；

十一月十八日（星期二）：预算，下午七时到九时“文法讲义”；

十一月二十三日（星期日）：实行，下午六时到十时“作‘的’字书”；

十一月二十四日(星期一):实行,下午十时"答仲甫论'的'字";

十一月二十五日(星期二):预算,下午九时到十时"作传或编文法";

十二月二日(星期二):预算,下午八时"作文法讲义";

十二月六日(星期六):预算,下午八时到十时"编文法讲义"。

直到一九二一年,还不时有关于编文法讲义与研究语法的记载。比如一九二一年四月二十七日就有这样的记载:"当注重文法的研究,用归纳的方法,求出'《诗》的文法'。"

上面抄录的日记中,写关于"的"字的文章,及与陈独秀(仲甫)的商榷,是胡适最早的语法研究成果。

一九一九年十一月初,《晨报副刊》的编辑,将一篇谈"的"字的文章送给胡适看了,作者的主张是"把的字专给术语去用,把底字来做助语用"。胡适觉得,这个办法虽然比现在《晨报》上一律用"底"的办法好一点,仍不够精细,还有改进的必要。他本想做一篇文章,来讨论这个"的"字,因为太忙了,只好把三四年前论"的"字的一篇札记《"的"字的文法》送上刊登。附信一封。编辑将信与文一并刊出,名为《"的"字的文法》。他的主张是"其实一个的字尽够用了"。也就是说,我们现在分开用做"的、地、得"的,只须用一个"的"字就行了。这算是引言,他的那篇札记《"的"字的文法》才是正文。在分析了有关"的"字的种种语法现象,比如"天所杀"改变为"天杀的"之后,他说:"在文字史上,此种文法变迁,乃一种大事,其重要正如政治史上之朝代兴亡。"

此文在十一月十二日《晨报副刊》登载。上面的日记就是从这天开始记的,可见在此之前,已展开了关于"的"字的讨论。胡适说他的《"的"字的文法》是三四年前所写的一段札记,就算是三年吧,也就是说早在一九一六年,还在美国的时候,他就注意到这个在中国语法上,跟改朝换代一样重要的问题了。

胡适的文章发表后,止水先生和周建侯先生等人写了文章与他讨论,胡适又写了《再论"的"字》,这就是上面日记中二十三日的"作'的'字书",十一月二十五日《晨报副刊》登载。二十四日的"答仲甫论'的'字",二十六日刊出,名为《三论"的"字》。在这两篇文章中,胡适的主张稍有改变,他认为,"底、的、地"三字的发音太相近了,说话时还是没有分别。"底"、

"地"在纸上虽有分别,在嘴里等于无分别。状词的"的"字不容易发生混乱,不发生困难,尽可以不区别。遇有必要区别时,可用"之"字。其好处是,发音有别,笔画简易,比"底"字更通行。

可以说,抓住了"的"字,就是抓住了中国语法区别于欧印语系语法的一大特质。

对自己的语法研究,胡适有着绝大的自信。就在写《"的"字的文法》这天,他在日记中说:"我若有十天的工夫,一定可以写一部很好的文法出来。"他这里说的"文法"就是我们现在说的语法。一九二〇年一月二十八日给钱玄同的信上说:

> 国语文法竟还没有讲义,真对不住你讨"救兵"的希望。我很想于这一二十天内发愤把前面已教的文法写成,未教的也写成。简单一点,就叫《语法大纲》。

这本书后来写成了,不叫《语法大纲》,叫《国语文法概论》,三万多字。第二年七、八两个月在《新青年》上刊载,年底收入《胡适文存》第一集中。这是胡适的一部重要的语法著作,重在研究的方法,对语法的规律论述不是太多。规律性的东西,大都是他以前的研究成果。此书出版前,中国已有马建忠的《马氏文通》,他的同时代人有陈承泽的《国文法草创》和刘半农的《中国文法通论》。对《马氏文通》,他还是赞赏的,同时也指出其不足:

> 但是马建忠的文法只是中国古文的文法。他举的例,到韩愈为止;韩愈到现在,又隔开一千多年了。《马氏文通》是一千年前的古文文法,不是现在的国语的文法。马建忠的大缺点在于缺乏历史进化的观念。他把文法的条例错认作"一成之律,历千古而无或少变"(《前序》)。其实从《论语》到韩愈,中国文法已经过很多的变迁了;从《论语》到现在,中国文法也不知经过多少的大改革!那不曾大变的只有那用记诵模仿的方法勉强保存的古文文法。至于民间的语言,久已自由变化,自由改革,自由修正;到了现在,中国的文法——国语的文法与各地方

言的文法——久已不是马建忠的"历千古而无或少变"的文法了。(北大版《胡适文集》第二册第334页)

胡适认为,现在国语文法学最应该注重的,是研究的方法。原因有二,一是现在虽有一点古文的文法学,但国语的文法学还在草创时期,要想预备做国语的文法学研究,就应该从方法上着手。建立国语文法学,不是一件容易做的事。方法不精密,绝不能有成效。二是一种科学的精神全在它的方法。方法是活的,是普遍的。我们学一种科学,若单学得一些书本里的知识,不能拿到怎样求得这些知识的方法,是没有用的,是死的。若懂得方法,就把这些书本里的知识都忘记了,也还不要紧,我们不但求得出这些知识来,还可以创造发明,添上许多新知识。文法学也是如此。中国现在还没有一部很好的国语文法书,就是有了一部很好的文法书,若大家不研究文法学的方法,这书终究是死的。古人说:"鸳鸯绣取从君看,不把金针度与人"。这是很可鄙的态度。眼下我们提倡学术的人要做的,应该先把"金针"送给大家,然后让他们看我们绣的鸳鸯,然后教他们来绣一些更好更巧妙的鸳鸯。

研究国语文法的方法,在胡适看来,不外三种:一是归纳的研究法,二是比较的研究法,三是历史的研究法。其中最重要的是第一种即归纳的研究法。

此后胡适还写过一些关于语法的文章,多是就一些具体的语法现象作分析,很少再写这样综论式的著作。有时一些很小的语法现象,也能引起他的关注。那种认真和执著的精神,实在令人敬佩。

一九二一年七月,胡适在济南作过一次演讲,题为《中学国文的教学》。那天上午开会时谈到开会规则,演讲中举例子时,他就以开会规则为内容举了一个例子:"除非过半数会员出席,大会才开得成。"他说,这句话是不通的,应该改为:"除非过半数会员出席,大会是开不成的。"理由是:上半句用了"除非",下半句就不能用肯定的语气。

演讲稿发表后,一位叫吴检斋的先生看了,给他写信,说原例不错,倒是胡先生改错了。吴先生还举了京剧戏曲的一句唱词为例:"要相见,除非是,梦里团圆。"说"非"是否定,"除"也是否定,"除非"犹言"非非",

"非非"即等于"是"。胡适不同意这个观点，说京剧里的这个唱词，是从《琵琶记》里套来的，原句是："要相逢，不能够，除非是梦里暂时略聚首。"句中否定的"不能够"，被做京剧的人删掉了。他还是坚持应当说："除非过半数会员出席，大会是开不成的"或是"必须有过半数会员出席，大会才开得成"。

他据此写成文章《"除非"的用法》，在《晨报副刊》(九月二十九日)发表，末后不无得意地问道："读者以为是吗？"

这下子捅了马蜂窝，招来了许多人的"讨伐"。先是吴检斋在《益世报》上著文，说"除非"实在是一个肯定的连词，并不是否定的连词。《京报》先登出徐一士先生的文章，不久又登出徐凌霄先生的文章，来信商讨的有陈元恭先生，口头讨论的有陶行知、黎劭西等各位先生。他这才知道，这个词儿的用法，并不像他先前说的那样简单。几天来，他寻出十来个旧例，仔细比较研究，终于让他明白，大家所以反驳他，确是有理由的。他又将这一问题作了更为深入的研究，终于明白他自己和各位先生的说法，都不曾说出这个问题的困难所在。于是综合各位朋友的意见，加上自己独立的探究，写了一篇《除非》，在十月十五日出版的《努力周报》上刊出。一开头先作检讨，说他当初说"除非过半数会员出席，大会才开得成"应改为"除非过半数会员出席，大会是开不成的"，这句话实在说得太鲁莽了，现在看来，是不对的。接下来一一分析各位的意见，又分组举了许多例子来说明自己研究后的结论。最后说：

> 以上是我个人研究这个问题的结论。我很悔第一次讨论时太粗心了，不曾细心研究这个问题的疑难究竟在那一处。我现在很高兴的认错，并且很虚心的把我近来改正的意见提出来请大家评断。我很诚恳的感谢加入讨论的各位先生们。(北大版《胡适文集》第四册第539页)

在《胡适著作年表》中，还可以看到许多这类的文章，直到一九四八年一月间，还在《申报·文史》上发表《论"于""以"的两封信》。此后，忙于他事，就很少有关于语法研究的文章发表了。直到晚年，胡适仍很关心语法研究，一些小的地方，最能说明胡适对语法的敏感与精细。胡颂平的《胡适之先生晚年谈话录》里记着这么一件小事：

> 先生又谈起艺文印书馆影印的《皇清经解》，说：严一萍应该找一部有标点的影印，销路一定多些。标点是一件非常困难的事，尤其是书中的引号。子曰的“曰”字，云云的“云”字，大概都是当时的引号，“曰”字怎样变成当作“说”字解，我们到现在还不知道。我想“云”字也是如此。先有引号，到后来才有句读。（《胡适之先生晚年谈话录》第48页）

同是这本书里，作者还记录了和胡适的一次谈话，时间是一九六〇年三月三十一日，其时胡适已六十九岁。这天胡适与胡颂平谈起诗，顺手从字纸篓里拣出一份他人油印寄来的诗稿，递给胡颂平。于是有了师徒二人如下的对话。

胡适说：“你看，这也叫做诗！他们不晓得自己的不通，所以印出来寄给人家看。这样的人很多，像纽约的华侨报纸上，菲律宾……各地的报纸上，常有这样不通的诗。还有些老辈做的诗，也往往有不通的。在这个时代，再用陈旧的诗的格调，再也做不出好的诗了。”

胡适又说：“怎么叫做通？第一要懂文法，第二要把意思表达出来。做诗是如此，作文也是如此。”

胡颂平问：“先生过去写的旧诗，收在《四十自述》里及《留学日记》里的那些诗，不是很好的旧诗吗？”

胡适说：“那是我已读通了文法，所以没有不通的地方。如某君的‘天道循环之’的‘之’，绝对不通的，他自己不知道自己的不通，他还送我两本呢。”（《胡适之先生晚年谈话录》第63页）

“所谓文法，就是后人从活的语言中分析出来的东西。”在上述谈话十天之前，即一九六〇年三月二十一日这天，胡适对胡颂平说的这句话，可说是胡适关于汉语语法的不刊之论。

不光是提倡新文化运动，而且身体力行，写白话诗，写《白话文学史》，还这么认真地研究现代汉语语法，胡适作为新文化运动的一员主将，可说是当之无愧了。这一点，是新文化运动中的其他人物难以比并的。

鲁迅，新文化人物强有力的批判者

鲁迅的耳光扇给谁

鲁迅对自己到底怎么看，大概我们永远不知道了，但有一点也许可以肯定，倘若鲁迅此刻从地下坐起来，第一个耳光自然要扇到那些吃鲁迅饭的人脸上，第二个耳光就要扇给那些“活鲁迅”、“二鲁迅”们。

这话是一位叫王朔的小说作家说的。文章叫《我看鲁迅》，载于二〇〇〇年《收获》第二期。同期发表的还有冯骥才的《鲁迅的功与“过”》。正是这两篇文章，引发了一次关于鲁迅的再评价。

王朔的文章中，还有一些精辟的话。比如：各界人士对鲁迅的颂扬，有时到了妨碍我们自由呼吸的地步。什么时候到了能随便批评鲁迅了，或者大家把鲁迅淡忘了，我们就进步了。若想精神自由，首先就要忘掉还有个“精神自由之神”。这些话，都是针对那些吃鲁迅饭的人说的。王朔不光小说写得好，文章也写得好。最重要的是，在中国作家中，他能够放言无忌，保持一种精神上的自由。

谈论鲁迅，必然要涉及鲁迅研究的状况。由王朔的话切入，可说一步即登堂奥。

在中国，确实有一大批“吃鲁迅饭的人”，靠研究鲁迅获得职位、职称、声望，获得安身立命、扬名显身的本钱。俗称鲁研界，就是鲁迅研究界的简称。这是中国一个特殊的学术领域，也可以说是一个特殊的学术团体。研究《红楼梦》的叫红学，也可说是红学界；研究钱钟书的叫钱学，也可说是钱学界，都是以研究对象命名的。独有研究鲁迅的不是这样，是以研究者自身命名的。也就是说，他们已经脱离研究对象而自成一体了。

从机构上说，北京有个鲁迅博物馆，出版《鲁迅研究月刊》。上海有个鲁迅纪念馆，出版《上海鲁迅研究》。中国社科院文学研究所里，有个鲁迅研究室，没有刊物，主要职责是编辑鲁迅研究资料。此外，好些大学里，还有各地的社科院里，也聚集着一批专门研究鲁迅的人。

上面说的三个机构，分工似乎各有不同。上海的鲁迅纪念馆，做的考证比较多些。比如他们把鲁迅去世前拍的X光片，几十年后拿出来让医学专家论证，看鲁迅当年得的是什么病，病到什么程度，该不该那么早就死了。这是很有意义的。社科院的鲁研室，主要做资料整理的工作。在张梦阳的主持下，早在二十世纪八十年代就出版了《1913—1983鲁迅研究学术论著资料汇编》五大册及索引一册。可说是鲁迅研究资料的集大成，和人民文学出版社出版的《鲁迅全集》，成为鲁迅研究的必备之书。张梦阳近来又出版了三大册《中国鲁迅学通史》，从史的角度对鲁迅研究做了周密的梳理。这都是功德无量的好事。北京的鲁迅博物馆和其出版的《鲁迅研究月刊》，是鲁迅研究的大本营，是出思想的地方，是把关的地方。不光代表着鲁研界的水平，也代表着鲁研界的品质。

新时期以来，鲁迅研究不断受到来自各个方面的质疑。最有代表性的是茅盾的《答〈鲁迅研究年刊〉记者问》。文中说："鲁迅研究中有不少形而上学，把鲁迅神化了，把真正的鲁迅歪曲了。鲁迅最反对别人神化他。他想不到他死了以后，人家把他歪曲成这个样子。"（《鲁迅研究年刊》一九七九年卷）

因质疑鲁迅研究而酿成事件的，则有《青海湖》文学杂志因刊发《论鲁迅的创作生涯》（一九八五年第八期）而受到批判，刊物编辑部作了公开的检讨。批判者陈漱渝在《不要恣意贬损鲁迅》一文中说：这是"朝鲁迅身上大泼污水"。并断言出现这种状况，"海外某些错误观点的渗透，也是一个不可忽视的原因"。

近年来对鲁迅研究质疑最为激烈，且最具个人特色的，还要数小说作家王朔。在前面提到的《我看鲁迅》一文中，王朔说：

像所有被推到高处的神话人物一样，在鲁迅周围始终有一种迷信的气氛和蛮横的力量，压迫着我们不能正视他。他是作为一个不可言说的奇迹存在的。在我读过他的大部分作品并已得出自己的看法之后的很长时期，仍不能摆脱对他的迷信，一想到他就觉得他的伟大是不证自明的。如果说他的作品不是很过硬，那他还有过硬的思想，那个思想到今天还闪烁着锋利的光芒，照耀着我们黑暗的自身。

王朔的文章发表后，鲁研界可说是一片哗然，一片惊慌。回应文章很多，大都集中在一点上，就是鲁迅被专制利用了，被亵渎了，你们看到的鲁迅不是真正的鲁迅，真正的鲁迅是怎样的高风亮节，大义凛然，怎样的爱国，怎样的为民，怎样的掮住了黑暗的闸门，怎样的呼唤着进步向往着光明。也有一些学者，还是清醒的，知道世人的看法所为何来。大多数是气愤，是无奈，叫喊着要回应挑战，要捍卫鲁迅。这些文章大都发表在《鲁迅研究月刊》上，比如李新宇的《直面真正的挑战》。文中说：这些现象的本身算不了什么，背后的东西却是值得重视。人们反感的是一个什么样的鲁迅，那个鲁迅是不是真正的鲁迅？事实上一些人并不了解鲁迅，既没有系统地读过鲁迅的书，也谈不上了解鲁迅的为人。显然他们所反感的并不是那个真正的鲁迅，而是那个被歪曲、神化和利用的鲁迅。李新宇所说的背后的东西，用他的话说，是几乎席卷了世纪末的中国文坛和学界的文化潮流，正是这种文化潮流构成了对鲁迅的挑战，真正导致了鲁迅精神的合法性危机。他说的文化潮流，有两种，一种是新保守主义，一种是中国特色的后现代主义。就是不提要求民主自由，反对专制，反对思想钳制这一世界性的文化潮流。

前面说过，在鲁研界，张梦阳是个在资料上下了大工夫的人。他对新中国成立后鲁迅研究的水平，该是心中有数的。二〇〇〇年王朔的文章发表后，他也写了一篇回应的文章，说得就比较客观，比较真实。文章名叫《我观王朔看鲁迅》，发表在当年第四期的《文学自由谈》上。文中引用了他过去的一篇文章中的一段话，是这样说的：

> 1995年在张家界开全国鲁迅研究学术讨论会时，有同仁要我谈谈历时九年、编撰《1913—1983鲁迅研究学术论著资料汇编》的感受。我在一再催促下终吐真言："八十余年的鲁迅研究论著，95%是套话、假话、废话、重复的空言，顶多有百分之五谈出些真见。"话一出口，全场哗然，鼓掌喝彩者有之，坐卧不安者有之，暗暗斥责者有之。林非先生为照顾大局，说我发言欠妥，我也表示数量统计有误，暂时收回。后来经再三统计、衡量才发现，我所说的真见之文占百分之五，并非少说了，而是扩大了，其实占百分之一就不错，即一百篇文章有一篇道出真见就谢天谢地了。试回想，我们多少学者的多少文章是在瞿秋白的进化论到阶级论转变说模式中重复啊！是一味诠释、演绎别人的观点啊！70年代末80年代初思想解放运动兴起时，竟有那么多的学有素养、功底颇厚的学者在鲁迅世界观转变时间上争论不休，浪费着自己宝贵的才华和只有一次的青春与生命！90年代初仍有人以陈腐的奴性原则和傲然的"一瞥"来封杀指出其中奴性的语者！长期以来，只知演绎、诠释、重复他人观点的奴性研究模式与思维方法，给鲁迅研究造成了多么大的损失，给鲁迅先生身上抹了多少黑！(《世纪末的鲁迅论争》第146页)

文中提到的林非，当时是中国鲁迅研究会的副会长。

张文中还说，到如今，也就是到写文章的二〇〇〇年，鲁研方面的文章少说也有一万篇，按百分之一算，也就一百篇谈出了真见。

看了这些数字，只会让人感叹，真是祸国殃民，既害人又害己。就这一百篇，也还是个夸大了的数字。就算是一百篇吧，这一百篇中，至少有一半是新中国成立前写的，比如张定璜的《鲁迅先生》，就是一九二四年在《现代评论》上发的。李长之的《鲁迅批判》，是二十世纪三十年代写的。新中国成立后最好的一部鲁迅传，是曹聚仁的《鲁迅评传》，可惜不是在大陆写的，是在香港写的，也是在香港出版的，直到二十世纪九十年代才在大陆出版。要是把这些都除过，新中国成立后五十年里，一年还平均不下一篇。而那一万篇文章呢，至少有八千篇是新中国成立后写的，八千篇文章除去五十篇有真见的，是七千九百五十篇。这些文章大都是在正经刊物上发表的，每五篇文章可以造就一个学者，七千九百五十篇可以造就一千五百九十个学者。这将近一千六百个学者，几乎全是做了无用功。

这就是我们的鲁研界。

朱正先生是个严谨的学者，他说过这样的话：

> 我也是写过鲁迅传的。我们50年代写鲁迅传，的确是把鲁迅放进一个模式中去的。我当时是怎么写鲁迅传的呢？所有公开发表过的毛泽东著作中提到鲁迅的地方，我一句不落地全部引用了，我就以此作为立论的基础来发挥。（谢泳编《胡适还是鲁迅》第10页）

不光是大的地方，就是小地方，也是这样。还是这位朱正先生，在上面那段话之后，紧接着还说了一件事。他写《鲁迅传略》时，《毛泽东选集》第四卷还没有出版，他听说当年评美国政府白皮书的那几篇社论是毛主席写的，就找来看了。在《别了，司徒雷登》一文中，毛主席说伯夷对自己国家的人民不负责任，开小差逃跑，又反对武王领导的人民解放战争，他就按这个意思来分析鲁迅的小说《采薇》。分析一篇历史小说的思想内涵，也要到毛泽东著作里去找依据，一点都不敢有自己的见解，可见那个时候的学者们小心到什么程度。

要是死死地扣住毛泽东的那儿句话倒好了，反正人们一看就知道是从哪儿来的，也就不会有大的谬误，可惜不是。这些学者总要吃饭，总要显示自己的学术水平，怎么办呢，又不能跟毛泽东拧着来，那就只能是顺着竿儿往上爬了。毛泽东说伟大，他一定要说更伟大，毛泽东说鲁迅的骨头是最硬的，他一定要说比钢还硬，比金刚石还硬。有些话这样说了只是程度的不同，还离不了大谱。有些话这样往大里说了，就离了大谱，就成了荒诞不经。

毛泽东对鲁迅的评价

让我们做个智力测验。不要思考，全凭直觉回答这下面的问题：当今中国，诸多新文化运动的人物中，谁的地位最高，名气最大？

鲁迅，鲁迅，还是鲁迅。

我敢保证，十个人里有九个会这样回答。唯一那个不这样回答的，不是他心里另有一个地位比鲁迅还高、名气比鲁迅还大的，是他根本就不知道这世上还有个鲁迅。

这是事实，谁也否认不了的。

但是我们不能因为它是事实，就说它肯定是对的。

长期以来，在大陆民间和学界，都把鲁迅视为中国新文化运动的第一号人物。有的说是统帅，有的说是领袖，有的说是主将。有一个时期，谁要是对鲁迅有所非议，那是会受到批判，至少也是让人鄙弃的。王朔在《我看鲁迅》一文中说的这段话，可视为中国人的共同心理：

> 在我小时候，鲁迅这个名字是神圣的，受到政治保护的，“攻击鲁迅”是严重的犯罪，要遭当场拿下。直到今天，我写这篇东西，仍有捅娄子和冒天下之大不韪的感觉。人们加在他头上无数美誉：文豪！思想先驱！新文化运动主将！骨头最硬！我有一个朋友一直暗暗叫他“齐天大圣”。

学界也是这样看的。只是没有王先生说得那样直白。以张梦阳为主编辑的《1918—1983鲁迅研究学术论著资料汇编》，每卷前面都有一篇《鲁迅研究学术史概述》，第一卷的概述中就说：“鲁迅是中国近代史最伟大的天才之一，他作为五四文化新军的最伟大和最英勇的旗手，作为中国文化革命的主将和伟大的文学家、思想家、革命家……在中国近代思想史、文化史和文学史上创立了奇迹般的功绩。”

王富仁是著名的鲁迅研究专家，在一次访谈中说到鲁迅是这样说的：“中国现当代作家始终是在以鲁迅为主将的新文学先驱们所开辟的文学空间中进行创作的。”（《世纪末的鲁迅论争》第108页）

这话就更倾向于新文化运动主将的说法了。新文学先驱们的主将，还不就是新文化运动的主将吗？

无论民间还是学界，对鲁迅的评价，都可说其源有自。

这个源，就是中国共产党领袖毛泽东主席对鲁迅的历次评价。

现在我们来看看，鲁迅究竟是中国新文化运动的主将呢，还是仅仅是中国文化新军的主将，或者说是中国文化革命的主将。请注意，这里的文化新军和文化革命是一个概念，和新文化运动是决然不同的两个概念。新文化运动的涵盖面要大得多，而文化新军、文化革命则专指中国共产党领导的文化队伍和这方面的革命行动，或者说是革命运动。

这一点，中国共产党的领袖毛泽东，早在多少年前，就作过精辟的论述。

毛泽东评价鲁迅，大的有两次，一次是一九三八年，在陕北公学纪念鲁迅的会上说的，发表出来的文章叫《鲁迅论》。一次是在一九四〇年写的《新民主主义论》里，有两大段专门谈鲁迅。

细细地看看这两篇(段)文章，就知道毛泽东是怎样评价鲁迅的了。

在《鲁迅论》里，毛泽东对鲁迅的评价没有后来高，只是分三个特点，概括了鲁迅的精神。第一个特点是政治的远见，第二个是斗争精神，第三个是牺牲精神。在说这三个特点之前有个总的评价。原文是：

> 我们今天纪念鲁迅先生，首先要认识鲁迅先生，要晓得他在中国革命史中所占的地位。我们纪念他，不仅是因为他的文章写得好，成功了一个伟大的文学家，而且因为他是一个民族解放的急先锋，给革命以很大的助力，他并不是共产党的组织上的人，然而他的思想、行动、著作都是马克思主义化的。尤其是他的晚年，表现了更年青的力量……他近年来站在无产阶级与民族解放的立场，为真理自由而斗争。

这段话，是很有分寸的，一是确定了评价的范围，是“在中国革命史中所占的位置”，而不是中国文化史、中国思想史，更不是五四新文化运动史。二是确定了鲁迅年龄的时间段，“尤其是他的晚年，表现了更年青的力量”。“近年来”才站在无产阶级与民族解放的立场上，为真理自由而斗争。

当然在文章中，毛泽东还说了一些评价性的话，比如说“鲁迅在中国的价值，据我看要算是中国的第一等圣人，孔子是中国封建社会的圣人，鲁迅是新中国的圣人”。还说，鲁迅“在革命队伍中是一个很革命的很老练的先锋分子”。说鲁迅是圣人，是个比方。说鲁迅是革命队伍中的一个很革命很老练的先锋分子，该看做是毛泽东对鲁迅的中肯的评价。

当时鲁迅去世不过两年，这样的评价不算低了。

在《新民主主义论》中，毛泽东对鲁迅的评价就高了。

共两大段。第一大段，先说，“五四”以后，“中国产生了完全崭新的文化生力军，就是中国共产党人所领导的共产主义的文化思想，即共产主义的宇宙观和社会革命论”。这支文化生力军是怎么来的？“由于中国政治生力军即中国无产阶级和中国共产党登上了中国的政治舞台，这个文化生力军，就以新的装束和新的武器，联合一切可能的同盟军，摆开了自己的阵势，向着帝国主义文化和封建文化展开了英勇的进攻……其声势之浩大，威力之猛烈，简直是所向无敌的。其动员之广大，超过中国任何历史时代”。下来就是那句最著名的话了：

> 而鲁迅，就是这个文化新军的最伟大和最英勇的旗手。鲁迅是中国文化革命的主将，他不但是伟大的文学家，而且是伟大的思想家和伟大的革命家。鲁迅的骨头是最硬的，他没有丝毫的奴颜和媚骨，这是殖民地和半殖民地人民最可宝贵的性格。鲁迅是在文化战线上，代表全民族的大多数，向着敌人冲锋陷阵的最正确、最勇敢、最坚决、最忠诚、最热忱的空前的民族英雄。鲁迅的方向，就是中华新文化的方向。

第二大段主要说，在一九二七年到一九三七年新的革命时期，中国共产党主要在两条战线上与敌人作战，一个是粉碎敌人的军事“围剿”，一个是粉碎敌人的文化“围剿”。在这两条战线上，中国共产党人都取得了胜利。接下来就说到鲁迅了：

> 其中最奇怪的，是共产党在国民党统治区域内的一切文化机关中处于毫无抵抗力的地位，为什么文化“围剿”也一败涂地了？这还不可以深长思之么？而共产主义者的鲁迅，却正在这一“围剿”中成了中国文化革命的伟人。

从以上概述与引文中，可以看出，毛泽东对鲁迅的评价，仍是在一定的范围内下的。鲁迅的业绩，是贡献给这支文化生力军、文化新军的。他是这支文化新军的最伟大和最英勇的旗手。无论是作为伟大的文学家，还是作为伟大的思想家，伟大的革命家，都是就鲁迅在这支文化新军中的贡献而言的。说他是中国文化革命的主将，是说他是中国这支文化新军进行文化革命的主将。如果说第一大段中毛的话还不太明确的话，第二大段中毛的话就很明确了，正是在反对敌人的文化"围剿"中，鲁迅成了中国文化革命的伟人。这是就中国革命历史而言的。

就鲁迅的年龄而言，不管是中国文化革命的主将，还是中国文化革命的伟人，主要说的是鲁迅的晚年，也就是一九二七年到一九三六年这不到十年的时间。这一点，和毛泽东在《鲁迅论》中的说法是吻合的。

对中国新文化运动的历史，毛泽东是清楚的。他是一个亲历者，也可说是一个参与者，办过刊物，写过文章。他是北大教授杨昌济的女婿。一九二〇年前后，他在北京住过一段时间，还在北京大学图书馆当过职员。中国的新文化运动是怎样发起的，当年的风云人物是哪些，他全都是知道的。他给胡适写过信，还去胡适家里拜访过。一九三六年同斯诺谈话时，说他"非常佩服胡适和陈独秀的文章"。鲁迅在当年是个什么地位，有多大的影响，他有基本判断，不会说出格的话。他对于鲁迅的评价，不管多高，总是紧紧地把握在文化新军、文化革命这个范围内，总是确定在鲁迅的晚年那些时期。毛泽东作为中国革命的领袖，同时领导着武装革命和文化革命这两个方面的革命，确定鲁迅为文化革命的主将，是有战略意义的。

毛泽东对鲁迅的评价够高了，但这只是个人的看法。事实上，在毛泽东作出这样的评价之前，中共中央就以文件的形式，对鲁迅作出很高的评价。这就是一九三六年十月，鲁迅去世之后，中共中央以中国共产党中央委员会和中华苏维埃人民共和国政府的名义，发表的《为追悼鲁迅先生告全国同胞和全世界人士书》、《致许广平女士的唁电》、《为追悼与纪念鲁迅先生致中国国民党委员会与南京国民党政府电》。

这三个文件，对鲁迅的评价，一点都不比毛泽东的评价低，从某种程度上说，还要更高，于此也就可以看出鲁迅在中国革命文化界的领袖地位和鲁迅对中国文化革命的贡献。这三份文件，是中国共产党中央刚到陕北不久，在极端困难的境况下，以电报的形式发出的。直到国共合作后，才在延安的《解放》半月刊上登载，时间已是一九三八年十月三十一日了。

为追悼鲁迅先生告全国同胞和全世界人士书

噩耗传来，中国文学革命的导师、思想界的权威、文坛上最伟大的巨星鲁迅先生陨落于上海。当此德、日等法西斯蒂张牙舞爪，挑拨世界大战，中华民族危急存亡之秋，鲁迅先生的死，使我们中华民族失掉了一个最前进最无畏的战士，使我们中华民族遭受到了最巨大的不可补救的损失！中国共产党中央委员会、中华人民苏维埃中央政府对于鲁迅先生的死，表示最深沉痛切的哀悼！

鲁迅先生一生的光荣战斗事业，做了中华民族一切忠实儿女的模范，做了一个为民族解放、社会解放、为世界和平而奋斗的文人的模范。他的笔是对于帝国主义、汉奸卖国贼、军阀官僚土豪劣绅、法西斯蒂，以及一切无耻之徒的大炮和照妖镜，他没有一个时候不和被压迫的大众站在一起，与那些敌人作战。他的犀利的笔尖，完美的人格，正直的言论，战斗的精神，使那些害虫毒物无处躲避。他不但鼓励着大众的勇气，向着敌人冲锋，并且他的伟大，使他的死敌也不能不佩服他、尊敬他、惧怕他。中华民族的死敌，曾用屠杀、监禁、禁止发表鲁迅的一切文字、禁止出版和贩卖鲁迅一切著作来威吓他，但鲁迅先生没有屈服；民族的死敌想用“赤化”、“受苏联津贴”等捏造的罪状来诬陷他，但一切诬陷都归于失败；民族的死敌，特别是托洛斯基派，想用甜言蜜语来离间他离开大众的救亡阵线，但是鲁迅先生给了他以迎头痛击。鲁迅先生在无论如何艰苦的环境中，永远与人民大众一起与人民的敌人作战，他永远站在前进的一边，永远站在革命的一边。他唤起了无数的人们走上了革命的大道，他扶助着青年们，使他们成为像他一样的革命战士，他在中国革命运动中，立下了超人一等的功绩。

中国共产党中央委员会和中华苏维埃人民共和国中央政府为了永远纪念鲁迅先生起见，决定在全苏区内：(一)下半旗致哀并在各地方和红军中举行追悼大会；(二)设立鲁迅文学奖金，基金拾万元；(三)改苏维埃中央图书馆为鲁迅图书馆；(四)苏维埃中央政府所在地建立鲁迅纪念碑；(五)搜集鲁迅遗著，翻印鲁迅著作；(六)募集鲁迅号飞机基金。

中国共产党中央委员会和中华苏维埃人民共和国中央政府，已向中国国民党中央委员会和南京政府要求：(一)鲁迅先生遗体进行国葬，并付国史馆列传；(二)改浙江省绍兴县为鲁迅县；(三)改北平大学为鲁迅大学；(四)设立鲁迅文学奖金，奖励革命文学；(五)设立鲁迅研究院，搜集鲁迅遗著，出版鲁迅全集；(六)在上海、北平、南京、广州、杭州建立鲁迅铜像；(七)鲁迅家属与先烈家属同样待遇；(八)废止鲁迅先生生前一切禁止言论、出版自由的法令。

中国共产党中央委员会与中华苏维埃人民共和国中央政府，号召全国民众及全世界拥护和平、同情中国民族解放的人士，一致起来，要求国民党中央委员会及南京国民政府执行上列的要求。

中国共产党中央委员会和中华苏维埃中央政府号召全国民众，尤其是文学界，一致起来继续鲁迅先生的光荣事业，继承鲁迅先生的遗志，为中华民族的解放而奋斗，为中国大众的解放而奋斗，为世界和平而奋斗。

鲁迅先生精神不死！

中国共产党中央委员会
中华苏维埃人民共和国政府
一九三六年十月二十二日

致许广平女士的唁电

上海文化界救国联合会，转许广平女士鉴：

鲁迅先生逝世，噩耗传来，全国震悼。本党与苏维埃政府及全国苏区人民，尤为我中华民族失去最伟大的文学家，热忱追求光明的导师，献身于抗日救国的非凡的领袖，共产主义苏维埃运动之亲爱的战友，而同声哀悼。谨以至诚电唁，深信全国人民及优秀之文学家必能赓续鲁迅先生之事业，与一切侵略者，压迫势力做殊死的斗争，以达到中国民族及其被压迫的阶级之民族和社会的彻底解放。

肃此电达

中国共产党中央委员会

中华苏维埃人民共和国政府

一九三六年十月二十二日

为追悼与纪念鲁迅先生
致中国国民党委员会与南京国民党政府电

中国国民党中央委员会南京国民党政府公鉴：

噩耗传来，鲁迅先生病殁于上海。我国文学革命的导师、思想上的权威、文坛上最灿烂光辉的巨星竟尔陨落，此乃我中华民族之大损失，尤其当前抗日运动的大损失。鲁迅先生毕生以犀利的文章、伟大的人格、救国的主张、正直的言论为中华民族解放而奋斗，其对于我中华民族功绩之伟大，不亚于高尔基氏之于苏联。今溘然长逝，理应予以身后之殊荣，以慰死者而示来兹。敝党敝政府已决定在全苏区内实行：（一）下半旗致哀，并在各地方与红军部队中举行追悼大会；（二）设立鲁迅文学奖金十万元；（三）改苏维埃中央图书馆为鲁迅图书馆；（四）在中央政府所在地设立鲁迅纪念碑；（五）搜集鲁迅遗著，翻印鲁迅著作；（六）募集鲁迅号飞机基金。贵党与贵政府为中国最大部分领土的统治者，敝党敝政府敬向贵党贵政府要求：（一）鲁迅先生遗体举行国葬，并付国史馆立传；（二）改浙江省绍兴县为鲁迅县；（三）改北平大学为鲁迅大学；（四）设立鲁迅文学奖金，奖励革命文学；（五）设立鲁迅研究院，收集鲁迅遗著，出版鲁迅全集;(六)在上海、北平、南京、广州、杭州建立鲁迅铜像;(七)鲁迅家属与先烈家属同样待遇;(八)废止鲁迅先生生前贵党贵政府所颁布的一切禁止言论、出版自由之法令。表扬鲁迅先生正所以表扬中华民族的伟大精神。敝党敝政府的要求,想必能获得贵党贵政府的同意。特此电达。

中国共产党中央委员会
中华苏维埃人民共和国政府
一九三六年十月二十二日

知道了毛泽东对鲁迅的评价,知道了中共中央对鲁迅的评价,知道了鲁迅对中国共产党领导的中国革命的巨大贡献,就不必在鲁迅的后十年上费什么笔墨和口舌了。

幸亏有个契机给我们留着,那就是鲁研界公认的"转变说",即鲁迅的一生中,曾从民主主义者到共产主义者的转变。既然有此转变,那么,转变前的功过是非还是可以谈论的。这也就给我们探讨鲁迅的前大半生,留下了足够的空间。

这也就是我要说,做鲁迅与胡适的比较研究,或是做鲁迅的单独研究,不必谈后十年的原因。不光对鲁迅的后十年不谈,对胡适一九二七年之后的事儿也不谈。这样,我们就可以较为公允地比较两人在新文化运动中的功过是非了。

前后不同的两种评价

中国共产党对鲁迅的评价,也正是毛泽东对鲁迅的评价。两者是一回事。

毛泽东对鲁迅作出这样高的评价,好多人是不理解的,这恰是毛泽东的英明之处。在政治上,在军事上,毛泽东本人是当之无愧的领袖;在文化上,他认为自己还担当不起这个责任。而文化方面,对共产党夺取政权来说,又是一个不容忽视的战线。这样,中国共产党的领导人毛泽东、周恩来等,几经权衡,便选定了鲁迅。时间在一九二八年,当时鲁迅刚到上海不久，正处于创造社、太阳社的围攻之中。这两个文学团体都是受中国共产党在上海地区的党组织领导的，在党组织的安排下，很快就停止了对鲁迅的攻击。鲁迅也欣然接受了共产党的这一委任或者说是委托。

是不是有正式的委任或是委托呢，想来是有的。党组织怎样和鲁迅联系，在许多回忆文章里都写到。但这些不能说明有什么正式的决定。鲁迅去世后过了一年，抗日战争爆发了。中国共产党感到，在国统区文化战线上，缺少了鲁迅这面旗帜，对革命事业不利，便决定将刚刚从日本回国的郭沫若树为鲁迅的继承者，中国革命文化界的领袖。树郭沫若为领袖，为旗帜，则是有正式决定的。从这儿可以旁证，当年树鲁迅为中国文化革命的领袖，党内是有决定且通知了各相关党组织的。当年在中共中央特科工作过的吴奚如先生，在《郭沫若同志和党的关系》一文中曾说过：

> 1938年夏，党中央根据周恩来同志的建议，作出党内决定：以郭沫若同志为鲁迅的继承者，中国革命文化界的领袖，并由全国各地党组织向党内外传达，以奠定郭沫若同志的文化界领袖的地位。(《新文学史料》一九八〇年第二期)

最能说明鲁迅在革命文化界地位确立的，是创造社、太阳社突然停止了对鲁迅的攻击。

创造社和太阳社怎样攻击鲁迅的，张梦阳编的《中国鲁迅学通史》第三编叫《索引卷》，看看一九二八年上海发表的攻击鲁迅的文章，就知道了。

这一年，全年发表的关于鲁迅的文章四十七篇，从篇名上能看出来是攻击、批判鲁迅的有二十四篇。这二十四篇中，发表在创造社、太阳社办的刊物上的，有十八篇。这两家办的刊物计有《文化批判》、《创造月刊》、《太阳月刊》、《我们月刊》等，这么多刊物发起攻击鲁迅，可见火力多么猛烈了。其中最厉害的是这样几篇文章。

《死去了的阿Q时代》……………………………钱杏邨
《死去了的鲁迅》…………………………………钱杏邨

读者反馈卡

尊敬的读者：

非常感谢您购买本书。为能继续提供更符合您要求的优质图书，敬请不吝赐教。抽出点滴时间填写以下调查表寄回，您将自动成为我公司读书会会员，可长期以非常优惠的价格购买本公司其他书籍，免费邮寄，并可定期获赠精美礼品。

北京博闻春秋图书有限责任公司

通讯地址：北京市复兴路甲 38 号嘉德公寓 722 室　邮编 100039

电子邮箱：bwcq@163.com

公司博客：http://blog.sina.com.cn/bwcq

书目网址：http://bjbwcq.cn.alibaba.com/

1. 您了解《少不读鲁迅　老不读胡适》（全新修订本）这本书是通过

　□书店　□网络　□熟人推荐　□报刊

2. 您购得本书是在

　□新华书店　□书城　□民营书店　□书摊　□网络

　□超市　□其他______

3. 您目前的职业是

　□公司职员　□个体经营者　□公务员　□学生　□农民

　□自由职业者　□其他______

4. 您决定购买一本书的因素包括

　□内容　□封面　□标题　□朋友推荐　□媒体推荐

　□作者　□其他______

5. 您决定购买本书是因为

□关注民国人物　□喜欢作者　□偶然购买　□朋友推荐

□其他______

6. 您购买图书最感兴趣的是

□写作风格　□封面包装　□作者观点　□作者声望

□媒体推荐　□书籍内容　□其他______

7. 您会向他人推荐或者谈论这本书吗?

□会　□不会　□偶尔会　□看看再决定　□其他______

8. 了解本书之后,您对本公司的其他图书有购买可能吗?

□会　□不会　□偶尔会　□看看再决定　□其他______

9. 平常读书时,从行文风格上说,您更喜欢

□严肃深刻　□轻松幽默　□故事性强　□史料性强

□文学性强　□图文并茂　□系统性强　□通俗易懂

□观点独特　□其他______

10. 您觉得本书的优点有(可多选)

□文笔好　□选题好　□封面漂亮　□排版舒服

□价格合理　□手感好　□其他______

11. 您觉得本书有何不足之处,您有何意见和建议?

____

____

12. 有没有您想读但市面上却没有的书?请谈谈您的设想。

____

____

您的姓名______　性别______　年龄______　职业______

邮政地址________________________________

邮政编码__________________　手机________

E-MAIL________________________________

MSN 或 QQ______________________________

《请看我们中国的Don Quixote的乱舞》……………李初梨

《除掉鲁迅的"除掉"》………………………………彭康

《毕竟是"醉眼陶然"罢了》………………石厚生(成仿吾)

《又一个Don Quixote的乱舞》…………………………韩侍桁

《文艺战线上的封建余孽——批评鲁迅

的〈我的态度气量和年纪〉》………………杜荃(郭沫若)

应当特别说一下最后这篇文章。好长时间,人们不知道这篇文章是郭沫若写的,直到郭沫若去世后,几经考证、调查,才确定是他写的。当然,还是为他作了种种解释。我们来看看,当年郭沫若是怎样评价鲁迅的。他说鲁迅的那篇《我的态度气量和年纪》,"可怜只像一个歇斯底里的女人的悲诉"。鲁迅和陈西滢、高长虹的论战,在郭沫若看来,不过是"猩猩和猩猩战,人可以从旁批判它们的曲直,谁个会去帮助一个猩猩"。这是一篇长文章,末尾一节,郭沫若说了他的全部的看法:

鲁迅先生的时代性和阶级性,就此完全决定了。

他是资本主义以前的一个封建余孽。

资本主义对于社会主义是反革命,封建余孽对于社会主义是二重的反革命。

鲁迅是二重的反革命人物。

以前说鲁迅是新旧过渡时期的游移分子,说他是人道主义者,这完全错了。

他是一位不得志的Fascist(法西斯谛)!

接到党内的指令后,还是这些人,对鲁迅的攻击就完全停止了。很快就转为歌颂,很快就一起组织起左翼作家联盟,一起对着国民党反动派英勇地战斗了。当然也不是一下子就停止了的,总得有个过程。不管怎么说,到后来,还是这个郭沫若,对鲁迅的看法就完全变了。且看一九三六年鲁迅去世后,郭氏的一篇文章《不灭的光辉》中,对鲁迅是怎样评价的:

这遗产的接受,同时怕也就是继续鲁迅精神的最好的法门。

> “鲁迅精神”是早在被人宣传着的，但这精神的真谛，不就是“不妥协”的三个字吗？对于一切的恶势力，鲁迅的笔似乎不曾妥协过一次……我们民族所应受的两重的敌人，内部的封建余孽，外部的帝国主义，这是鲁迅先生至死不倦地所攻打着的东西。鲁迅先生提着笔为我们全民族在前线战死了，我们应该加倍地鼓起我们的敌忾，前仆后起地，继续着奋战。这才是纪念鲁迅的最上的途径。而这样替我们民族“报仇”，也就完成了鲁迅替我们遗留下来的责任。

当时上海有个日本人，郭沫若说是“一位有名的集纳主义者”，不知是什么意思。这个人和鲁迅有交往，郭沫若的说法是，在上海和鲁迅喝过几次茶。这个日本人在纪念文章里，说鲁迅对他说过这样两句话，一句是“我对于马克思的著作不曾读过一页”，一句是“苏联几次请我去，我都没点头，我倒很想到日本去游历”。郭沫若跟鲁迅，连这样的交情也没有，只好说：“这话有点令人碍难相信，即使有，也怕是临场的一个烟幕。”

抗战开始后，中共中央把郭沫若树为国统区文化战线上的一面旗帜之后，他对鲁迅的评价就更高了。从他写过的文章的名字上，不难看出这一点，比如《鲁迅并没有死》、《鲁迅和我们同在》、《鲁迅和王国维》等。不管是刚死了以后说继承鲁迅的精神，还是抗战中说“鲁迅和我们同在”，郭沫若的评价都是跟着毛泽东的评价来的。

对这种截然的转换，曾任过中国共产党总书记，也是中国新文化运动主将之一的陈独秀，是不以为然的。他说过这样的话：

> 鲁迅先生的短篇幽默文章，在中国有空前的天才，思想也是前进的。在民国十六七年，他还没接近政党以前，党中一班无知妄人，把他骂得一文不值，那时我曾为他大抱不平。后来他接近了政党，同是那一班无知妄人，忽然又把他抬到三十三层天以上，仿佛鲁迅从前是个狗，后来是个神。我却以为真实的鲁迅并不是神，也不是狗，而是个人，有文学天才的人。（《我对于鲁迅之认识》）

这段话是一九三八年说的，当时陈独秀尚是自由之身，还没有被国民党政府羁押，他说的这些话应当说是可信的。

从郭沫若对鲁迅前后评价的不同，就可以证明陈独秀说鲁迅转变前后的话，没有说错。

鲁迅的思想资源

鲁迅究竟是个怎样的人，这就不能不说到鲁迅的思想资源，或者说是思想根源了。

人都是社会的人，行为受思想的支配，思想则受身世、教育、社会环境的影响。鲁迅也不会是例外。鲁迅的思想资源约略说来有三，一是自幼受到的家庭变故的烙印，二是从少年时代起接受的中国传统经典的训练，三是在日本留学时受到的西方思潮的熏染。

自幼受到的家庭变故的伤害，用鲁迅的一句话说就是："有谁从小康之家而陷入困顿的么，我以为在这途中，大概可以看清世人的真面目……"这句话反过来讲，就成了有谁从小康之家陷入困顿的么，我以为在这途中，大概可以了解自己思想的变化。少年时从小康之家陷入困顿的遭际，如同一个难以驱散的魔魇，一直伴随着鲁迅的终生。只是不同时期，其内容有不同的变化。青年时期是婚姻的不幸，中年时期是与胡适、徐志摩等新派人物的失魂落魄的扞格，晚年则是与周扬等左派人士的龃龉。仿照前面的句式，这些事情均可变为他心中的长叹：

有谁有这样不幸的婚姻么，正在青春年华，满腹学问，却只能摊上这样的妻子……

有谁有这样不幸的时运么，正当人到中年，事业有成，却遇上这么多留学英美归来的新派人物……

少年时所受的中国传统经典的训练，是任何一个旧时代过来的知识分子都既蒙其泽惠又受其局限的，只不过在鲁迅身上表现得更其突出罢了。其泽惠一为中国旧文人的耿介，一为良好的文字功底。作为一种思想资源，在鲁迅身上更有其明显的发展脉络，成年后可以接续他的整理古籍，比如辑校《嵇康集》、《会稽郡故事集》等。这一影响，成为他狷介的个性的主干，也成为他判断人事的基准。加上他的文字功底，又铸成他文章的风骨，也就是他的一位朋友所说的“魏晋文章”。

以上两点，或深或浅，见智见仁，以往的研究者都有所阐述。现在我们要探究的是，作为一个清末的官派留学生，鲁迅在日本那些年，究竟获得哪些思想资源。这些思想资源，对他回国后从事文化事业，有哪些正面的和负面的影响。在这一方面，日本的鲁迅研究者，有过细致深入的研究。

一九〇四年鲁迅赴日本留学时，正当日本明治三十五年，适值日本最初的“尼采热”处于峰巅之际。在他留学的年代里，日本文学中尼采热逐渐减退，不久即迎来自然主义的全盛期。但是，作为一个清国的留学生，深知国事多艰，急欲求得治救之道，最易接受的还是尼采的极端个人主义。从另一面说，也是强烈的民族主义。东京时期和鲁迅最为亲近的周作人就说过：“豫才在那时代的思想我想差不多可以民族主义包括之。”考虑到说这话，是在新中国成立之后，周作人有不便明言的苦衷，不妨说，民族主义是一种放大了的个人主义，而个人主义则是一种缩小了的民族主义。

伊藤虎丸在《鲁迅早期的尼采观与明治文学》一文中说：

> 鲁迅基于对“个人主义”这一西欧价值观念所具有的普遍性和优越性的深刻认识，当然对与之“如同水火”般相异的传统思想予以严厉的批判。彻底否定传统，激烈嫌恶庸众，对本国国民的民族陋习刻薄地讥讽，是鲁迅与尼采的共同点之一。(《鲁迅、创造社与日本文学》第70—71页)

在鲁迅接受尼采思想这一基本事实上，日本学者竹内好有自己独到的看法，且有自己独创的概念。同是接受尼采思想，他认为有两种不同的方式，一是“回心”，一是“转向”。回心，原是佛教语，意思是忏悔过去的罪恶，信奉佛教，从而达到悔改自新。转向则不同，是改变或转换自己原有的思想、立场或方向的意思。在日本，“转向”一语本来指二十世纪三十年代中，由于政府、警察的压制和压迫，迫使很多马克思主义者、共产党员，或者受其影响的青年文学者，抛弃或表示自己的思想的现象。回心和转变，都意味着“改变”，在这一点上没有差别。但是，回心是通过“抵抗”而后改变的，而转向是无媒介地（趋向有支配性、权威性的思想）改变的。在竹内好的论述中，“抵抗”也是一个独特的概念，就是“固执（坚持自己）”的意思。

明白了竹内好的这些独特的概念，下面伊藤虎丸这两段剖析就不难明白了：

> 他（指鲁迅）掌握最根本的欧洲精神本身，从某种意义上说，不正是其自身通过内在的国粹精神的“抵抗”才开始成为可能的吗？前文所述他对欧洲近代精神的“异质性”的惊愕，不正是这“抵抗”的一种表现么？由此可见，鲁迅的尼采观与同时期日本文学的尼采观之间，似乎没有理由不承认在本质意义的深刻的程度上，有着明显的差别。而产生这种差别的根本的理由，我认为也在于前文引用的丸山真男所指出的日本人的“善于领会接受”和鲁迅的强韧的“内在国粹精神”之“抵抗”性两者间的差异吧。
>
> “回心以抵抗为媒介，而转向无须媒介”。鲁迅的尼采观或他对欧洲近代文明的倾倒，并不意味其民族精神文化的“转向”，而是民族精神的“回心”。这一点，从他对“轻易的融合”、折衷、无批判地输入新思想的抗拒，和强调了欧洲精神的异质性里面可以看得出来。而且，他的文学作为一个整体，也应当称之为“民族精神回心的文学”，关于这一点，已有很多的论述。（《鲁迅、创造社与日本文学》第71—72页）

总之，伊藤虎丸的结论是，必须指出，鲁迅的思想骨骼，即使在他的“前史时期”也已具雏形，在某种意义上，我认为这已成为贯穿他整个作家生涯的主导。这里说的“前史时期”，是指鲁迅的留日时期。也就是说，伊藤虎丸认为，鲁迅回国后从事的文化政治活动，都可在留日时期寻找到思想的脉络。

这样说，不能说没有道理。但我觉得，日本的研究者，还是过分强调了日本文化对鲁迅的影响。不管在日本期间，尼采的思想对鲁迅有多大的影响，要寻按鲁迅思想的脉络，都不能离了前面提到的那两个方面的影响。只有这三个方面的综合的作用，才形成了或者说是组合成了鲁迅思想的整体。仅仅任何一个方面的思想资源，都无法包容鲁迅思想的丰富性或特异性。

鲁迅在多大程度上接受了尼采思想，不能光凭他早期的那几篇文言论文中所说的那些话，如《文化偏至论》中所说："尼之所希冀，则意力绝世，几近神明之超人也；伊勃生之所描写，则以更革为生命，多力善斗，即迕万众不慑之强者也。"不光是《文化偏至论》，还有《摩罗诗力说》、《科学史教篇》、《人之历史》等，也就是收入《坟》中排在前面的四篇文言论文，我们都要辩证地看待。不管怎么说，对这几篇作品，鲁迅是有言在先的。在该书的《题记》中说过：

> 这是我做的吗？我想。看下去，似乎也确是我做的。那是寄给《河南》的稿子；因为那编辑先生有一种怪脾气，文章要长，愈长，稿费便愈多。所以如《摩罗诗力说》那样，简直是生凑。倘在这几年，大概不至于那么做了。又喜欢做怪句子和写古字，这是受了当时的《民报》的影响；现在为排印的方便起见，改了一点，其余的便都由他。这样生涩的东西，倘是别人的，我恐怕不免要劝他"割爱"，但是自己却总还想将这存留下来，而且也并不"行年五十而知四十九年非"，愈老就愈进步。

有人说，这是鲁迅的伟大的谦虚。我不这么看，细读这几篇文章，作者说的这些毛病确实存在。比如冗长，比如生涩，比如怪句子和古字，历历在目。尤其是《摩罗诗力说》这篇，不是简直是生凑，而是就是生凑。至于文章中的几个诗人，先前怎样让他激昂，怕也不可全信。要保留下来，总得寻个说得过去的理由。

紧接上文，鲁迅又说："其中所说的几个诗人，至今没有人再提起，也是使我不忍抛弃旧稿的一个小原因。他们的名，先前是怎样地使我激昂呵，民国告成以后，我便将他们忘却了，而不料现在他们竟又时时在我的眼前出现。"这话怕也说得太过了，比如"其中所说的几个诗人，至今没有人再提起"，怕就不确。我不知道，鲁迅说的这几个诗人中，包括不包括但丁、果戈理（他译鄂戈里）、拜伦（他译裴伦）、雪莱（他译修黎）、济慈（他译契支）、荷马（他译鄂谟）、彭思（他译朋思）、普希金（他译普式庚）？若包括，我不相信从五四运动到鲁迅写此序言的一九二六年，这六七年间竟没有人提起过这些诗人中的一个。

既然说这“几个诗人，至今没有人再提起”，只要有人提起其中的一个，便可知其立论的荒谬。

一九二二年七月十八日《晨报副刊》上载有仲密的文章《诗人席烈的百年忌》。仲密者，周作人也。席烈，英文名 Percy Byysshe Shelley，即雪莱，也即鲁迅译作修黎者也。《摩罗诗力说》中对雪莱的介绍，较之其他诗人为多，整整一节（第六节），不足两千字。而周作人此文，约三千字，不仅介绍了雪莱的生平和思想，还译了雪莱五六节诗（有的是诗剧）。关于雪莱，周作人不光写了这篇介绍文章，早在五月三十一日的《晨报副刊》上，还登载过他译的雪莱诗《与英国人》。

雪莱、济慈这几个诗人，徐志摩、吴宓也多次提到过。二十世纪二十年代前期，那么多英美留学生回国了，只要一写谈英诗的文章，怎么会不提雪莱、济慈、彭思这些大诗人呢。真不知道鲁迅写序言那会儿是怎么想的。不敢说心态不正常，至少也是虑事不周吧。

再就是，这篇《摩罗诗力说》，无论是篇幅还是写法，都像是一篇“杂凑”的文章。一下子论述了七八位欧洲的著名诗人，说是对他们都作了一番研究才写出来，几乎是不可能的。

不管怎么说，鲁迅在日本求学期间，受尼采思想的影响还是明显的。

仅此三个方面的思想资源，就决定了鲁迅后来的作品，不管是涉及时政的杂文中，还是与对手的论战中，都提不出什么系统的明确的社会理念。“个人主义”、“超人”云云，只可藏在心里，是说不出口的。那么他就只能是从少年时看过的书上，古代的人与事上，亲历的世事中，寻找实例的证明。所谓的理论，不过是旧文人常说的民生多艰、家国一理、修齐治平那一套空话、大话。最明显的是，对人的评价，总也出不了君子小人之别，顶多变个法儿，把本来要斥之为小人的，反讽为“正人君子”罢了。

从鲁迅那些著名的话语中，也可看出他的思想资源之单调与贫乏。过来过去，全是旧文人的那一套。所不同者，不过是他的话说得绝对些罢了。你说封建时代有人吃人的事儿，他就说一部中国历史都写着“吃人”二字。你说“人心险恶”，他就说“我向来不惮以最坏的恶意来推测中国人”。有的意思，别人早就说过了，到了他那儿，不过变了个说法。比如吴稚晖一九二四年在纪念五四运动五周年所写的文章中就说过：“古书是无价值的糟粕，应该把它们从学生手上扔到茅坑里去！”（《科学周报编辑话》）鲁迅一九二五年在《青年必读书》中就说：“我以为要少——或者竟不——看中国书，多看外国书。”

总之，在鲁迅的著作中，你看不到执著的人生理念，也看不到系统的社会理念。这一缺憾，使鲁迅在与英美留学归来的那些自由主义知识分子的争论中，常常显得穷于应付，他的长处在冷嘲热讽，泼辣恣肆上。这一招，对那些受过西方教育的人来说，只能是无言也无招以对了。

对自己的这一手，鲁迅既很得意，又不能不感到困惑与怯懦。终其一生，鲁迅很少写对社会建言的文章，也很少写分析社会事件的文章，其原因怕就在这里。

一九二七年到上海，接受了中国共产党的委托，统率起中国文化革命的新军之后，鲁迅主动学习了马列主义的社会学理论与文艺学理论，情况才有所改变。这一来，让鲁迅很是振奋，觉得自己虽然得道晚了些，得的是道主真传，比那些自由主义、民主主义之类的人云亦云的东西要强多了。多少年无法与英美留学生抗衡，这回可得到了法力无边的武器，看你们往哪儿跑！从这个意义上说，他晚年服膺马克思主义，服膺阶级斗争学说，还是有几分真诚的。

新文化人物强有力的批判者

严格地说，鲁迅是一个旧时代的知识分子，只能说，他的运气还不坏，正当沉寂之际，赶上了新文化运动的兴起，以他的巨大的创作才能，写作了一批优秀的短篇小说，成为新文化运动初期的一位杰出的作家。

把鲁迅和黄侃作一比较，或许能得到一点启发。两人均为早期的留日学生，又都出自太炎门下，从年龄上说，黄侃还要比鲁迅小几岁。鲁一八八一年生，黄一八八六年生，小鲁五岁。黄对新文化运动的态度，前面已经说了,鲁又能高明多少呢?

或许有人会说,各人的情况不一样,思想基础不一样,这样的比较未免太简单了吧。

那就看鲁迅的表现吧。

胡适和鲁迅起初的相处,是很融洽的。互相通信,借阅书籍,彼此可说是很欣赏的。一九二二年八月十一日,胡适去周家和周作人漫谈,鲁迅饭后回寓见了,三人一起畅谈甚久。这天胡适回到家里,在日记中记下这样的话:"周氏兄弟最可爱,他们的天才都很高。豫才兼有赏鉴力和创作力,而启明的赏鉴力虽佳,创作较少。"大概这天的畅谈中,鲁迅知道胡适正在研究《西游记》,他是治中国小说史的,对这方面的资料知之甚详,隔了三天,便将自己知道的有关资料,抄了五页纸寄给胡适。同信中还说,你若有同文局印制的关于《品花宝鉴》考证的书,"便中希见借一观"。胡适肯定满足了对方的要求,同时将自己的《五十年来中国文学》一书的稿本送给鲁迅请指正。二十一日鲁迅回信说:"大稿已读讫,警辟之至,大快人心!我很希望早日印成,因为这种历史的提示,胜于许多空理论。"

胡适对鲁迅的著作,也是赞赏的。在《白话文学史》的自序中说:

> 在小说史料方面,我自己也颇有一点点贡献,但最大的成绩是鲁迅先生的《中国小说史略》;这是一部开山的创作,搜集甚勤,取材甚精,断制也甚严谨,可以替我们研究文学史的人节省无数的精力。

这种友谊,一直延续到一九二三年底。到了一九二四年初,鲁迅就开始攻击胡适了。一九二四年一月十七日下午,鲁迅到师大附中校友会演讲,题为《未有天才之前》,演讲中就不指名地批评了胡适提倡的"整理国故"。此后两人之间再没有通信、借书这样的事情了。

两人是怎样闹翻的,鲁迅没有明确的说过。后人大都把这当做是两人思想的不同,鲁迅的思想先进,胡适的思想落后,道不同不相与谋。怕不会这么简单。鲁迅没有明说他们之间的隔阂,或许有某种顾忌,是可以理解的。对陈西滢、徐志摩二人,鲁迅就没有这样的顾忌了,有什么说什么，直率得很。且看他是怎样说的。

一九二四年六月，泰戈尔在北京时，接待方曾为他举办过一台祝寿的晚会，演出泰氏的英文剧《齐德拉》。鲁迅也去看了，在台下曾见过陈西滢，两人握手问好。一九二五年十二月十八日鲁迅在《"公理"的把戏》一文中，提及此事时说："撷英馆里和后援会中所啸聚的一彪人马，也不过是各处流来的杂人……与陈源虽尝在泰戈尔祝寿的戏台前一握手，而早已视为异类。"既是"早已"，那就不是文中说及的女师大风潮了，而是很早就把陈西滢当做异类了。

这是为什么呢，对陈西滢也不好说什么。对徐志摩可就不客气，直言不讳了。在《集外集》自序中他说，"我其实是不喜欢做新诗的……待到称为诗人一出现，就洗手不作了。我更不喜欢徐志摩那样的诗"。无论如何，徐志摩该是个优秀诗人吧，这样的诗人出现了，本该喜欢才是，怎么反而更不喜欢了。只能说鲁迅不光不喜欢徐志摩的诗，更不喜欢徐志摩这个人。他写《我的失恋》，讽刺的不是徐的诗，确乎是徐这个人。这是明眼人，一眼就看得出来的。

鲁迅为什么不喜欢徐志摩那样的人呢？

是徐志摩的性格、做派，还有他那种虽说痛苦，却十分美好的婚恋生活，都让鲁迅看着心里不舒服。徐志摩刚回国的时候，他对徐志摩还是不错的，《中国小说史略》上册刚出版，还送给徐志摩一本。这些都是我们的解释，实际上，人不喜欢人，是很难解释清的，不喜欢就是不喜欢，见了就反感。对徐志摩如此，对胡适、陈西滢，能有好感吗？后来果然一个一个都闹翻了。

至于以鲁迅为首的太炎门生们，最后怎样和以胡适为首的留学欧美的自由知识分子决裂，自立营垒，视同敌国，后面的章节中还要详细叙述，这里就不多说了。

那么，在中国的新文化运动中，鲁迅是个什么地位呢？

也很了不起，是一员大将，是一员健将。这话不是我说的，是胡适说的。鲁迅的《狂人日记》发表后，胡适曾给以热烈的赞扬，高度的评价，说他是"白话文学运动的健将"。一九二二年胡适写了篇《五十年来中国之文学》，其中有一部分，回顾了五四运动前后的小说创作，说这一年多来，小说创作成绩最好的是鲁迅，从四年前的《狂人日记》到最近的《阿Q正传》，虽说数量不多，差不多没有不好的。到了晚年，胡适还是这个看法。一九五八年，胡适已六十七岁了。这年五月，胡适在台北中国文艺协会作了一次演讲，题目是《中国文艺复兴运动》，仍然肯定鲁迅在《新青年》时代“是个健将，是个大将”。

大将、健将，跟主将有什么不一样呢？大将，不说健将了，就说大将吧，大将是听命于主将的。主将是统帅，或者说是统帅之一，大将是带兵作战的，或者说是某一方面的首领。主将是号召者，大将是实施者。胡适是白话文、新文学的倡导者；鲁迅是白话文、新文学的实施者。这一点，在新文学运动初期，鲁迅是心甘情愿的，也是引以为荣的。一九二二年底，鲁迅为他的第一个短篇小说集《呐喊》作序时，说了他怎样加入新文学的战阵。他说，在写他的第一篇白话文小说《狂人日记》前几年，他是消沉的，绝望的，每天下了班，就是躲在绍兴会馆自己房里抄古碑，“客中少有人来，古碑中也遇不到什么问题和主义，而我的生命却居然暗暗的消去了，这也就是我唯一的愿望”。是他的朋友，已参与了《新青年》编辑的钱玄同来访，用话激他，才答应写东西，支持《新青年》倡导的“文学革命”。从此以后，便一发而不可收，写些小说模样的文章，以敷衍朋友们的嘱托，积久了就有了十余篇。还是这篇自序中，鲁迅说了这样一段话：

> ……有时候仍不免呐喊几声，聊以慰藉那在寂寞里奔驰的猛士，使他不惮于前驱。至于我的喊声是勇猛或是悲哀，是可憎或是可笑，那倒是不暇顾及的；但既然是呐喊，则当然须听将令的了，所以我往往不恤用了曲笔，在《药》的瑜儿的坟上平空添上一个花环，在《明天》里也不叙单四嫂子竟没有做到看见儿子的梦，因为那时的主将是不主张消极的。

他本人已是一员大将了，“须听将令”，当然是听主将的令了。“因为那时的主将是不主张消极的”，就直称提倡白话文，发起新文学运动者为“主将”了。

就是“转变”之后，时时跟胡适这些人过不去，鲁迅仍不改变这个看法。一九三二年编《自选集》时，在《自序》里说：“我做小说，是开手于一九一八年,《新青年》上提倡'文学革命'的时候。这一运动,现在固然已经成为文学史上的陈迹了,但在那时,却无疑地是一个革命的运动。我的作品在《新青年》上,步调是和大家大概一致的,所以我想,这些确可以算作那时的'革命文学'。"又说,那时他所以写作,并非全是出于自己的热情,大半倒是为了对于热情者的同感,这些战士,虽在寂寞中,想头是不错的,于是他受到了感染,"也来喊几声助助威吧"。为了和前驱者取同一的步调,便删削些黑暗,装点些欢容,使作品比较的显出若干的亮色。这些也可以说是"遵命文学",不过那时他遵奉的,"是革命的前驱者的命令,也是我自己所愿意遵奉的命令,决不是皇上的圣旨,也不是金元和真的指挥刀"。

鲁迅和新文化运动,和白话文写作,和新文学运动的关系,就是这样的。和蔡元培、陈独秀、胡适这些新文化运动的主将的关系,就是这样的。虽是在新文化运动已经起来之后才参加进来的,因为他的写作的才气,他的旧文学的功底,很快就成为新文学写作的一个大将,一个健将,建树了卓著的功业。从一个教育部的默默无闻的佥事,一跃而成了全国知名的人物。对鲁迅与胡适在这方面的关系,美国普林斯顿大学东亚研究系教授周质平先生,有一个很中肯的评价。他说:

> 胡适是创造白话文运动的英雄,而鲁迅是白话文运动创造出的一个英雄。如果没有胡适提倡白话文在先,鲁迅依旧写他的文言,那么,鲁迅是否能成为日后的"青年导师"、"文化伟人"就很值得怀疑了。在提倡白话文这一点上,我们不得不说胡适是比鲁迅更具"先见之明"。胡适对鲁迅也多少起了一点领导作用……(周质平《胡适与中国现代思潮》第23页)

根据以上的论证,我们可以很有把握地说,鲁迅是五四新文化运动前期的一员大将,后来成了中国共产党领导的文化新军的主将。

鲁迅后来是"转变"了,成了中国文化革命的主将,成了中国共产党领导的"文化新军的最伟大和最英勇的旗手"。这个转变是怎样完成的,是从什么时候开始的,一般的说法是他到了上海之后,跟瞿秋白、冯雪峰等共产党人接触之后,在党的指令下,创造社、太阳社停止了对他的攻击,过了不久就出任左翼作家联盟的盟主了。

其实，如果说在鲁迅的一生中，对新文化运动，对新文化运动人物，态度或者说是立场有所转变的话，不是去了上海之后，而是去上海之前多少年，已经完成这个转变了。

严格地说，也不叫什么转变，只能说是跟新文化运动的几个主要人物，也就是跟新文化运动阵营闹翻了。可以这样说，跟胡适、陈独秀他们一起办《新青年》时，是那个鲁迅，闹翻了还是那个鲁迅。后来到了上海，跟共产党走到一起，成了共产党在文化战线的主将，也还是那个鲁迅。只是时势不同，气味相投的人也就不同，合作的人也就不同。

有人说，是共产党利用了鲁迅。怎么可能呢。鲁迅是个很有个性的人，那么大岁数了，谁也利用不了。是他自己愿意那么做，是他需要那么做。

前面说到鲁迅是新文化运动的大将时，我加了“前期”这个词儿。这是非常重要的。

说鲁迅是新文化运动前期的大将，意思是说，到了后期，他已经不是新文化运动的大将了。他跟新文化运动的几个主要人物闹翻了，也就脱离了新文化运动的阵营。如果此后他只是当他的官，当他的教授，井水不犯河水，道不同不相与谋，各自相安无事，也没有什么好说的。人各有志，不能说当官不是为社会服务，纯粹搞学问不是为国家作贡献。

这一点，中国的鲁迅研究者们，几乎都没有发觉，美国学者J.B.格里德几乎是轻易地就看出来了。在《知识分子与现代中国》一书中他说：

> 从一开始，鲁迅在气质上就是个局外人，最终他成了一个新文化人物强有力的批判者。(《知识分子与现代中国》第318页)

从撤稿事件到两大营垒的对峙

谁敢把鲁迅的稿子撤了

一九二四年十月下旬的一天，位于宣武门大街的晨报馆里，孙伏园编完第二天的《晨报副刊》便走了。这时是下午两点多。

他平日的工作习惯是，每天上午九点到下午两点编稿，两点多发完稿就离开报馆，到八点再回报馆看大样。这天到了这个时间，他回到报馆，发现大样上没有特别改动的地方，只少了一首鲁迅的诗《我的失恋》，多了一篇别的什么人的评论。少登一篇稿子本来是常事，遇到稿子过多时，校对者可以撤下一两篇而不必事先跟他打招呼。但是今天这件事却不同以往，校对者告诉他，这篇诗稿是代理总编辑刘勉己先生撤下去的。

“抽去！”这是何等重大的事，他心里登时冒起一股火来。毕竟不是刚出校门的年轻人了，听完话只好按捺住心里的火气，伏在案头看大样，想看看补进去的是篇什么东西。恰在此时，刘勉己来了，慌慌张张的，一进门就连声说鲁迅的那首诗实在要不得，所以由他代为抽去了。

孙伏园问为什么，刘勉己吞吞吐吐的，说不出何以“要不得”的缘由。孙的火气实在按捺不住了，一举手就要打刘的嘴巴，幸亏刘及时闪开抽身便走，孙在后面紧追着，一直追到编辑部(刘的办公处)，别的同事硬把他拦住无法再动手。孙气愤难平，大骂一顿了事。同事把他拉出编辑部，劝进他的住室。思来想去，一不做二不休，干脆辞职了事。当天已晚，第二天便向报馆正式提出辞职。于是十月三十一日的《晨报副刊》刊出《孙伏园启事》如下：

> 我已辞去晨报编辑职务，此后稿件请直寄晨报编辑部，我个人信件请寄南半截胡同绍兴馆。

同时刊出的还有《本报启事》，说本报副刊向由编辑处学艺部办理，嗣后所有信件请仍寄学艺部为荷。

现在来看看，孙伏园执意要登载，而刘勉己连声说“要不得”的这首诗，是怎样的一首诗。诗名《我的失恋》，全诗共三节：

我的所爱在山腰；
想去寻她山太高，
低头无法泪沾袍。
爱人赠我百蝶巾；
回她什么：猫头鹰。
从此翻脸不理我，
不知何故兮使我心惊。

我的所爱在闹市；
想去寻她人拥挤，
仰头无法泪沾耳。
爱人赠我双燕图；
回她什么：冰糖壶卢。
从此翻脸不理我，
不知何故兮使我胡涂。

我的所爱在河滨；
想去寻她河水深，
歪头无法泪沾襟。
爱人赠我金表索；
回她什么：发汗药。
从此翻脸不理我，
不知何故兮使我神经衰弱。

这三节是当时写的，后来鲁迅又补写了一节，在《语丝》上刊出。就当时来说，这是全的，就是这么三节，就是这么一首诗。

对这首诗的用意，《鲁迅全集》中引用鲁迅自己的话作了注释：

> 作者在《〈野草〉英文译本序》中说："因为讽刺当时盛行的失恋诗，作《我的失恋》"。在收入《三闲集》的《我和〈语丝〉的始终》一文中谈到本篇说："不过是三段打油诗，题作《我的失恋》，是看见当时'阿呀阿唷，我要死了'之类的失恋诗盛行，故意做一首'由她去罢'收场的东西，开开玩笑的。这诗后来又添了一段，登在《语丝》上"。(《鲁迅全集》第二卷第170页)

这里鲁迅的叙述有误。他说先作的三段，是"由她去罢"收场的。不是这样。他补的那一段，最后一句才是"不知何故兮——由她去罢"。

在《语丝》刊出的四节全诗，题名下有副题《拟古的新打油诗》，《全集》的注释是：

> 拟古，这里是模拟东汉文学家、天文学家张衡的《四愁诗》的格式。《四愁诗》共四首，每首都以"我所思兮在××"开始，而以"何为怀忧心××"作结，故称"四愁"。最早见于南朝梁昭明太子萧统所编的《文选》第二十九卷。打油诗，传说唐代人张打油所作的诗常用俚语，且故作诙谐，有时暗含嘲讽，被称为打油诗。(《鲁迅全集》第二卷第170—171页)

现在我们弄不清的是，鲁迅最初送给孙伏园的三节的《我的失恋》，题下是否注明"拟古的新打油诗"。至少有未注的可能。既说"拟古"，且能看出是拟张衡的《四愁诗》，张诗是四节，而鲁诗是三节，后一节是两个月之后，要在《语丝》上刊用时才补上的，就有理由怀疑这个"拟古的打油诗"，也是后来凑成四节时才补上的。若当时题下就有这几个字，刘勉己再颟顸，也断不至于就说"要不得"，不跟孙伏园商议而抽下鲁迅的稿子。

这样我们就知道，刘勉己当初看到的《我的失恋》是什么样子了。

《我的失恋》是讽刺谁的

明眼人一看，就知道这首诗是讽刺徐志摩的。

徐志摩一九二二年十月回国，同年十二月初到北京，此后两年间从未离开。北京文化圈子里，都知道他追求林徽因不得而失恋的事。一九二三年秋季开学后，徐志摩在北大英文系任教，同在北大任教的鲁迅不会不知道徐的一些传闻。此前徐写的失恋诗中，确也有鲁迅所讽刺的意象。比如这一年六月十七日登在《晨报副刊》上的《去罢》一诗，就有这样的句子："去罢，人间，去罢！我独立在高山的峰上。"

如果说这三节还不太明显的话，孙伏园辞职、另办起《语丝》之后，鲁迅就无所顾忌了，在补写的第四节中，所嘲讽的对象就挑明了。且看这第四节是怎样写的：

> 我的所爱在豪家；
> 想去寻她兮没有汽车，
> 摇头无法泪如麻。
> 爱人赠我玫瑰花；
> 回她什么：赤练蛇。
> 从此翻脸不理我，
> 不知何故兮——由她去罢。

当时在北京城里，有汽车的人家是不多的，林徽因已和梁启超的儿子梁思成订亲了，梁家就有小汽车。

那么这样一首诗，又关着刘勉己什么事了。

这就要说到刘与徐的关系。一九二二年十二月初，徐志摩初到北京，先住在瞿菊农家里。瞿家不大，居住不方便，几天后便搬到陈博生家里去住。陈博生是《晨报》的总编辑，撤稿事件发生时，陈博生不在北京，刘勉己代理总编辑，就是代理他的。再就是，《晨报》是研究系的报纸，梁启超是研究系的首领，徐志摩是梁启超的大弟子。这样一个关系，这样一个背景，刘勉己怎能容许在《晨报副刊》上登载公然嘲讽徐志摩的诗作呢？

这也就是刘勉己连声说“要不得”，又不便明言的原委了。

孙伏园是鲁迅的学生，鲁迅的稿子，是不能不登的，受此耻辱，要辞职也在情理之中。正如他自己一年后在《京副一周年》中所说：“这是我平生未有的耻辱，如果还有一点人气，对于这样的耻辱当然非昭雪不可。”

孙伏园所以辞职，及后来创办《语丝》，跟周作人也有相当的关系。孙伏园在《京副一周年》中有这样的话：

> 《语丝》五十四期里，周岂明先生已经提起这件旧事。所谓“这件旧事”者，关于上面所讲鲁迅先生《我的失恋》一诗还只能算作大半件，那小半件是关于岂明先生的《徐文长的故事》，岂明先生所说一点儿也不错的。不过讨厌《我的失恋》的是刘勉己先生，讨厌《徐文长的故事》的是刘崧山先生罢了。（《1913—1918鲁迅研究学术论著资料汇编》第一卷第108页）

《语丝》第五十四期里，有篇周作人的《答孙伏园论〈语丝〉的文体》，谈到了他的《徐文长的故事》的禁止续载，也谈到了后来《语丝》是怎样创办的：

> 你当然还记得《语丝》创办的历史。当初你在编辑《晨报副刊》，登载我的《徐文长的故事》，不知触犯了《晨报》主人的忌讳，命令禁止续载，其后不久你的瓷饭碗也敲破了事。大家感到自由发表文字的机关之不可少，在开成茶楼集议，决定发行这个连名字也是莫名其妙的周刊……除了政党的政论以外，大家要说什么都是随意，唯一的条件是大胆加诚意，或如洋绅士所高唱的所谓“费厄泼赖”（fair play），——在这一点上我们可以自信比赛得过任何绅士与学者，这只须看前回的大虫事件便可明了，我们非绅士之手段与态度比绅士们要“正”得多多。

这里说的“大虫”，不用说是指章士钊，“大虫事件”非是指女师大风潮，而是指章士钊倡导的读经书。

周作人这段话很重要。既说了《语丝》是怎样创办起来的，也说了创办起来专门对付谁的。就是对付洋绅士的，或者说是那些和他们意气不投的“绅士与学者”，说白了就是留学英美的自由主义知识分子。

谁又能想到，就是这么一个小小的撤稿事件，接下来会有一个又一个的连锁反应。先是《语丝》的创办，接着有《京报副刊》的创办，胡适、徐志摩、陈西滢那边，立即做出反应，创办了《现代评论》，到一九二五年十月，徐志摩又接手《晨报副刊》。这样一来，英美派和法日派，或者说是留英美的自由主义知识分子，和以早期留日学生为首的保守主义知识分子，或者径直说是新派和旧派，便都有了一报一刊作为各自的阵地。

两大营垒的对峙

辞职就等于失业。孙伏园离开晨报馆，当即去看望鲁迅，说自己辞职了。鲁迅也觉得为自己的事，让学生失了业，总得想个补救的办法，于是便和周作人、钱玄同、林语堂几个人商量，办个杂志让孙伏园编。这就是《语丝》。

正在这个时候，一个叫荆有麟的文学青年，跟《京报》老板邵飘萍有点关系。他向邵飘萍提议，可否请孙伏园来给《京报》编副刊。《京报》和《晨报》是北京的两个大报，过去《晨报副刊》办得好，压住了《京报》。现在有这么好的机会，邵飘萍怎肯放过，当下就答应了，让荆有麟去联系。荆有麟不认识孙伏园，可他认识鲁迅，当天晚上就去找鲁迅，鲁迅一听，说：“不要紧，我代你联系。我想，伏园大概没有问题吧？他现在除筹办《语丝》外，也还没有其他工作。我明天就去找他来。”鲁迅约荆有麟明天晚上在他家吃饭，到时候孙伏园也来。

顺便插一句。这位荆有麟，新中国成立后镇压反革命，在南京叫枪毙了。实际上是冤死的。有的书上说他是河南人。山西作协的董大中先生考证过，说他是山西临猗人，还见过他的一个侄女，叫荆鸣鹤。这个荆鸣鹤，是我初中时的数学老师。

第二天见了面一说，孙伏园果然答应。荆有麟说，那我明天就去告诉邵飘萍，鲁迅说，那又何必呢，邵飘萍是大忙人，一天到晚跑来跑去，白天你根本找不见他。我看吃完饭，你和伏园两人一起去报馆看他，一下就决定了。两人听了鲁迅的话，吃过饭就去京报馆，果然邵飘萍很欢迎孙伏园来办副刊。当下就谈妥了薪俸、稿费等条件。邵老板说，你们现在就开始筹备，下个星期就出报。过了几天，在《京报》上就打出广告，说《京报》将于某日发行副刊，按日随报附送。现在的副刊是跟正报印在一起的，占一版或半版。那时的副刊实际上就是一份报纸版式的杂志，单独一张，随正报赠送。

到了一九二四年十二月八日，《京报副刊》就正式出版了。在此之前，《语丝》也创刊了，《语丝》创刊号是十一月十七日出版的。是个周刊，每期十六页，薄薄的一本小杂志。

有人说，这不很正常吗，那儿辞了职，这儿办份杂志，有人请又办份副刊，这有什么大惊小怪的。不是这么简单。

徐志摩和刘勉己，还有《晨报》的总编辑陈博生，都是好朋友。孙伏园辞职，筹办《语丝》，徐志摩不会不知道。徐志摩知道了，胡适、陈西滢不会不知道。知道了不会不认真考虑，人家跟《晨报》闹翻了，就自己办个刊物，我们为什么要死死地贴在《晨报》上呢。不管他们是不是这么商量的，反正是到了十二月十三日，《现代评论》也创刊了，也是个周刊，也是十六个页码。现在我们来看看，办《现代评论》的都是些什么人，《中国现代文学期刊目录汇编》上是这样介绍的：

> 《现代评论》周刊，综合性刊物，一九二四年十二月十三日创刊于北京，是一部分留学欧美的大学教授创办的同人刊物，署“现代评论社”编，实际上陈源、徐志摩编辑，现代评论社出版发行。主要撰稿人有王士杰、高一涵、胡适、陈源、徐志摩、唐有壬等，出至一九二八年十二月二十九日停刊，共出版二百零九期，又增刊三期。（《中国现代文学期刊目录汇编》第635页）

陈源就是陈西滢。孙伏园辞职后，《晨报副刊》一直由刘勉己代编，陈博生还是跟徐志摩、陈西滢这些人亲近些。到了一九二五年十月，就由徐志摩编辑了。

我曾经把《语丝》和《现代评论》前五期的文章篇数和作者人数作了个统计，是这样的：《语丝》前五期共发文章四十三篇，作者四十四人次，其中鲁迅十三次，周作人十二次，钱玄同三次，章衣萍两次，江绍源两次，共是三十二次。其他人稿子十一篇（次）。从人员上说，共是十五人，也就是说，平均每期只有三个人。

同样的统计方法，《现代评论》每期有七个人。也就是说，都是同人刊物，《现代评论》的圈子要大些。再比较一下第一期的目录，就知道这两个刊物的思想倾向和文章趣味有什么差别了。先看《现代评论》第一期的：

时事短评三则	涵、皓、松
法统与革命	王世英
清室优待条件	周鲠生
叫化子（小说）	西林
十一月初三（小说）	郁达夫
翻译之难	胡适
“非列士第恩”	西滢

郁达夫因为与徐志摩有同学关系，这一段与《现代评论》的关系很是不错。他们刊登小说，不是一次登完，一次只登一小节，好几期才能登完一篇。再看《语丝》第一期的目录：

生活之艺术	开明（周作人）
记顾仲雍	伏园
论雷峰塔的倒掉	鲁迅
恭贺爱新觉罗溥仪君迁升之喜并祝进步	钱玄同
清朝的玉	开明（周作人）
夜里的荒唐	川岛
译自骆驼文	绍原
月老和爱神	衣萍
“说不出”	鲁迅

从文章的题目上可以看出，《现代评论》是个关心时局的文化刊物，《语丝》是个注重个人情调的文化刊物，《现代评论》的格局要大些，《语丝》

的格局要小些。当然要是打起笔仗来，就没有什么格局不格局了。

现在我们把上面说过的几件事归纳一下。可以这么说，撤稿事件导致了两个刊物的创办，又导致了两个副刊的对立。这样，以鲁迅、周作人、钱玄同为主要人物的留日派，和以胡适、徐志摩、陈西滢为主要人物的留英美派，就公开对立起来了。当然了，也不能理解为一说对立就怎样的水火不相容，跟"文化大革命"中打派仗似的，不是你死就是我活。他们中的一些人，还是好朋友。只是各自有各自的圈子，在生活情趣、社会理念上，有不一致的地方。大的阵线，则是泾渭分明的。彼此的往来，有的是还没到撕破脸面的时候，有的则是天性的良善，原本就不可一概而论。

思想歧异，利益冲突，感情对立，人人又都个性分明，能征善战（说和写），如今又有了各自的阵地，于是便挑起了一次又一次的冲突，演变成一个又一个的事件。于是中国的新文化运动便进入了它的后期，也是一个更为绚烂，也更为激烈的时期。

两个大的文化阵营，就这样形成了。日后的斗争也就不可避免了。后来发生的女师大风潮中的互相攻击，闲话事件所以能酿成那么大的风波，根子都在这儿。这些大的事件，在往后的章节里，将要一一评述，这里就不说了。

这里只说一件很小的事，就知道旧派文化人对新派文化人是怎样的凶狠了。

和"新月派"结仇的第一步

孙伏园这个人，品质还是不错的。这或许因为他是北大的学生，办《晨报副刊》时刚毕业不久，对北大的教授都非常客气。对周家兄弟很好，对徐志摩、胡适也很好。鲁迅是他在杭州上学时的老师，自然应当更好。

办起《语丝》，在周家兄弟心里，或许是要办成一个同人刊物。孙伏园是办过大刊的，一定不会喜欢这种小家子气的做法，想来创刊之初，就向徐志摩约了稿。

这样一九二四年十二月一日出版的《语丝》第三期上，就有了徐志摩的一首诗，还带着一个不算短的序或说明。诗是译的法国诗人波特莱尔的《死尸》,序或说明可就是徐志摩自己写的了。为了叙述的方便,还是叫它序吧。就是这个序,引出了一档子事儿。且看序中这一段话:

所以诗的真妙处不在他的字义里,却在他的不可捉摸的音节里。他刺戟着也不是你的皮肤(那本来就太粗太厚!)却是你自己一样不可捉摸的魂灵——像恋爱似的,两对唇皮的接触只是一个象征;真相接触的,真相结合的,是你们的魂灵。我虽则是乡下人,我可爱音乐,"真"的音乐,意思是除外救世军的那面怕人的大鼓与你们夫人的"披霞娜"。区区的猖狂还不止此哪:我不仅会听有音的乐,我也会听无音的乐(其实也有音就是你听不见)。我直认我是一个甘脆的 Mystic。为什么不?你深信宇宙的底质,人生的底质,一切有形的事物与无形的思想的底质——只是音乐,绝妙的音乐。天上的星,水里泅的乳白鸭,树林里冒的烟,朋友的信,战场上的炮,坟堆里的鬼磷,巷口那只石狮子,我昨夜的梦……无一不是音乐做成的,无一不是音乐。你就把我送进疯人院去,我还是咬定牙龈认账的。是的,都是音乐——庄周说的天籁地籁人籁:全是的。你听不着就该怨你自己的耳轮太笨,或是皮粗,别怨我。你能数一二三四能雇洋车能做白话新诗或是能整理国故的那一点子机灵儿真是细小有限的可怜哪——生命大着,天地大着,你的灵性大着。

太玄了,却不能说没有一点道理。这是我们几十年后的感觉。而在鲁迅当年看来,却是没有一点道理,不光是太玄了。于是在一个睡不着觉的夜晚,坐起来点着灯看《语丝》,看了上面徐志摩的文章,就更睡不着了。过后便写了一篇名为《"音乐"?》的文章,对徐志摩不过是由中国的"天籁"生发出的这个简单道理,大张挞伐。其中一段是这样写的:

危险,我又疑心我发热了,发昏了,立刻自省,即知道又不然。这不过是一面想吃辣子鸡,一面自己胡说八道;如果是发热发昏而听到的音乐,一定还要神妙些。并且其实连电影广告的军乐也没有听到,倘说是幻觉,大概也不过自欺之谈,还要给粗皮来粉饰的妄想。我不幸终于难免成为一个苦韧的非Mystic了,怨谁呢。只能恭颂志摩先生的福气大,能听到这许多"绝妙的音乐"而已。但倘有不知道自怨自艾的人,想将这位先生"送进疯人院"去,我可要拼命反对,尽力呼冤的,——虽然将音乐送进音乐里去,从甘脆的Mystic看来,并不算什么一回事。

末尾一句是:"只要一叫而人们大抵震悚的怪鸱的真的恶声在哪里!?"

此文载于一九二四年十二月十五日出版的《语丝》第五期。

《语丝》本来是为了给孙伏园找个事才办起来的,办起不久,孙伏园去办《京报副刊》去了,编务便落在了周作人身上。一九二四年十二月二十九日出到第七期,周作人将这七期刊物,一并寄给远在法国读博士的刘半农。刘半农在国内的时候,就受过胡适这一派英美留学生的嘲讽,本应视做一种激励才是,他却将这看做人生的耻辱。接到这七期刊物,那么多好文章他全不在意,一眼就看中了鲁迅挖苦徐志摩的那篇,遂写了一篇《徐志摩先生的耳朵》,寄回国内。周作人看到这样的文章,该是何等的欣喜,很快便安排在第十六期刊出了。

刘文中说:此人真该"送进疯人院去",此人一定不能"数一二三四",我不知道徐先生与乡下看鬼婆婆之间有多大的区别。次一问题是:在徐先生能听我们所听不到的这一件事上,或者说在这一个真确的现象上,我们应当推测,有几种可能,可以使这真确的现象成立?于是我就我一知半解的程度来推测了:极微弱的音,是常人听不见的。这个假定如果对,徐先生耳朵上一定有一具自然的传声筒。极远的声音是常人听不到的,那么徐先生耳朵上一定有一具自然的无线电话的受音器。亦许徐先生能听一秒钟一颤动的低音,以至于一秒钟一百万颤动的高音。那么,徐先生的耳鼓膜,一定比常人特别敏感。我们可以说,这是双料道地的耳鼓膜。亦许徐先生的耳朵不但能听音而且能发音,发了之后还是自己听。这样,徐先生耳朵上,一定有一具——有一具什么呢?啊,惭愧,这个名词还没有发明呢!

接下来说:这几个推测当然是不完备的。"天地大着",幼稚的科学,何能仰测高深于万一呢？幸而我不久就回国。到北京后，我要用性命担保我的诚意，请徐先生给我试验试验。屈徐先生为受实验者，当然万分对他不起；但为探求真理起见，徐先生既不像上海新世界卖野人头的一样胡诌，我想他当然一定可以俯允我的要求。徐先生！我们试验时，在未入本题之前，可先作两个附带试验（便这附带试验，也就重要的可以了）：

第一，听音是耳鼓膜，而你却说是耳轮。

第二，你说皮厚皮粗不能听音，我就不知道哪一部分的皮是有听觉的。还是人体皮肤的全部呢？还只是某一局部（例如脸皮）？

刘文中，他自己最为得意，实则有损他学者身份的，是这样几段：

> 至于归到问题的本身，那自然尤其重要了。惟其重要，所以更难。最难的是徐先生的耳朵，不能割下观察与试验。但我总想尽我能力，打破难关。
>
> 万一竟是无法，我要与徐先生情商，定一个极辽远的预约：到徐先生同太谷尔一样高名高寿之后，万万一一旦不讳，而彼时我刘复幸而尚在，我要请他预先在遗嘱上附添一笔，将两耳送给我解剖研究，至少也须是两个耳轮，能连同他的细皮，自然更好。
>
> 我研究完了，决不将他弃到荒野中去喂鸟（因为这不是一件鸟事），一定像德国人处置康德的头颅一样，将他金镶银嵌起来，供在博物院里。
>
> 若然不幸，我死在先生之前，我当然就没有这样的好福分去研究。但我想“天地大着”，此间总有许多同我一样的好事者；我们总有一天能将这“甘脆的 Mystic”研究出个究竟来，只拜望徐先生能多多赐助罢了。

刘半农是一九三四年六月因赴绥远考察方言，传染了回归热，返回北平，七月间去世的。徐志摩一九三一年十一月间去世时，他还活着，不知他闻知徐志摩死讯时，可曾想到他多年前的这个下流的挖苦么？若是想到了，不知这位“国家博士”可有一点自省之心？

刘半农写这样的文章，只能说是出了一口恶气，论讽刺的狠毒，是无法和鲁迅相比的。究其实，若没有险恶的用心，就是鲁迅对徐志摩的讽刺，也不是多么了不得的大事。但若是先具了险恶的用心，那么这样的讽刺就未免太狠毒了。当时因为情势的关碍，许多话不便明说，时日久了，该说的话还是要说的。十年后，鲁迅的地位不同了，敢说真话了，在《集外集》的序言里说：

> 我其实是不喜欢做新诗的——但也不喜欢做古诗——只因为那时诗坛寂寞，所以打打边鼓，凑些热闹；待到称为诗人的一出现，就洗手不作了。我更不喜欢徐志摩那样的诗，而他偏爱到各处投稿，《语丝》一出版，他也就来了。有人赞成他，登了出来，我就做了一篇杂感，和他开一通玩笑，使他不能来，他也果然不来了。这是我和后来的"新月派"结仇的第一步；语丝社同人中有几位也因此很不高兴我。（《鲁迅全集》第七卷第4—5页）

这就明白了，鲁迅写文章，不是驳难，而是为了"使他不能来"。在他的地盘上，绝不能容许这"只要一叫而人们大抵震悚的怪鸱的真的恶声"再来！

再就是，鲁迅自己也说了，这是他和后来的"新月派"结仇的第一步。这话不是很确切。鲁迅这里说的"新月派"，是指一九二七年办起新月书店后，集结在胡适身边的一批新文化运动的人物。实际上，就在鲁迅写《"音乐"？》的这一年的春夏间，由徐志摩张罗的"新月社"已经成立了。新月社当年已颇有声势，鲁迅的文章写于这年十二月间，不会不知道新月社这一班人马都是些什么角色。

有了第一步的结仇，往后也就义无反顾地结下去了。

“青年必读书”中的暗斗

孙伏园敲响了开场锣鼓

孙伏园不愧是个办报的高手。

在晨报社办《晨报副刊》，办得生龙活虎。到了京报社，等于是投奔了敌对阵营，更要尽心竭力，要不京报老板会认为他身在曹营心在汉，挣京报的薪水不给京报办事。这是从消极的方面说。

从积极的方面说，离开晨报是出于无奈，也可说是一种屈辱，京报老板邵飘萍接收了他，等于是给了他一份荣耀。你晨报不用我吗，别的报纸还请我来呢。既然来了，就要露一手。作为一个办报的老手，虽说年龄不大，经验还是足够的。他知道，要办好《京报副刊》，必须一炮打响，而要一炮打响，就必须一创刊就引起轰动，至少也要一下子就引起人们的关注。最重要的是争取读者。当年的读者，全是读书人，读书人聚集的地方，当然是学校了。学校里有教师，也有学生。学生的人数肯定比教师多，那就得在学生身上打主意了。

学生最关心的是读书。

也不能忘了那些教授，还有社会其他界别的学者。

于是一九二五年一月四日出版的《京报副刊》上，便有了这样的广告：

一九二五年新年　本刊之二大征求

Δ青年爱读书十部　Δ青年必读书十部

说明：

（一）青年爱读书十部是希望全国青年各将平时爱读的书，无论是那一种性质的或那一个方面只要是书便得，写出十部来填写入本报第七版所附卷内，剪寄北京琉璃厂小沙士园京报社副刊部收。如果举不到十部，则十部以内亦可，但希望不要出十部以外。一月二十五日截止，二月一日起在本刊上宣布征求结果。

（二）青年必读书十部是由本刊备卷投寄海内外名流学者，询问他们究竟今日的青年有那十部书是非读不可的。本刊记者耳目容有未周，热心学术诸君如有开列书单赐下者更所欢迎。二月五日截止，二月十日起逐日在本刊上宣布征求结果。

为了更广泛地宣传这次征答，也是为了让世人更准确地理解这次征答，孙伏园还有意与他人通信，在报上刊布，比如一九二五年一月六日的《京报副刊》上，就刊出了汪震与他的通信。

汪震，后来成了一位修辞学家，当时还是北京师范大学的研究生。信中说，他对于这一次征求不明了的地方就是“青年”。你们所谓的青年是指的那一个时期的青年呢？普通青年的划分，大约自十三岁到三十岁以前为止，这个时期都是青年。但是在中国有一点不同，他在青年会里看见的青年，有许多是嘴上长了黑漆漆的胡须，额角上露出斑白的鬓发，他们的年龄大约快到六十了。现在把这些六十岁的青年缩短成五十三岁，这青年的期间是自十三岁到五十三岁——四十年。人生六十年，青年的时期岂非占了三分之二！四十年的风风雨雨，一个时期有一个时期的经验，在这一个时期必须读的十本书，在另一个时期果然也是必须读的吗？须知，“一个人的酱油是另一个人的毒药！”青年的期限弄不清，他本来是想写出自己的答案的，也不敢了。以上疑问，请你在副刊上答复吧。

孙伏园回信说：

我的本意，“青年爱读书”是希望全国的中学生大学生和与大中学生年龄相近的人来投票，“青年必读书”是希望热心教育的学问家著述家和全国的中学教员大学教员投票的。所以我的青年定义非常简单，就是中学第一年和大学末年级的年龄以内或相近的人。但是年近六十的老青年投票也并不拒绝，好在票上有年岁一项，计算时可以特别提开的。“青年必读书”，这个观念在无论那一个教员的脑筋里大概都有罢，而且或者已经时时对他们的学生说过罢，现在我就想把他们各家的意见汇集起来，使全国的青年学子知道。“必读书”与“爱读书”，在从前旧教育制度之下，一定是冲突的，现在不知怎样。我所以同时征求，希望将来求得的结果，能给全国的教育家和青年们一个参考。汪先生，你一面是大学研究生，一面是中学教员，就你分投两面罢。

以上可说是这场好戏的开场锣鼓。

它现在和鲁迅还没有关系，往后就有了。

还得往前推溯

推溯到哪儿呢？

一九二三年春天。

这年年初，清华学校的学生胡敦元等四人，给胡适写信，问怎样在短时期内得着国学的常识。清华是留美预备学校，在校期间学习国学的时间不多，毕业后都要赴美留学，他们觉得有必要补上这一课。胡适是个好为人师的人，他自己就是清华毕业，知道学生们的要求是真诚的，就很认真地写了一份必读书目。在序言中说：

这虽是一个书目，却也是一个法门。这个法门可以叫做“历史的国学法研究”。这四五年来，我不知收到多少青年朋友询问“治国学有何门径”的信。我起初也学着老前辈的派头，劝人从“小学”入手，劝人先通音韵训诂。我近来忏悔了——那种话是为专家说的，不是为初学人说的；是学者装门面的话，不是教育家引人入胜的法子。音韵训诂之学自身还不曾整理出个头绪系统来，如何可作初学人的入手工夫？十几年的经验使我不能不承认音韵训诂之学只可以作“学者”的工具，而不是初学的门径。老实说来，国学在今日还没有门径可说；那些国学有成绩的人大都是下死工夫笨干出来的。死工夫固是重要，但究竟不是初学的门径。对初学人说法，须先引起他的真兴趣，他然后肯下死工夫。在这个没有门径的时候，我会想出一个下手方法来：就是用历史的线索做我们的天然系统，用这个天然继续演进的顺序做我们治国学的历程。这个书目便是依着这个观念做的。这个书目的顺序便是下手的法门。（台湾版《胡适作品集》第七册第127—128页）

这份目录甚长，共分三大部分。

第一部分为“工具之部”，计有《书目举要》、《书目问答》等十四种。

第二部分为“思想史之部”，计有《中国哲学史大纲》、“二十二子”、《四书》等九十三种。

第三部分为“文学史之部”，计有《诗经集传》、《楚辞集注》等七十八种。

共计一百八十五种。

千万别以为这只是不到二百本书，下点工夫会看完的。有的书，说是一种，实则是一种汇集，比如《全上古三代秦汉三国六朝文》，看看这书名，就知道是怎样的一个容量了。

须提请注意的是，这个书目里有两部胡适自己的著作，一部是排在“思想史之部”之首的《中国哲学史大纲》，一部是排在“文学史之部”最后的《五十年来的中国文学》。如果说“工具之部”只是介绍做学问的工具不能算是学问的话，那么，可以说这个“最低限度的国学书目”，是以胡适起，又以胡适终的。再就是，这个近二百种的书目里，除了胡适是活人外，其余都是死人，且是死了百十年以上的死人，也可说是古人。

于此可知胡适的自信与自负。

不光自信自负，还很负责。他觉得他的这份书目，不光可以让青年在短时期内补上国学这门课，“还可以供一切中小学校图书馆及地方公共图书馆之用”。

胡适的文章怎能只给几个学生看看，在《清华周刊》上发表就完事呢。那就要在正式报刊发表了。小报小刊还不行，要发就得发在大报大刊上。《东方杂志》是当年影响最大的杂志，胡适便将这份书目取名《一个最低限度的国学书目》寄了去。胡适的文章自然是一去就发，不会拖延的，于是一九二三年二月二十五日出版的《东方杂志》第二十卷第四号上就登出来了。

上海的刊物登了还不算，胡适还把它拿到自己办的《读书杂志》(《努力周报》增刊)上发表。与《东方杂志》相差不到十天，登在三月四日出版的第十七期。这可是个大事。公布自己推荐的书目，是袒露自己的学术根底，也是对青年的一种无形的号召与指导。

也有人不服气。

谁?

梁启超。

在梁启超看来，这是自己的拿手好戏，怎肯让胡适独领风骚!

他俩是好朋友，那就商榷吧。

好在那几个清华的学生，当初也向他征答，大概他当时没当一回事，现在胡适的书目出来了，不免有点着急。其时正在京郊他的“碧摩岩揽翠山房”休养，顾不得回城中书房翻查，仅凭记忆，就开列出一个书目。从六月十四日起到二十三日止，分五次在《晨报副刊》登载。

明显能看得出来，这个书目比胡适的那个要精粹些，也易于使用些。

且宕开一笔，让我们看看梁启超先生做学问的风采吧。梁先生的文章名为《国学入门书要目及其读法》，前面有个小序，是这样的：

> 两月前，《清华周刊》记者以此题相属，蹉跎久未报命。顷居翠微山中，行箧无一书，而记者督责甚急，乃竭三日之力，专凭忆想所及草斯篇。漏略自所不免，且容有书名篇名亦忆错误者，他日当更补正也。

今人读到此处，千万不敢糊涂，以为真的会“书名篇名亦忆错误者，他日当更补正”。“错误”云云，只是客气话，真要有错，梁先生是不会拿出手的。梁任公之博闻强记，绝非常人可比。

真正的书目，前三期就登完了，后两期登的是附录三篇。其三便是

《评胡适之的〈一个最低限度的国学书目〉》,这也可以看出,他是在看到胡适的书目后,才开列自己的书目的。他认为胡适的这个书目不是一点不妥当,而是很不妥当,可说是“文不对题”。致错之由,一是不顾客观事实,专凭自己主观为立脚点,胡适自己正在做中国哲学史、中国文学史,这个书目正是表示他自己思想的路径和所凭借的资料。殊不知一般青年,并不是人人都要做哲学史家、文学史家。不做哲学史家、文学史家,这里头的书十有七八可以不读,真要做哲学史家、文学史家,读这些书又不够了。

第二个误点是,把应读书和应备书混为一谈。

第三点,也是最让梁先生诧异的是,在胡的书目中竟将史部书一概摒绝!

做中国的学问,不读史部书,还能做成学问吗?胡适真是太荒唐了。

两人都是中国第一流的学者,但却不是一代的学者。梁是前一代的人了。在这方面,梁还是很大气的,在给《晨报副刊》编者的信中说:

> 内附录“评胡”一段,删去不登亦可。因《清华周刊》曾登胡氏原目,故不得不一辨,并非要弹摘胡氏也。若必欲并登,似宜将“胡目”一并登出(《努力》曾登过),否则令读者纳闷矣。

于是六月二十三日梁先生的书目一登完,《晨报副刊》第二天就开始登载“胡目”,分三期载完。这样一来,胡目就登过四次了。

两个第一流的学者,为书目起了争端,这在当年的学界,可说是一宗热闹事了。

当年编辑《晨报副刊》的恰是孙伏园。

这次搞“青年爱读书十部”和“青年必读书十部”征答,说不定正是一年多之前,登载梁启超和胡适的书目且引起争论,启发了他。

徐志摩的“跑野马”

孙伏园的判断有点失误。

来稿(投票)的情况并不理想。“青年爱读书”来稿甚多,而“青年必读书”来稿甚少。孙伏园心里清楚,前者再多也是白搭,只有后者多了这次活动才能说是成功。眼看就到宣布的日期了，学者们的来稿还寥寥无几，孙伏园不免着急。一月二十九日在报上登出《启事》催促：

> “青年爱读书”投票已于一月二十五日截止，外埠因受战事影响，寄递迟缓者，在二月十日以前仍一律收受，发表期改在二月十日以后。又，“青年必读书”仅收到胡适之、梁任公、周作人诸先生等数票，全国热心教育诸公，无论收到本刊的公启与否，务望从速选填赐下，不胜盼祷。伏园敬启

原定二月十日起就开始宣布应征稿件，推迟一日，从二月十一日起，还是刊出了。

第一篇是胡适的书目，特意标明“以收到先后为序”。二月十二日刊出梁启超的书目。十三日是周作人的，十四日李小峰，第五篇是徐志摩的，二月十六日刊出。

徐志摩不是简单填了设计好的票，而是写了一封长信给孙伏园，刊出时标题为《再来跑一趟野马》。

文中说，胡适定下的那个书目，他也曾大胆地看过一遍。“惭愧！十本书里有九本是我不认识他的。碰巧那天我在他那里，他问我定的好不好，我吞了一口唾液，点点头说不错，唔，不错！我是顶佩服胡先生的，关于别的事我也很听他话的，但如其他要我照他定的书目用功，那就好叫我生吞铁弹了！”生吞铁弹的意思，该是吃枪子吧。

这是什么道理呢？

徐志摩说，读书的上策是不读书而能“开窍”，但是这不读书的受教育比读书更难，一般人是做不到，也难有这份自知之明。比如明知画不成老虎你就不用画，能画成狗也就不坏，最怕的是你画老虎偏像狗，有心画狗又不像狗了。中策是，读书但不傍靠先生，自己去冒险，喜欢读什么就读什么，必然有大的收获。下策，他打了个比喻，说是学生好比一条牛，先生好比是牧童哥。牧童哥知道草地在哪里，山边的草青，还是河边的草肥。牛，不知道。最知趣的牧童哥就会牵了他的朋友到草青草肥的田里去，一领到，他的事情就完了，他尽可以选一个阴凉的树荫下做好梦去，或是坐在一块石头上掏出芦笛来吹他的“梅花三弄”。我们只能羡慕他的清福。

至于他的朋友的口味，他爱咬什么，凤尾草团边草，夹金钱花的青草还是夹狗尾巴的莠草，等等，他就管不着，也不用管。就是牛先生大嚼时有牛虻来麻烦他的后部，也自有他的小尾巴来照拂，再不劳牧童哥费心。

接下来劝告孙伏园，你这次征求来的意思当做探问各家书呆子读书的口味倒是很有趣的，至于青年人实际的念书我怕这忙帮不了多少；为的是各家的口味一定不同，宁波人喜欢打破酱缸不怕口高，贵州人是很少知道盐味的，苏州人爱吃醋，杭州人爱吃臭，湖南人吃生辣椒，山东人咬大蒜，这一来看你多难，叫一大群张着大口想尝异味的青年朋友跟谁去"试他一试"去？

说到自己，徐志摩是这么说的：

> 我不是个书虫；我也不十分信得过我自己的口味；竟许我并不曾发现我自己真的口味；但我却自喜我从来不曾上过先生的当，我宁可在黑弄里仰着头瞎摸，不肯拿鼻孔去凑人家的铁钩。你们有看得起我愿意学我的，学这一点就够了。

干脆说吧，他不主张开什么必读书的书单子。

虽说不主张开书目，文末，他说，"趁高兴我也把我生平受益（应作受感）最深的书开出来给你们看看，不知道有没有十部"。话是这么说，还是开列了十部。这十部书是：

> 《庄子》（十四、十五篇）
> 《史记》（小半部）
> 陀思妥耶夫斯基的《罪与罚》
> 汤麦司哈代的 *Jude the Obscure*
> 尼采的 *Birth of Tragedy*
> 柏拉图的《共和国》
> 卢骚的《忏悔录》
> 华尔德裴德（Walter Pater）*Renaissance*
> 葛德的《浮士德》（前部）
> George Henry Lewes 的《葛德评传》

结尾是:“够了。”

别人都是老老实实、正儿八经地开出自己的书目,就他玩起了花活。干脆就不主张开,开出的十部中,只有两部是中国书,其余八部是外国书。就是那两部中国书,也不是全书,《庄子》是十四、十五篇,《史记》只有小半部。

这是轻慢吧?

可你又能说他有什么不对。

这可让鲁迅作难了

下来该着鲁迅了。

不是说徐志摩完了就挨着鲁迅。孙伏园不会这么安排的。是说,徐志摩的登了,后面的应答者之中,有一个是鲁迅。

无论是作为学生,还是作为一个好编辑,孙伏园都会请鲁迅来参与其事的。看《鲁迅日记》,这些日子孙伏园常来鲁宅,来了或许有别的事,说完别的事不会不说到他正在办着的这档子事。就是专程去一趟也是值得的。

果然到了二月二十一日这天,鲁迅的投票登出来了。且看这是一个怎样的书目:

青年必读书	书从来没有留心过, 所以现在说不出。
附注	但我要趁这机会,略说自己的经验,以供若干读者的参考—— 我看中国书时,总觉得就沉静下去,与实人生离开;读外国书——但除了印度——时,往往就与人生接触,想做点事。 中国书虽有劝人入世的话,也多是僵尸的乐观;外国书即使是颓唐和厌世的,但却是活人的颓唐和厌世。 我以为要少——或者竟不——看中国书,多看外国书。 少看中国书,其结果不过不能作文而已。但现在的青年最要紧的是“行”,不是“言”。只要是活人,不能作文算是什么大不了的事。 (二月十日。)

这是从鲁迅自己编定的《华盖集》上抄来的，不是从《京报副刊》上抄来的。

不妨推测一下鲁迅写此文时的心态。

一九二三年春夏间胡适与梁启超的那场书目之争的热闹，不会记不得。两大营垒的对立，不会感受不到。为“撤稿事件”即《我的失恋》引发的不快，“语丝社同人中有几位也因此很不高兴我”，更不会忘了。想到胡适、梁启超们的又一次张扬，想到尚未消散的朋友们的不满，他是再没有什么好心境来凑这个热闹了。写什么鸟书目呢！

怎么又写了呢？也不难理解。孙伏园是学生，又是他促成进京报编副刊的，如今有了事来求他，这个面子是不能不给的。不想写又得写，那就跟这帮“正人君子”开个玩笑吧。于是便有了上面那么一个奇异的“书目”。

题名《青年必读书——答〈京报副刊〉的征求》，是编入《华盖集》时起的名字，当初给孙伏园时，就是那么一个表格。

必须承认，这样的回答，最能见出鲁迅的个性。

鲁迅为文常有“语不惊人死不休”的追求，应当说，这次他是做到了。

这一应答，在当时的知识界引起什么样的反响呢？

先看鲁迅是怎样说的。年底编《华盖集》时写的序中说：“我今年开手作杂感时，就碰了两个大钉子：一是为了《咬文嚼字》，一是为了《青年必读书》。署名和匿名的豪杰之士的骂信，收了一大捆，至今还塞在书架下。”

寄给他的，别人自然看不到。能看到的是发表在报刊上的。

且看别人是怎么说的。下面是赵倚平《鲁迅与〈青年必读书〉》中的一段话：

> 许多攻击文章也纷纷见诸报端。有人说鲁迅这是“偏见的经验”，“是不懂中国书，不了解中国书”，“冤枉了中国书”。质问道：“假使中国书是僵死的，为什么老子、孔子、孟子、荀子辈，尚有他的著作遗传到现在呢？”有人说鲁迅的话“浅薄无知识”，“大胆武断”，认为“鲁先生只管自己不懂中国书，不应教青年都

不读；只能说自己不懂中国书，不能说中国书都不好”。甚至浅薄地反诘：“中国的书，是死人的书吗？死人能著书吗？鲁先生，说得通吗？”并攻击说，鲁迅的话“贻误青年”，有位“学者”还说：鲁迅先生“读中国书非常的多。……如今偏不让人家读，……这是什么意思呢？”（《鲁迅论中国社会改造》第178页）

有两篇当时刊于《京报副刊》的反驳文章，后来作为附录收入了鲁迅的集子中。一篇是《偏见的经验》，附于鲁迅的《聊答“……”》之后，一篇是《奇哉！所谓鲁迅先生的话》，附于鲁迅的《报〈奇哉所谓……〉》之后。鲁迅的两文均收入《集外集拾遗》，可参看。

王世家在《“青年爱读书十部”“青年必读书十部”资料汇编》的编者说明中说：应征书目刊出后，“随之而来的就是一场大论争，尤其是鲁迅先生的答卷发表之后，争论趋于白热化，各种观点的论争文章达六十篇之多。”（《鲁迅研究月刊》二〇〇二年第一期）

这样的回应，只会让鲁迅气馁。

论开书目的气派，是无法跟胡适、梁启超一年多前的举动相比的，人家一开就是一长串，一登就是几期连载。尤其是胡适，这儿登了那儿登，再三了还能再四，真可说到了匪夷所思的地步。

行事之潇洒，是不能跟徐志摩相比的。这回人家根本就不主张开书目，虽说开了十部，谁都能看得出来，那是应付，不过是他那篇长文章的一个小尾巴。但这小子多会来事儿，明明是应付，你还不能说他什么。人家毕竟开了，还是十部，还有那么多的外国书，且有些就是直接用外文写的。

错了，我不该将鲁迅与徐志摩相比。鲁迅的投票是二月十日填的，徐志摩的文章是二月十六日刊出的。也就是说，鲁迅填票的时候，徐志摩的文章还没有发表出来，徐志摩又绝不会写好之后给鲁迅看，那么，说徐志摩的潇洒影响了鲁迅的心境，就是诬陷了。

但愿如此。然而，又未必如此。

先看《华盖集》上《青年必读书》一文后面署的“二月十日写”是否确实。为此事，我写信问《“青年爱读书十部”“青年必读书十部”资料汇编》

的编者王世家先生，王先生回信如下：

> 有关“青年必读书”资料，是全部从《京报副刊》上抄录的，各则均为原貌（即初刊本），后鲁迅将自己的意见辑入《华盖集》中，做过修订：①加了副题；②将“——但除了印度——书时”改作“……读外国书……时”，即将“书”字前移；③最后一句将“呢”字删除；④填加“（二月十日）”。

也就是说，文末所署的月日，是鲁迅在编《华盖集》时“添加”的。王先生用的是“填加”。

为什么要添加呢？不外两种可能，一、鲁迅写文章大都署日期，这篇当初没有署，编集子了就添上；二、有添加的必要。同是《华盖集》中的文章，隔了两篇《论辩的灵魂》更像是一篇文章，就没有添。可见，并不是所有的文章收入集子时都要添加日期。那么，给《青年必读书》添上日期，只能说有此必要了。

什么必要呢？只能说是，为了避开什么。

避开什么呢？避开让人说他是“愤激之辞”，说他是针对胡适、梁启超、徐志摩他们的。

避开的最好的办法，莫过于说他的文章，是写于胡适、梁启超，甚至徐志摩的文章发表之前。《京报副刊》是二月十一日开始刊登应答书目的，第一篇就是胡适的，那么只有说是“二月十日”了。也不能太早。因为孙伏园一月二十九日的《启事》中说“仅收到胡适之、梁任公、周作人诸先生等数票”，刊登是“以收到先后为序”，鲁迅文章发表的序号是“十”，这就不能说得太早了。

《鲁迅全集》的编注者们，不查原件，或是查了原件也不注，全信了鲁迅的添加，又从《鲁迅日记》里找到佐证的根据。《鲁迅日记》一九二五年二月十日条下有“夜作文一篇并写讫”，注文为“即《青年必读书》。后收入《华盖集》”。

全集的编注者太糊涂了。且看鲁迅这几天的日记是怎样记的：

> 八日　昙。……夜伏园来，托其以校正稿交寄小峰。

九日　晴，风。午后往女师校讲。晚寄李小峰信。夜向培良来。

十日　晴。……下午寄伏园信并稿……夜作文一篇并写讫。

十一日　晴。……夜伏园来，取译稿以去。

接连四天，孙伏园来了三次。提及稿子的共四次，两次是译稿不论，文章稿子两次，均在十日。全集的编注者，将“下午寄伏园信并稿”给了《咬文嚼字(二)》，“夜作文一篇并写讫”给了《青年必读书》。

这样做对吗？显然是不对的，至少也是有纰漏的。先看这些日子鲁迅究竟写了几篇文章。

查《鲁迅全集》，这几天之内，鲁迅共写了三篇文章：

一、《看镜有感》，文末署“一九二五年二月九日”。载《语丝》。

二、《青年必读书》，文末署“二月十日。”载《京报副刊》。

三、《咬文嚼字(二)》，文末署“二月十日。”载《京报副刊》。

从文稿的长度，与交寄的时间上看，《日记》中说的“下午寄伏园信并稿”的稿，是《看镜有感》。可这篇文章是《语丝》上刊出的，怎么会寄孙伏园呢？这是因为，鲁迅与周作人已在两年前失和，兄弟两人从不照面也从不通信，而《语丝》办起不久，孙伏园即离开去办《京报副刊》，接替者是周作人。原先的稿子都是孙伏园办理，现在仍寄孙伏园，周作人接到后自然也会照章办理。要不就没有办法解释，孙伏园这些日子几乎天天来鲁迅家，鲁迅为什么还要寄给他稿子并写信呢。再就是《看镜有感》是篇较长的稿子，只会是九日写起，十日寄出。于此可知，十日“下午寄伏园信并稿”的“稿”，不是编注者说的《咬文嚼字(二)》。

再看十日《日记》中说的“夜作文一篇并写讫”，是篇什么稿子。编注者说是《青年必读书》，肯定不是。一、《青年必读书》是填写的，不能说是“文”；二、《青年必读书》是填写在现成的表格上，不必先“作”出来再“写”。鲁迅也有一次完稿的时候，只说“作文”，不会再说“写讫”。比如同年一月三日有“夜为文学周刊作文一篇讫”，一月十四日有“夜成短文一篇”，一月二十八日有“夜作《野草》一篇”。“作”了还要“写讫”的，肯定是一篇正经文章，那就只能是《咬文嚼字(二)》，而绝不会是《青年必读书》。

这里没有《青年必读书》的写作时间。

那么《青年必读书》是什么时候写的或填的呢？

我的看法是，只会在二月十六日到二十日之间的某一天。

查《日记》，二月十六日即徐志摩《再来跑一趟野马》刊出的当天，“夜……伏园来”。第二天，“下午伏园送来译文泉卅”，十八日“下午寄伏园信并稿……夜伏园来”。而三天中，十八日的可能性最大。以常情推断当是，十六日徐志摩的文章出来，孙伏园晚上来到鲁迅家，催他填“青年必读书”的票，鲁迅没有当即填写，十七日送译文的稿费时又催了一下，鲁迅答应明天一定填起，这样十八日晚孙伏园来了就拿上了填起的票。

再一个确凿的证据是，徐志摩在《再来跑一趟野马》中说，“我想起了胡适之博士定下的那十本书目……碰巧那天我在他那里，他问我定的好不好”，“十本里有九本是我不认识他的”。也就是说，徐志摩是在看到胡适刊出的书目之后才写他的文章的。胡适的书目二月十一日刊出，徐志摩的文章最早也是二月十一日下午以后写的。考虑到徐文中的口气“我想起了……”还应当再迟两三天才对。这么晚写出的文章，“以收到先后为序”发表，排为“五”号，二月十六日刊出。鲁迅的答卷排为“十”号，二月二十一日刊出，其写作时间怎么会比胡适的答卷刊出的日期还早呢？

有人会说，像鲁迅这样名满天下的大作家，怎么会做这样的事？那是你太天真而读书又少。有生之年，鲁迅在出版、发表时间上做手脚，非此一宗。

《苦闷的象征》是他的一部译作，明明是一九二五年三月出版的，而该书初版本的版权页上标的却是一九二四年十二月。有学者考证，所以出此下策，盖因丰子恺也在译此书，且将由商务印书馆出版（一九二五年三月出书）。这或许是鲁译《苦闷的象征》出版者的营销术，但鲁迅从未说破且亲拟广告登载，也是真的。后人的证据，是从《鲁迅日记》上采集的。比如一九二四年十二月四日到十五日，数次出现“夜校《苦征》”的字样。转年一月十四日的日记上，还写着“校《苦征》印稿”。除非你能让时光倒流，否则，绝不可能在前一年的十二月印出书来。再能言善辩，也不能说你校稿之时，便是出版之日。（张杰《鲁迅杂考二则》，载《新文学史料》二〇〇四年第四期）

纵然如此，我也不认为这是多么了不得的罪孽。毕竟人生在世，生存是第一位的。这是鲁迅的人生理念。平时不会这么做，该这么做的时候，不会不这么做。

不管怎么说，鲁迅在《青年必读书》上添加的日期，是不可信的。可以肯定，是在看了胡适、梁启超、徐志摩的答卷之后才写的。看了那些答卷，情绪上就不会不受影响。

鲁迅填写的那些话，既然是冲着胡适、梁启超，甚至徐志摩来的，就不能说不是意气用事，不能说不是“愤激之辞”。当时就有人指出这一点，参看前面提到的那些指责文字不难明白。

对这样的指责，鲁迅是很在意的。一九二六年十一月间在厦门，听说他的杂文集《坟》在北京印到一半的时候，特意写了一篇《写在〈坟〉后面》寄去，作为该书的后记。其中说：

> 去年我主张青年少读，或者简直不读中国书，乃是用许多苦痛换来的真话，决不是聊且快意，或什么玩笑，愤激之辞。(《鲁迅全集》第一集第286页)

于此可知，所以添加那样一个日期，正是要避开这个“愤激之辞”的指责。

鲁迅真的反对读中国书吗

回答只能是不。

他自己就是读中国书长大的，他的学问也是读中国书得来的。平日买书，也是买中国书多。且看一九二五年这年他的书账：

共买书七十八种。其中中文书写，所涉又是中国事的四十八种。日文书，包括译成中文的日本书，二十五种。英文书一种。以百分比来说，中国书占65%，外国书占35%。若考虑到外国书一种是一册，而中国书一种常是数十册，比如这一年他买的《别下斋丛书》一种就四十本，《佚存丛书》一种就三十本，中国书占的比例还要更高些。

《鲁迅手迹和藏书目录》，是北京鲁迅博物馆一九五七年七月编印的内部资料，共三册，其中第二册为中文藏书目录。分三部分，即线装、平装、期刊。据编者统计，线装书有930种7579册，又有未订散页490页；平装书797种965册；期刊218种。据常翻检此书目的王稼句先生著文说："平装本的中文书，鲁迅花钱买的不多，不少是出版社和著译者的赠送。"（王稼句《鲁迅的中文藏书》，载二〇〇〇年八月二日《中华读书报》）如果将线装书归为古籍，平装书归为今籍，可以进一步说，鲁迅平日所买，主要是中文古籍。

买了总要看，就是不看也要翻翻，就是不翻也是备览的。怎么能说他不看中国书呢？

自己这样执著地看中国书，怎么能劝青年"少——或者竟不——看中国书"？

是不是他真的不给人开书目？

也不是。

有这样一件事，最能说明鲁迅是给人开书目的。许寿裳是鲁迅几十年不渝的好朋友，在《亡友鲁迅印象记》中说：

> 吾乡风俗，儿子上学，必定替他挑选一位品学兼优的做开蒙先生，给他认方块字，把笔写字，并在教本面上替他写姓名，希望他能够得到这位老师品学的熏陶和传授。一九一四年，我的长儿世瑛五岁，我便替他买了《文字蒙求》，敦请鲁迅做开蒙先生。鲁迅只给他认识二个方块字：一个是"天"字，一个是"人"字，和在书面上写了"许世瑛"三个字。我们想一想，这天人两字的含义实在广大得很，举凡一切现象（自然和人文），一切道德（天道和人道）都包括无遗了。后来，世瑛考入国立清华大学——本来打算读化学系，因为眼太近视，只得改读中国文学系，请教鲁迅应该看些什么书，他便开示了一张书单。（《鲁迅回忆录》专著上册第286—287页）

经查，许世瑛一九一〇年出生，一九三〇年秋考入清华大学。

也就是说，在说了青年不必读中国书数年之后，他就开出书单了。

还要注意，许世瑛恰恰是清华大学的学生，和胡适开书目的对象是一个学校。

据此我们只能说,鲁迅是给人开书目的。只给自己的好朋友的儿子开,不给别人开,更不肯开给那些愿意学习国学的青年看。

这就不厚道了。

现在再来看,鲁迅给这位中文系的清华学生开的是一个什么样的书目。是不是全是些外国书?

下面是《亡友鲁迅印象记》中揭载的书目:

计有功　宋人《唐诗纪事》(四部丛刊本,又有单行本。)

辛文房　元人《唐才子传》(今有木活字单行本。)

严可均　《全上古……隋文》(今有石印本,其中零碎不全之文甚多,可不看。)

丁福保　《全上古……隋诗》(排印本。)

吴荣光　《历代名人年谱》(可知名人一生中之社会大事,因其书为表格之式也。可惜的是作者所认为历史上的大事者,未必真是"大事",最好是参考日本三省堂出版之《模范最新世界年表》。)

胡应麟　明人《少室山房笔丛》(文雅书局本,亦有石印本。)

《四库全书简明目录》　(其实是现有的较好的书籍之批评,但须注意其批评是"钦定"的。)

《世说新语》　刘义庆(晋人清谈之状。)

《唐摭言》　五代王定保(唐文人取科名之状态。)

《抱朴子外篇》　葛洪(内论及晋末社会状态。有单行本。)

《论衡》　王充(内可见汉末之风俗迷信等。)

《今世说》　王晫(明末清初之名士习气。)

不妨跟胡适和梁启超的书目比较一下,看有什么不同。《胡适文存》第二集中,载有胡适和梁启超的书目,细细对照,就会发现有相当一部分是相同的。

鲁迅开的严可均《全上古……隋文》,全名应是《全上古三代秦汉三国六朝文》,没有"隋"文。胡适的书目里有此书。

鲁迅开的《全上古……隋诗》，是丁福保编的，胡适在“文学史之部”开的《全汉三国晋南北朝诗》，注明“丁福保编”，想来该是同一本书，只是书名稍异罢了。附带说一下，寒舍藏有逯钦立辑校的《先秦汉魏晋南北朝诗》，中华书局的《出版说明》中说，逯先生所依凭的是近人丁福保所辑的《全汉三国晋南北朝诗》，可见胡适开的书名是准确的，鲁迅开的书名只能说意思是明白的。不管全名叫什么，这本书里没有“隋”诗是真的。

吴荣光的《历代名人年谱》，胡适开的书目里有。

鲁迅开的《四库全书简明目录》，胡适开的是《四库全书总目提要·附存目录》，只能说是一简一繁，不能说是两本书。梁启超开的是《四库全书总目提要》，与胡适同。

鲁迅开的《世说新语》，梁启超开的书目里有。

鲁迅开的《论衡》，胡适开的书目里有，梁启超开的书目里也有。

鲁迅开的《抱朴子》，胡适开的书目里有，梁启超开的书目里也有。

也就是说，鲁迅开的书目，和胡梁二人开的书目并无质的不同。公道地说，鲁迅开的书是很精辟的，针对性很强，很适合一个刚上大学中文系的学生的阅读量。而胡适的确实是太滥了，若说是针对广大青年学生，还是梁启超的好些，量不是很大，针对性也还不偏。

在“青年必读书”应答中，我们只能说鲁迅的心态不是很正常，多多少少，有意气用事的成分。

这种事不能开了头，一开了头就没法收拾了。回过头来反省的可能很小，只会越来越往极端里走。没办法，人性就是这么微妙，这么复杂。

女师大风潮中的明争

两方的阵势

“青年必读书”中的较量是在暗中，语丝派这边参与的只有鲁迅一人，还谈不上是两个阵营的公开对垒。真正的战斗，是在“女师大风潮”中的对抗。

“女师大风潮”是怎么回事，一九八二年出版的《北京师范大学校史》中，有较为详细的叙述。兹撮录如下：

> 在北京高师改为北京师范大学的影响下，经过争论，女高师于一九二四年五月，改为国立北京女子师范大学校，杨荫榆任校长。一九二五年发生了惊动全国的女师大“风潮”。
>
> 杨荫榆原为北京女师学监，思想反动。她与北京政府勾结，竭力压制校内的革命活动。她当校长不久，即因排斥异己，压迫学生，胡乱支配学校经费，违章向学生征收费用等种种劣迹，引起师生的反对。一九二五年初，女师大学生代表赴教育部，要求撤换校长。五月，杨荫榆借故宣布开除刘和珍与许广平等六名学生自治会代表，学生在愤怒之下将布告牌摔掉。七月底，杨借口学校修理校舍，逼令学生搬出校外，并贴出解散学生自治会的布告。在其反动企图未得逞之后，又进一步迫害学生。八月一日，杨率领军警入校，无端宣布解散四班学生，又锁住大

门，截断电路，关闭伙房，隔绝校内外一切来往，逼迫学生离校，并指挥军警毒打学生。她与警察总监订立密约，要求警察看守校门，“无论什么人，什么东西(吃的用的或信件)，只许出校，不许入校。”为自卫计，学生们团结起来，毁锁开门和亲友会见，并向教师们求援。当时在女师大任课的鲁迅，积极支援了学生的正义斗争。八月初，成立了以鲁迅等人为中心的“女师大校务维持会”。鲁迅写好《对于北京女子师范大学风潮宣言》，邀请其他教授共同签名发表，表示了严正的态度。八月中，章士钊以“不受检制”、“蔑视长上”为借口，下令解散女师大，改设“国立女子大学”。又派教育部专门教育司司长率领军警和女流氓闯入学校，殴打学生。但是，这一切都没有使学生和主持正义的教师屈服。学校被宣布解散后，师生们在宗帽胡同自赁校舍，坚持开学，由鲁迅、许寿裳、马裕藻、郑奠、沈尹默、黎锦熙、傅种孙、徐炳昶等数十名进步教师义务教课不取报酬。段祺瑞政府在技穷之后，被迫于十二月下令恢复女师大，并撤销了杨荫榆的校长职务。

事情大致就是这样。

这样的叙述，不能说有什么不对。站在今天的立场上看，还应当说是很对。但是，不能说今天看来是很对的，就一定符合历史的原貌，就一定是历史的真实。这里，不光是怎样考证的事儿，还关系到一个历史观的事儿。如果历史观有了偏差，再用力考证也考证不出什么名堂。只会越走越远。

我们应当取什么样的历史观呢？

不管秉持什么样的主义，都应当取进步的历史观。这样你看到的才是真的，你的主义才是对的。除非你事先就知道你的主义是错的还要秉持着。

进步的历史观的一条准则是，历史是不断前进的，社会是不断发展的。新的思想，终究要取代旧的思想；新的制度，终究要取代旧的制度。纵然在前进的过程中会有反复，但历史发展的大的趋势是不会改变的。

真要是那种大的历史的反复，你能知道，更多的人也会知道。如果你认为是历史的反复，更多的人不这样认为，那么你就要省察一下自己是不是错了。还有一点也很重要，就是，是反复不是反复，还得看是什么样的人看的。如果你本身就是个落后的人，你认为反复了，说不定正是历史的进步。只是没有按你的心思进步罢了。

用这样一种大历史观来看女师大风潮，我们就会发现一些不容忽视的罅隙。

先看看对立两派的人物。一派是闹风潮的，一派是不主张闹风潮的。闹风潮的，又分闹风潮的学生和支持风潮的教授。

上面的引文中说，杨荫榆借故开除刘和珍、许广平等六名学生，又贴出解散学生自治会的布告。六名学生，除了刘和珍、许广平之外，其他四名学生是蒲振声、张平江、郑德音、姜伯谛。其排列顺序，将刘和珍放在前面，或许是因为刘和珍后来在三一八惨案中牺牲了，以示尊崇，实际情形当是许广平在前吧，比如《鲁迅全集》注释中，提到这六个人时，就是许广平排在前面的。事实上也应当是第一名，这六个人同是学生自治会的干事，而许广平是总干事。

也就是说，在这次风潮中，许广平是个关键人物。

许广平的政治身份和政治态度，或多或少会影响这次风潮的性质。

许广平，一八九八年出生，一九二五年闹风潮时二十七岁。一九二二年毕业于天津女子师范学校，一九二三年入北京女子高等师范学校，闹风潮的时候是三年级学生，再有一年才能毕业。其时她的政治态度或者说是政治身份，张耀杰在《〈两地书〉中的鲁迅与许广平》一文中有过一个小小的考证：

有趣的是，此前已经表白过要“单独的进行我个人的驱羊运动”却偏偏要投靠在鲁迅麾下“愿作个誓死不二的‘马前卒’”的许广平，在对鲁迅心存感激的同时，又开始寻求更强有力的靠山：“有一个人（旧同学）特地找我，劝我加入百多人团体中的出有《北京青年》刊物的里头，他们的主义大概和我的牺牲相同，都是不满于现中国的一切的，……而我则极怕党的束缚，基督的一部分是好的，社会主义的一部分是好的，什么什么的一部分是好的，我不妨都采用它，但不能因为遵守甲就舍弃乙，这是合作主义而非入党主义，……然而找我的人是特别看得上我的，我又何必猴子坐轿般不识抬举，因此我想起那里也许有先生认得的人吧！”

关于许广平来信中所要咨询的团体，鲁迅基于“个人的无治主义”立场表态说：“所云团体，我还未打听，但我想，大概总就是前日所说的一个，其实也无须打听，这种团体，一定有范围，尚服从公决的。所以只要自己决定，如要思想自由，独立独行，便不相宜。如能牺牲若干的意见，就可以。只有‘安那其’是没有规则的，但在中国却有首领，实在希奇。”所谓“前日所说的一个”，就是《两地书》原信八中所说的“同志自己先打架”的“世界主义者”即中国共产党，许广平实际上加入的团体，却是“联俄、联共、扶助工农”的中国国民党。（《长城》二〇〇四年第一期）

这样一来，许广平的政治身份和政治态度也就明白了。

其他五个人不用说，都是激进的学生。

再看支持风潮的几个教授。

校史中说，“鲁迅写好《对于北京女子师范大学风潮的宣言》，邀请其他教授共同签名发表”。“其他”是多少人呢，《鲁迅全集》收有这篇宣言，署名者七人，依次是马裕藻、沈尹默、周树人、李泰棻、钱玄同、沈兼士、周作人。发表在一九二五年五月二十七日的《京报》上。

现在来看看这七位先生是怎样的身份。兹据《民国人名大辞典》录出他们的学历与此前的经历。

马裕藻（1878—1945）：

字幼渔，又作幼舆，浙江鄞县人，1878年（清光绪四年）生。早年赴日本留学，先后入东京早稻田大学、东京帝国大学。毕业后回国，曾任浙江教育司视学。民国初年，任北京大学教授，兼研究所国学门导师，北京女子师范大学讲师，后任北京大学文学院、北京女子师范大学中国文学系主任、教授。

沈尹默(1883—1971):

原籍浙江吴兴(今湖州),1883年(清光绪九年)生于陕西西安。幼年即涉猎古籍,曾就读于嘉兴师范学校,后随其兄沈士远、沈兼士赴日本留学。1912年毕业于日本京都帝国大学文科,返国后,历任浙江吴兴中学、吴兴女学、浙江省立第一中学、浙江高等学堂、浙江两级师范学校文史教员。1914年任北京大学文预科教授,兼北京政府教育部国文教科书审查及编纂委员会委员。1916年蔡元培委为主持北京大学书法研究会。1918年与陈独秀、钱玄同、胡适、李大钊、高一涵同任《新青年》杂志编辑委员会委员,并轮流主编。后历任燕京大学教授,中法大学教授兼孔德学校校长。

周树人即鲁迅(1881—1936):

1898年入南京水师学堂。1899年考入江南陆军学堂附设铁路矿务学堂,1901年毕业。1902年春,赴日本留学,入东京弘文学院。1904年入仙台医学专门学校。后弃医学文。1906年至东京,开始从事文学活动,翻译介绍俄国、东欧等国家文学作品。1908年加入光复会。1909年8月回国,在杭州浙江两级师范学堂任生理学化学教员。次年8月,任绍兴府中学堂监学兼生理学教员。辛亥革命绍兴光复后,任山(阴)会(稽)初级师范学校校长。1912年春,任南京临时政府教育部部员;5月随教育部迁往北京,先后任北京政府社会教育司第一科科长、佥事。1917年因张勋复辟,辞职。1918年1月,参加《新青年》杂志编辑工作。发表白话小说《狂人日记》,开始用“鲁迅”笔名。1920年秋,兼任北京大学、北京高等师范学校讲师。1923年秋,兼任北京女子高等师范学校及世界语专门学校讲师。

李泰棻不载。《鲁迅全集》第三卷第80页注,说“发表宣言的七人除李泰棻外都是浙江人和北京大学国文系教授”。此语不确,似乎李泰棻是个与女师大风潮没有多少关系的人。怎么会呢。实则此人与风潮大有关系。他也是以北大教授而兼女师大教授的一人,且任女师大史学系主任。正是时人攻击的以北大教授而任女师大系主任的五人之一。兹据报载资料，将此人情况简介如下：

李泰棻（1897—1972）：

河北阳原人，1914年毕业于国立北京高等师范学校史地科，1918年21岁即被聘为国立山西大学教授，第二年又被聘为北京大学教授，1925年女师大风潮时，为该校史学系主任。著有《国民军史稿》、《西周史证》、《方志学》等。新中国成立后，先后在张家口师专任教，在长春文物研究所任研究员，1972年病逝于北京，享年75岁。（刘徒《关于李泰棻》，载二〇〇四年六月二十五日《文汇读书周报》）

钱玄同（1887—1939）：

浙江吴兴（今湖州）人。6岁入私塾。1906年赴日本留学，入早稻田大学文学系。1907年加入中国同盟会。1910年回国，先后在浙江海宁中学、嘉兴中学、湖州中学任教。1911年武昌起义后，任浙江军政府教育司科员、视学。1913年9月，任国立北京高等师范附中国文教员。1916年任高师国文系教授。1915年兼任北京大学中文系教授。1917年加入国语研究会。1918年任《新青年》编辑。1919年任北京政府教育部国语统一筹备会委员兼常驻干事，研究注音符号、简体字等汉语改革。1923年北京高等师范学校改名国立北京师范大学，仍任教授，并创议成立国语罗马字拼音委员会。

沈兼士（1886—1947）：

浙江吴兴人，1886年（清光绪十二年）生。早年留学日本，入东京物理学校，加入中国同盟会。回国后，在浙江杭州、嘉兴一带任教。1912年秋赴北京，先后在北京大学、厦门大学、清华大学、中法大学、女子文理学院和辅仁大学等校任国文系教授，并历任北京大学文学院院长，故宫博物院文献馆馆长，中央研究院历史语言研究所通讯员，北京大学研究所国学门主任，辅仁大学代理校长、文学院院长兼文科研究所主任等职。

周作人(1885—1968):

原明魁,学名櫆寿,后改名为奎绶、启明、作人,字起孟,号知堂,晚号苦茶庵老人,笔名子荣、仲密、开明、药堂、遐寿等,浙江绍兴人,1884年(清光绪十年)生。6岁在家塾受启蒙教育。17岁考入江南水师学堂。毕业后于1906年东渡日本留学,先在中华留学生会馆讲习班学日语,翌年夏入私立法政大学预科,后改习土木工程。一年后毕业,入立教大学。辛亥革命时归国回绍兴。1912年任浙江省教育司视学半年。1913年4月,任绍兴教育会会长兼浙江第五中学外语教员。1917年4月,任北京大学附属国史编纂处编纂员;同年9月,任北京大学文科教授。1920年9月,曾与陈独秀等参加新青年社,任《新青年》编辑工作;同年10月,任《新潮》月刊编辑主任,兼任女师教授。1922年兼燕大副教授;同年11月,与郑振铎等发起文学研究会。1924年冬与林语堂等创《语丝》周刊。

校史上还提到“由鲁迅、许寿裳、马裕藻、郑奠、沈尹默、黎锦熙、傅种孙、徐炳昶等数十名进步教师义务教课不取报酬”。当年在宗帽胡同租赁房舍上课的学生,不过二十到三十名,说有“数十名”教师教课,怕言过其实。有十几名,也就足够了。现在我们再看看这些教师的学历与此前的经历。仍以《民国人名大辞典》上的辞条为准。鲁迅、马裕藻、沈尹默等七人前面已经说过了。下面是几位没有说过的。

许寿裳(1883—1948):

浙江绍兴人,1883年(清光绪九年)生。1902年赴日本留学,入东京高等师范学校。在日本与鲁迅合办《新生》杂志,主编《浙江潮》。1909年回国,历任浙江两级师范学堂教务长,南京临时政府教育部参事兼译学馆教习,国立北京大学及国立北京高等师范学校教授。1917年9月,任江西教育厅长。1922年任国立北京女子高等师范学校校长。

郑奠(1896—1968):

字石君,又字介石,浙江诸暨人,1896年(清光绪二十二年)生。1915年考入北京大学中国文学系。翌年因病休学。1918年回北大复学。1920年北大毕业,留校任教,先后任预科讲师、教授、主任,中国文学系教授。1922年兼任北京女子高等师范学校国文学科主任。女高师改制为北京女子师范大学后,任教授兼中国文学系主任。

黎锦熙(1890—1978):

湖南湘潭人,1890年(清光绪十六年)生。1905年中秀才。1911年毕业于湖南优级师范学堂史地部。武昌起义后,任《长沙日报》主编,《长沙日报》被封后,改办《湖南公报》。1912年任湖南第一师范学校历史教员。1913年与杨怀中、徐特立等组织图书印刷社。1915年赴北京,任教育部编审处编审员。1916年10月,与陈懋治等在北京发起组织中国国语研究会。1919年4月,任教育部国语统一筹备会会员兼教育部国语讲习所导师;5月兼该会审音委员会委员;同年任北京高等师范学校(1923年改称国立北京师范大学)国文系教授,其间,尝兼任北京大学、中国大学、燕京大学、北京女子师范大学教授,参与校订国音字典工作。

傅种孙(1898—1962):

字仲嘉,江西高安人,1898年(清光绪二十四年)生,1920年毕业于北京高等师范学校数理部,留校任助教。1928年升为教授,并先后兼任北京女子师范大学、北平女子文理学校、北京大学、北平辅仁大学教授。

徐炳昶(1886—1976):

字旭生,河南唐河人,1886年(清光绪十二年)生。早岁赴法国留学,肄业于巴黎大学。回国后历任河南留学欧美预备学校教授、国立北京大学教务长、哲学系主任,西北科学考察团团长,国立北平大学女子师范学院院长，国立北京大学哲学系教授兼研究所国学门导师。

现在可以总结一下了。

十二人中，浙江籍八人，湖南、江西、河北、河南籍各一人。

十二人中，没有留学经历者五人，有留学经历者七人。有留学经历者里，留学日本者六人，留学法国者一人。

这十二个人，均在北大任教或任过教，且均为中国文学系教授或讲师。以北大教员身份，在女师大任教者七人。

可以说，这些人大都是北大国文系的，大都是浙江省的。再就是，这些人大都是太炎弟子。也就是说，他们之间大都是师兄弟。

据此我们也可以说，女师大是个没有多少自己的教授的大学，至少中文系是这样，连中文系的系主任，也是北大教授马裕藻兼着的。系里的主要教授，也是北大的教授兼着的。这也就是为什么女师大的事，北大那么多教授参与的原委。

再看看对立一方是些什么人。

校史中提到教育总长章士钊，女师大校长杨荫榆，还有一个没有提到的，便是编《现代评论》，写了对风潮看法文章的陈源（西滢）。校史上又说“又派教育部专门教育司司长率领军警和女流氓闯入学校，殴打学生”，我们也要知道他是谁，又是什么样的资历。这个人叫刘百昭。仍以《中华民国名人大辞典》中的记载为准。

章士钊（1881—1973）：

湖南善化（今长沙）人，1881年（清光绪七年）生。幼年在家读私塾。16岁在亲戚家为童子师。1901年寄读于武昌两湖书院，后执教于朱启钤家私塾。次年入南京陆军学堂学军事，后进上海爱国学社。1903年5月，在上海任《苏报》编辑；同年冬，与黄兴等组织华兴会。1904年2月，参加华兴会，并与杨守仁等在上海建立爱国协会，任副会长。1905年东渡日本，入东京正则学校习英国语文。1908年赴英国入爱丁堡大学学法律、政治。1911年武昌起义后返国；1912年春抵南京，受黄兴、于右任之邀任上海《民立报》主笔，同时兼江苏都督府顾问；9月又与王无生另创《独立周报》。1913年二次革命爆发；7月任讨袁军秘书长。二次革命失败，逃往日本。1914年5月，在东京创办《甲寅》杂志，倡共和政体，反对袁世凯；7月任欧事研究会书记。1916年5月，肇庆军务院成立，任秘书长，并兼两广都司令部秘书长；6月黎元洪继任总统，赴北京与黎洽商善后。1917年11月，任北京大学文科研究院教授，兼图书馆主任，并被选为国会众议员。1918年5月，任护法军政府秘书长。1919年在上海举行南北和平会议，被选为南方代表。1921年春，赴欧洲考察政治。1922年归国，任北京国立农业专门学校校长。1924年11月，任段祺瑞执政府司法总长。1925年4月兼任教育总长；7月发行《甲寅》周刊；9月辞职赴沪。

杨荫榆(1884—1938)：

女，江苏无锡人，1884年(清光绪十年)生。1907年赴日本留学，入东京女子高等师范学校，1913年毕业。1918年赴美国留学，入哥伦比亚大学，获教育学硕士学位。回国后，于1924年2月，任国立北京女子师范大学校长。1925年8月去职。

陈源(西滢)(1896—1970)：

江苏无锡人，1896年(清光绪二十二年)生。幼年入上海文明小学就读。嗣转入南洋公学附小。1911年毕业，升入中院。1912年春，赴英国学习英文，修毕中学课程后，入爱丁堡大学，继转入伦敦大学，习政治经济学，获博士学位。1922年回国，任北京大学教授。后与王世杰等合创《现代评论》杂志。

刘百昭(1893—？)：

字可亭，湖南武冈人，1893年(清光绪十九年)生。曾留学英国。回国后，于1925年4月任北京政府教育部专门教育司司长，1926年1月去职后，任北京艺术专门学校校长，东北大学文德学院院长等职。

也可以总结一下。

这四个人都是留学英美的。刘百昭就读于何校、获何学位不知，其他三人均就读于名校。章士钊似无学位，其余两人，一个是硕士（杨），一个是博士（陈）。

四个人分属三个省份。也不是在一个学校共事的。

当然，有些情况，也不必回避，比如陈西滢和章士钊在留英期间就相识并有交往。杨荫榆和陈西滢都是江苏无锡人，是同乡。

关于杨荫榆，还应当多说几句。她是风潮攻击的对象，也可说是这次事件的中心人物。她的学历前面说了，太简单。此人是当今文学大家杨绛女士的姑姑。杨绛在《我的三姑母》一文中说了她的人生经历，简述如下：

杨荫榆出身于无锡一名门望族。十六七岁结婚，十八岁时离婚，一九〇七年以官费生资格赴日本留学，毕业于东京高等女子师范学校。一九一三年回国，任苏州女子师范学校教务主任。一九一四年到北京，任女子高等师范学校学监。一九一八年由教育部资送赴美留学。一九二三年回国，见到他的哥哥即杨绛的父亲，自恨未能读得博士，只得了个哥伦比亚大学的硕士学位。一九二四年，被任命为女子师范大学校长。这一年她已四十岁了。女师大去职后，回到无锡老家任教。一九三八年初，被日本士兵残酷杀害。自青年时离婚后，再未婚嫁。

以学历、资历、年龄而论，应当说杨荫榆是有当女师大校长的资格的。

法日派与英美派

还要看到，当时北京学界，有法日派与英美派的较量。为什么会是个法日派呢，一则是这些人大都是留日的，其中一部分人后来又留法。还有就是，民国初年李石曾、吴稚晖倡导赴法勤工俭学以后，大批青年学生赴法留学，到了一九二〇年前后，回国者甚多。这些人，在留学资格上、年龄上，和当年留日的学生都差不多，待到大批留学英美的学生回国，进入社会文化各个领域之后，就显得他们落后了。也就和早年的老留日生，自然地结成同盟，与英美派处于对立的地位。这是就大体而言，并非每个人都作这样的选择，都持这样的立场。

但是，英美派对法日派造成的压力，却是随处可见的。《吴虞日记》中就记载着胡适那些新进人士对他造成的心理压力。他是一九二一年四十九岁上延聘到北京大学任教授的，到了一九二五年春天便黯然辞别北京，回到四川老家。其时不过五十四岁，断不能以老迈为借辞。只能说他的那一套学问，在北大已吃不开了。其时北大文学院，早已是胡适、陈西滢、徐志摩这些英美留学生的天下了。这种状况，一直延续到二十世纪三十年代初。不光北京大学，清华大学也是这样。比如在清华，连朱自清这样的名教授，都感觉到了压力。《朱自清日记》一九三三年一月二十七日就记着这样一句话："又访似颜，坚约吃饭，情极诚挚。渠告我，今年只任外堂，殆袁敦礼忌能也。今日西洋留学生插足较少者，大约只中文一科，我辈当知努力。"朱先生是个忠厚人，感觉到了压力，便勖勉自己勤奋努力，对于那些不能有此境界的人士来说，就只有奋起抗争一途了。

可以说，英美派逼退法日派，是中国教育史上的一个进步。

女师大风潮，正发生在这个当口。太炎门徒，正是法日派的主力，也是最具斗争精神的一伙人。"会稽乃报仇血耻之乡"，绝不是一句唬人的大话。

这场斗争，不光争在学校的处境，还有个争夺教育领导权的斗争。两个斗争，互为因果。要争在学校的地位，最好是自己这一派的人掌握学校的领导权，那就是当校长。争得了学校的领导权，也就不愁在学校的地位了。张耀杰在《〈两地书〉中的鲁迅与许广平》一文的开头，便指出了这种斗争的严峻性：

> 女师大学潮之所以愈演愈烈，就是因为以国民党元老、北京大学教授兼办理清室善后委员会委员长、中法大学代理校长李石曾为首的法日派，想让另一位国民党高层人士易培基取代杨荫榆的校长职位。"某籍某系"的马裕藻、沈尹默、沈兼士、钱玄同等人，既是国民党的资深党员又是法日派的中坚力量。

不管怎么说，我都认为，杨荫榆开除许广平、刘和珍等六个学生自治会干部，是不妥当的。对学生，即便是激进学生，开除是最易激化矛盾，也是最不负责的一种处置。应当相信,世间还有比开除更好的办法。即便最后是同一结果,也应当用较为平和的手段。

同样,也认为章士钊将鲁迅、许寿裳、齐寿山三人免职,太刚愎自用了。鲁迅、齐寿山都是老部员,怎可仅凭一己之愤,便免其职务呢?

鲁迅的用心与用力

鲁迅为什么要参与这次风潮呢?

首先是他的正义感,或者说是社会责任感。

其次还有自身利益的一面。他是女师大的教员,任由杨荫榆改革下去,他的饭碗就有可能丢掉。这不是重要的。他在教育部的职位并不低,收入也不少。

还有一点,虽不重要,却是不能不考虑的。那就是他和前任校长的关系。

前任校长许寿裳,是他留日时期的同学,也是他终生不渝的好朋友。鲁迅的朋友不是很多,许寿裳可说是最亲近的一个。

这一情况,后世研究鲁迅的人,不知是有意的遮掩,还是无意的忽略,总之是很少提到。《北京师范大学校史》中有一附表,题为《女师大与师大合并前历任校长》。表中还有杨荫榆离职后,下一任校长的接任时间与姓名。是这样排列的:

1922.7—1924.2	北京女子高等师范学校	校长	许寿裳
1924.2—1925.10	北京女子高等师范学校	校长	杨荫榆
1925.10—1926.2	北京女子师范大学	校长	易培基

许寿裳对此也有记述。在《亡友鲁迅印象记》中有一节专谈女师大风潮,其中说:

我因为和杨荫榆校长是前后任的关系,对于这次风潮,先是取旁观态度,绝不愿意与闻的,待到章士钊无端把鲁迅免职,我不能熟视无睹了……女师大被非法解散以后,便在宗帽胡同自赁校舍，重新开课，教员们全体义务上课，我也是其中之一，师生们共同克苦支持。如是者三月，女师大就复校了。（《鲁迅回忆录》专著上册第262页）

他说是因为鲁迅被免职，他才参与风潮的，而鲁迅所以参与风潮，却不能说与他的去职没有一点关系。据此，是不是可以说，鲁迅后来所以那样支持甚至鼓动这次风潮，固然有支持学生的一面，是不是也有为他的这位老友张目，甚至出气的成分在里面呢？

还有一点，似乎更小，其作用却不可小觑。那就是闹风潮的带头者许广平的恳请与激将。两人正是这次风潮中建立起感情，并最后结为夫妻的。爱情的力量是巨大，也是神奇的。为自己所爱的人，任何付出都是值得的，也是令人尊敬的。

风潮初起，一九二五年三月十一日，许广平给鲁迅写信，希望鲁迅关心学校的事。说了学校的不如意事儿，接着试探地说：

在无可救药的赫赫的气焰之下，先生，你自然是只要放下书包，洁身远引，就可以“立地成佛”的。然而，你在仰首吸那醉人的一丝丝的烟叶的时候，可也想到有在蛋盆中展转待拔的人们么？（《鲁迅全集》第十一卷第12页）

这是许广平第一次给鲁迅去信。整个信中，都是以“他”这样的第三人称自称。开头先自报家门：“现在写信给你的，是一个受了你快要两年的教训，是每星期翘盼着听讲《小说史略》的，当你授课时每每忘形地直率地凭其相同的刚决的语言，好发言的一个小学生。”鲁迅当然知道写信的是谁。这样一个二十七岁，出语娇憨的女学生，这样真诚地向一个四十多岁的男教员倾诉衷肠，任你铁石心肠，也会怦然心动，血脉贲张的。

鲁迅还是太死板，回了封两千字的长信，说来说去，只能说是言不及义——许广平要他站出来支持的“义”。最后说：

总结起来，我自己对于苦闷的办法，是专与袭来的苦痛捣乱，将无赖手段当作胜利，硬唱凯歌，算是乐趣，这或者就是糖罢。但临末也还是归到“没有法子”，这真是没有法子！

以上，我自己的办法是说完了，就不过如此，而且近于游戏，不像步步走在人生的正轨上（人生或者有正轨罢，但我不知道）。我相信写了出来，未必于你有用，但我也只能写出这些罢了。（《鲁迅全集》第十一卷第16页）

直到三月三十一日，鲁迅回复许广平第三封来信时，还把对方当做一个向他请教写作的朋友看待，比如信中说："投稿到报馆里，是碰运气的，一者编辑先生总有些胡涂，二者，投稿一多，总也使人头昏眼花"。他很愿意把许广平培养成为一个写文章，也帮他做些杂事，一起攻击现实社会的帮手，因此信末说，"我现在还在找寻生力军，加多破坏论者"。受此暗示与鼓励，这期间许广平也主动向鲁迅靠拢，不独通信，还趋府拜访，既晓之以理，复动之以情。鲁迅是何等深明大义之人，随着风潮的陡然高涨，也就义无反顾地参与其事了。

激起风潮高涨的，是一起突发事件。

一九二五年四月初，因为女师大的风潮一直不得平息，教育部派员来校视察，该校教务长薛培元，在校园墙上发现匿名揭帖随手扯去，受到许广平、刘和珍等学生质问。过后教务处墙上又出现了辱骂他的揭帖，道是："薛先生你真没人格当杨荫榆的走狗，还想当我们的教务长么？快滚蛋吧！"受此侮辱，薛愤而辞职，四月三日在致本校学生的辞职信中说：

同学诸君，今日部视学来，忽在各墙壁上有匿名揭贴之发现。愚以其逸出轨范，与全校同学名誉大有关系，当即亲手撕去。乃有金涵清、孙觉民、许广平、姜伯谛、刘和珍诸君声言揭贴系出同学公意，不应扯掉，气势汹汹，几不可遏。逾时未久，遂又在教务处门旁贴有此等揭贴……愚自惭无才，不善应付，已即日引退。（转引自张耀杰文）

我们必须承认，这位薛先生是一个血性男儿。使用的方法，也是值得敬佩的。匿名揭帖，就该撕去。既然有人指责，就该拿出自己的对策来。一个教务长，受到学生这样的辱骂，辞职是最好的回答。

这一来，事情就闹大了。对自己一伙人的行径，许广平心里是没底的，直可说是张皇失措。毕竟女学生骂师长“滚蛋”，也太不文明了。于是便写信请教她的鲁迅先生。四月六日先有一信说：

日来学校演了一幕活剧，引火线是教育部来人，薛先生那种傻瓜的幼稚行径。末了他自觉情理上说不通，便反咬一口，想拿几个学生和他一同玉石俱焚，好笑极了！这种卑下的心地，复杂的问题，我们简单的学生心理，如何敌得过他们狐鼠成群，狠毒成性的恶辣手段。两方面的信，想先生必已看见，我们学生五人信中的话，的确一点也没有虚伪，不知对方又将如何设法对付。先生，现在已到“短兵相接”的时候了！老实人是一定吃亏的。临阵退缩，勇者不为，无益牺牲，智者不可，中庸之法，其道为何？先生世故较后生小子为熟悉，其将何以教之？（《鲁迅全集》第十一卷第34—35页）

对这封信，鲁迅的回答可说是不得要领，弟子是真的胆怯了，他却在那里评论她们的文章（五人的信）写得好不好。说，女性的文章，写抒情文还说得过去，一到辩论之文，尤其看出特别。即历举对手之语，从头至尾，逐一驳去，虽然犀利，而不沉重，且罕有正对论敌之“要害”，仅以一击而给予致命的重伤者。总之是只有小毒而无剧毒，好作长文而不善于短文。但是我们也不要小看了鲁迅，这是一个切实的指导，也可说是一个明确的暗示：写这样的文章，还得看我的。鲁迅的信是四月八日写的。十日，许广平的求援信就来了。这次的信上，就说了她们的担忧，还有一点淡淡的忏悔。

薛先生当日撕下一大束纸条，满捧在双手中，前有学生，后有教育部员，他则介乎两者之间，那种进退维谷的狼狈形状，实在好看煞人。而对于学生的质问，他又苦于置对，退而不甘吃亏，则又呼我至教务处讯问，恫吓，经我强硬的答复，没有法对付，便用最终的毒计，就是以退为进，先发制人，亦即所谓“恶人先告状”也。其意盖在责备学生，引起一部分人的反感。当他辞职的信分送至各班时，我们以为他在教员面前一定另有表示，今乃是专对学生辞职，真不知是何居心。但若终竟走出，则虽然走得滑稽，而较之不走者算是稍为痛快，如此，则此次些少牺牲，也很值得的。贴在教务处骂他的纸条，确有点过火，但也是他形迹可疑所致，写的人固然太欠幽默，然而是群众的事，一时不及预防，总不免闹出缺少慎重的事件。其实平心论之，骂他一句“滚蛋”，也不算甚么希奇，横竖堂堂“国民之母之母”尚可以任意骂人“岂有此理”，上有好，下必甚，又何必大惊小怪呢。先生，你说对么？（《鲁迅全集》第十一卷第42页）

不管许广平们怎样的焦急，在鲁迅看来，事情还没到不可收拾的地步。果不其然，声言辞职的教务长在校方和同事的劝说下，又复位视事了。风潮进入一个不温不火的僵持时期。鲁迅也不再操这个心，还和许广平不停地通着信，止于精神的鼓励，没有什么实际的擘划。《莽原》正在筹备中，他要为即将诞生的刊物写文章。四月二十二日写了随笔《春末闲谈》，载四月二十四日出版的《莽原》创刊号。四月二十九日写了《灯下漫笔》，分载《莽原》第二期和第五期。第二期是五月一日出版的。也就是说，这两篇文章，都是今天写下，后天就登出来了。这也就说明刊物初创，用稿是多么的紧迫。五月一日这天，还写了短篇小说《高老夫子》。这么多事，也就顾不上什么风潮了。

然而，就在《灯下漫笔》的前篇在《莽原》上刊出，后篇还没有刊出的时际，女师大的风潮再次掀起波澜。这便是五月七日的“国耻纪念会事件”和五月九日的开除学生自治会成员的事件。这两个事件，是有因果关系的。国耻纪念日上杨荫榆的受辱，直接导致了六名学生的被开除。两个事件，可用一个名字，叫做“开除事件”。这一事件，乃是女师大风潮的中心事件。此前的一切是风云的起涌，兵将的纠合，此后的一切才是雷电的闪鸣，沙场的鏖战。为了不失偏颇，对开除事件，仍以《鲁迅全集》的注释为凭：

五月七日，杨荫榆布置了一个讲演会，请校外名人讲演，想借此巩固她的校长地位；同时又有这样的阴谋：若学生有反对举动，则以国耻纪念日不守秩序的罪名给以惩罚。当日上午讲演会举行时，杨登台为主席，遭到学生反对。学生自治会职员劝其退席，杨拍案大怒，连呼“叫警察来”。学生坚持甚久，杨乃退席。下午，她便在西安饭店召集若干教员宴饮，阴谋迫害学生。五月九日，即假借女师大评议会名义，开除学生自治会成员蒲振声、张平江、郑德音、刘和珍、许广平、姜伯谛六人。(《鲁迅全集》第十一卷第72页)

对此事，五月八日出版的《京报》是这样报道的：

女子师范大学，昨日亦在校开五·七国耻纪念会，敦请李石曾、吴稚晖、雷殷诸人，到会讲演。于午前九点钟开会，该校学生，齐集大礼堂听讲，见校长杨荫榆到会主席，学生以久不承认杨为校长，于是即派学生自治会职员，请杨退席。杨即拍案大怒，而全场学生，仍坚请其退席，杨复大呼警察入校，同时校中总务长吴某，亦摩拳擦掌，大有动武之势，双方坚持许久，杨乃自行退席……

这是女师大的情况。事实上，当天上午，北京各校的学生，激于义愤，还是强行出校门，向天安门涌去，并与警察发生冲突。下午，约三千名学生改在神武门开会，会后结队前往魏家胡同十三号章士钊宅，捣毁章宅门窗并与巡警发生冲突。学生中受伤者七人，被捕者十八人。为救援被捕学生，北京各校相继罢课，并于五月九日赴段祺瑞执政府请愿，提出释放被捕学生，罢免章士钊、朱深，抚恤受伤学生，恢复言论集会自由等四项要求。

为什么进入五月份，风潮会再掀起如此巨大而险恶的波澜呢？

这就要说到这一时期教育部首脑的人事变迁了。

一九二四年十一月，北洋政府任命王九龄为教育总长，马叙伦为教育次长，王未到任期间，由马代理部务。马是浙江杭县(今余杭)人，原为北大教授。同时还是国民党北方特别党部的宣传部长。王九龄是云南人，早年毕业于日本法政大学，任总长前是云南财政司司长。这样的资历，当教育总长是不够格的。加上一九一六年在云南任督军署秘书期间，为云南督军唐继尧私运鸦片到上海，事发，坐过西牢，因此遭到教育界的普遍反对，逡巡未到任。想来还有更深的人事纠葛掺杂在里面。总之是，王九龄直到一九二五年三月十六日才到任，四月十三日即托词离职。

整个四月间，风潮没有进展，与王九龄的态度大有干系。从旁证的资料上看，王在任期间，是支持杨荫榆的。这从许广平给鲁迅信中的一句话就可以看得出来。四月十日许信中说："现在所最愁不过的事，就是风潮闹了几个月，不死不活，又遇着仍抱以女子作女校长为宜的冬烘头脑，闭着眼问学生'你们是大多数反对么'的人长教育。从此君手里，能够得个好校长么？"《鲁迅全集》对"此君"的注文为"指王九龄"。

从籍贯、经历上说，马叙伦是支持风潮，反对杨荫榆的。代理部务期间，可以为所欲为，王九龄一视事，他的话就不灵了。在王离职前，北洋政府即下令将马叙伦免职。王离职后，即任命章士钊以司法总长兼署教育总长。

至此，女师大风潮反对派中的这员大将才闪亮登场。

如果说，马叙伦主管教育部时，教育当局是支持风潮的，那么，章士钊一上任，局面就大变了。

五月七日是国耻纪念日，为了防止学生上街游行，教育部下令不准学生外出，可在校内组织纪念活动。

于是便有了上面所说的国耻纪念日事件，和接之而来的开除事件。

鲁迅与陈西滢的论战

这样一来，两方的战将们，便一个个跃马扬鞭，挥戈上阵了。

反应最快的是鲁迅。这回他要亲自动手了。事件一过，即为许广平等学生代写了给教育部总长的《呈文》，要求对女师大校长"明令迅予撤换"。五月十二日送给章士钊。这种文章，最能见出鲁迅的古文底子，刀笔功夫，不可不读。兹抄录全文如下：

> 呈为校长溺职滥罚，全校冤愤，恳请迅速撤换，以安学校事。窃杨荫榆到校一载，毫无设施，本属尸位素餐，贻害学子，屡经

呈明大部请予查办，并蒙派员莅校彻查在案。从此杨荫榆即忽隐忽现，不可究诘，自拥虚号，专恋修金，校务遂愈形败坏，其无耻之行为，为生等久所不齿，亦早不觉尚有杨荫榆其人矣。不料“五七”国耻在校内演讲时，忽又腼然临席，生等婉劝退去，即老羞成怒，大呼警察，幸经教员阻止，始免流血之惨。下午即借宴客为名，在饭店召集不知是否合法之评议员数人，于杯盘狼藉之余，始以开除学生之事含糊相告，亦不言学生为何人。至九日，突有开除自治会职员……等六人之揭示张贴校内。夫自治会职员，乃众所公推，代表全体，成败利钝，生等固同负其责。今乃倒行逆施，罚非其罪，欲乘学潮汹涌之时，施其险毒阴私之计，使世人不及注意，居心下劣，显然可知！继又停止已经预告之运动会，使本校失信于社会，又避匿不知所往，使生等无从与之辩诘，实属视学子如土芥，以大罚为儿戏，天良丧失，至矣尽矣！可知杨荫榆一日不去，即如刀俎在前，学生为鱼肉之不暇，更何论于学业！是以全体冤愤，公决自失踪之日起，即绝对不容其再入学校之门，以御横暴，而延残喘。为此续呈大部，恳即明令迅予撤换，拯本校于阽危，出学生于水火。不胜迫切待命之至！谨呈教育部总长(《鲁迅全集》第八卷第135页)

光送到教育部还不算数，还要发表。六月三日，在北京女子师范大学学生自治会编辑出版的《驱杨运动特刊》刊出了，题为《学生自治会上教育部呈文》。

大概见教育部不理睬，过了几天，又代写了一篇呈文，不知何故(极有可能是看出了章士钊明显的倾向性)，未送出。这两篇呈文，都收录在《鲁迅全集·集外集拾遗补编》里了。

这是暗里相助，还有明里的声援，那就是他的拿手好戏，写文章了。五月十日写出《忽然想到(七)》，其中说：

我还记得中国的女人是怎样被压制，有时简直并羊而不如。现在托了洋鬼子学说的福，似乎有些解放了。但她一得到可以逞威的地位如校长之类，不就雇用了“掠袖擦掌”的打手似的男人，来威吓毫无武力的同性的学生们么？不是利用了外面正有别的学潮的时候，和一些狐群狗党趁势来开除她私意所不喜的学生们么？而几个在“男尊女卑”的社会生长的男人们，此时却在异性的饭碗化身的面前摇尾，简直并羊而不如。羊，诚然是弱的，但还不至于此，我敢给我所敬爱的羊们保证！（《鲁迅全集》第三卷第60—61页）

五月二十一日又写《“碰壁”之后》，刊六月一日出版的《语丝》周刊。

五月二十七日，鲁迅写好《对于北京女子师范大学风潮宣言》，征集了马裕藻等六人的签名，在《京报》刊出。

这是一篇用词妥帖、音韵铿锵、义正词严而又用心良苦的好文章。先说对学校当局的期望：“溯本校不安之状，盖已半载有余，时有隐显，以至现在，其间亦未见学校当局有所反省，竭诚处理，使之消弭”。再说此次事件的起因：“迨五月七日校内讲演时，学生劝校长杨荫榆先生退席后，杨先生乃于饭馆召集教员若干燕饮，继即以评议部名义，将学生自治会职员六人（文预科四人理预科一人国文系一人）揭示开除，由是全校哗然，有坚拒杨先生长校之事变”。继说校长事后处置的不当：“而杨先生亦遂遍送感言，又驰书学生家属，其文甚繁，第观其已经公表者，则大概谆谆以品学二字立言，使不谙此事之始末者见之，一若此次风潮，为校长整饬风纪之所致。然品性学业，皆有可证，六人学业，俱非不良，至于品性一端，平素尤绝无惩戒记过之迹，以此与开除并论，而又若离若合，殊有混淆黑白之嫌”。又为被开除的六名学生辩护：“况六人俱为自治会职员，倘非长才，众人何由公举，不满于校长者倘非公意，则开除之后，全校何至哗然？所罚果当其罪，则本系之两主任何至事前并不与闻，继遂相率引退，可知公论尚在人心，曲直早经显见，偏私谬戾之举，究非空言曲说所能掩饰也”。既然于理于法，都如此乖张，那么我们作为教员，就要主持这个公道了：“同人忝为教员，因知大概，义难默尔，敢布区区，惟关心教育者察焉”。

署名者七人，依次为：马裕藻、沈尹默、周树人、李泰棻、钱玄同、沈兼士、周作人。

须注意的是，这七人均为女师大的兼职教员，且都是许寿裳当校长时或此前受聘的。大都是老留日学生，同时也大都是章太炎的门生。女师大的兼职教员不少，并非没有专职教员。兼职教员任系主任的虽有五个之多，学校的学系肯定不止五个。那些女师大的专职教员，对此次风潮持何态度，七人宣言是否代表他们的意见，也该予以考虑，如果不是更该予以考虑。

一九二五年六月二日的《晨报》上，对这一情况有所披露，题为《汪懋祖与女师大》。文中说，女子师范大学风潮至今，学生与校长两方相持，仍未解决。而教育部无人负责，亦置而不理。日前虽有兼任教员七人发表宣言援助学生，而全体专任教员意见如何，则尚无所闻。昨有哲教系教员兼代主任汪懋祖以彼之意见投寄本报。

以下是汪氏声明的全文：

全国教育界公鉴：此次北京女师大风潮，鄙人雅不欲多所置议，惟自风潮起后，校长出校，校务未免停滞。学生代表数辈，屡次踵门，请鄙人出而解纷，鄙人以青年学堂及女学前途为重，不惜瘏口哓音，向校长及学生两方龂龂劝说，从理性之裁判，免客气之偾张，而一面须尊重学校之训纪，一面须疏解师生间之误会。曾经提出方案，解决颇有希望，不图竟有人多方破坏，致前日学生有轰辱薛教务长之举，学潮益难收拾，在学生感情偾兴之际，以为能助我，攻击校长者为爱我，虽破坏学校，亦匪所惜。良堪痛心。至于杨校长之为人，颇有刚健之气，欲努力为女学界争一线光明，凡认为正义所在，虽赴汤蹈火，有所不辞，宁为恶势力所战败而去也。惟鄙意以为投鼠忌器，古训昭垂；解散学校，作俑有人，势可以止则止耳。今反杨者相煎益急，鄙人排难计穷，不敢再参末议。日前校外某女士谓我言："吾国女学幼稚，女权方萌，杨校长为女子大学首任校长，学识德望，在社会上自有其相当地位，办学甚为热心。苟如此而失败，其关系于女界前途，实匪浅鲜，吾等当力助之。"不知全国女同胞对此当作如何感想，又不知主持教育者当作如何感想也。鄙人南归在即，不欲再问其事，聊抒胸臆，关心教育者，幸熟察焉。

（转引自天津人民出版社《老新闻·民国旧事(1924—1927)》第114页）

再看汪懋祖是个什么人。据《民国人物大辞典》载：字典存，江苏苏州人，一八九一年（清光绪十一年）生。曾赴美国留学，入哥伦比亚大学，获硕士学位，一九二〇年回国，任国立女子师范大学教授兼教务长及代理校长。一九二六年任东南大学教授。一九二七年创办苏州中学并任校长。一九四九年去世，年五十八岁。

又是一个留美学生！

又可以佐证这次风潮中的两派斗争，存在着法日派与英美派对抗的文化背景。历史怎么就这么奇怪，年纪大的法日派代表了先进，年纪轻的英美派反而代表了落后？学历低的进步，学历高的反而反动？

汪懋祖只是表示了一下个人意见，毕竟他不是这场斗争的中心人物。

英美派这边，固守的阵地是《现代评论》周刊，出马的是其时正写着《闲话》的陈西滢。最初的表示，不是他们任何一个人写的文章，而是刊出一封女读者的来信，对女师大风潮表示了自己的质疑。这是一篇平和的文字，可以说不带什么偏见，提出的问题也都在常识以内。题名《女师大学潮》，极有可能是《现代评论》的编辑另起的。

该文先说，凡是见过北京女子师范大学学生自治会迭次驱杨荫榆校长的宣言的人，没有不十分讶怪的：第一可讶怪的是，为什么这个杨校长在八九个月前被女师大学生欢迎得非常热烈，现在陡然地被她们骂得体无完肤。第二可讶怪的是，那些宣言书中所列举杨氏的罪名，既大都不能成立罪名，（连"不谙礼节"以及给学生介绍职业都成了罪名！）为什么这些将来要为全国女子所师范的女子，偏要口口声声用"寡廉鲜耻"、"败类"这样的词语，骂她们的校长比骂世界上什么人还要厉害？听说女师大中攻击杨氏的学生，不过是极少数的学生；而这回风潮的产生和发展，校内校外尚别有人在那里主使。事实是否如此，局外人自不能确知，她现在有两件事却要质询贵刊的男女读者：

第一，女师大的纪律与教务，在它过去的一切男校长任内，是否较优于这个女校长就任以后？第二，女师大是中国唯一的女子大学；杨氏也是充任大学校长的唯一一个中国女子；如果她的教育训练，不在女师大历来的官僚校长之下，而她的校务行政，又无重大的过失，我们应否任她受教育当局或其他任何方面的排挤攻击？我们女子应否自己还去帮助摧残她？（《现代评论》第一卷第十五期）

落款是：一个女读者　十四，三，十五于北京。

陈西滢在《现代评论》上开的栏目叫《闲话》，每篇就那么写下去，没有题名。后来收入《西滢闲话》时，有的删掉了，有的拟了名字。对这次女师大风潮，他写的第一篇《闲话》，收入《西滢闲话》时拟名《粉刷毛厕》。文末说：

《闲话》正要付印的时候，我们在报纸上看到女师大七教员的宣言。以前我们常常听说女师大的风潮，有在北京教育界占最大势力的某籍某系的人在暗中鼓动，可是我们总不敢相信，这个宣言语气措辞，我们看来，未免过于偏袒一方，不大平允，看文中最精彩的几句就知道了。（摘句略）这是很可惜的。我们自然还是不信我们平素所很尊敬的人会暗中挑剔风潮，但是这篇宣言一出，免不了流言更加传布得厉害了。

看起来没有什么杀伤力，实则，这样的批评可谓一针见血，刺到了鲁迅等人的要害处。指出"在北京教育界占最大势力的某籍某系的人在暗中鼓动"，等于是说，这伙人并非是出于公心，乃是出于私利。知道这一着的厉害，鲁迅当即便手持利刃，扑了过来。

刊有陈西滢《粉刷毛厕》这则闲话的《现代评论》五月三十日出版，六月一日鲁迅就写了《我的"籍"和"系"》予以还击。鲁迅的文章，是非常尖刻的，也是非常凶猛的。文章一开始，先说在"青年必读书"应答中自己曾受到某些人的诟病，那是暗的，不意现在陈西滢的指责，将他在风潮中的作为"化暗为明"。接下来坦然承认自己确乎是浙江省籍，确乎是北京大学国文系的讲师。陈西滢在文章中用了"挑剔风潮"一语，在鲁迅看来，是用错了，于是便以此作为攻击的契入点，大加挞伐：

> 我常常要“挑剔”文字是确的，至于“挑剔风潮”这一种连字面都不通的阴谋，我至今还不知道是怎样的做法。何以一有流言，我就得沉默，否则立刻犯了嫌疑，至于使和我毫不相干的人如西滢先生者也来代为“可惜”呢？那么，如果流言说我正在钻营，我就得自己锁在房里了；如果流言说我想做皇帝，我就得连忙自称奴才了。然而古人却确是这样做过了，还留下些什么“空穴来风，桐乳来巢”的鬼格言。可惜我总不耐烦敬步后尘，不得已，我只好对于无论是谁，先奉还他无端送给我的“尊敬”。（《鲁迅全集》第三卷第82页）

文章的最后，表示了对对手的极度的轻蔑，说，他所憎恶的太多了，应该自己也得到憎恶，这才还有点像活在人间；如果收到的乃是相反的布施，于他倒是一个冷嘲，使他对自己也要大加侮蔑；如果收到的是吞吞吐吐的不知道算什么，则使他感到将要呕哕似的恶心。然而，无论如何，这样的“流言”总不能吓哑他的嘴。

六月五日又写了《咬文嚼字（三）》，对反对派中的一些措辞，如“勃奚谷相向”、“相煎益急”等，大加嘲讽。说前者等于将学校里校长和学生的关系视做“妇姑”，后者又将学生之间的关系视做“兄弟”，“像曹操的儿子阿丕阿植似的”。杨荫榆曾设宴招待女师大评议会的教员，鲁迅便活剥曹植的《七步诗》来了一首：

> 煮豆燃豆萁，萁在釜下泣。
> 我烬你熟了，正好办教席！

只有鲁迅这样学有根底而又文思奇异的作家，才会想到这儿。真是个会做文章的人。这在那个时代，任谁也无法比并的。

接下来上海五卅惨案爆发，各界都投入声援的浪潮中，女师大事件一时也就放下了。

女师大事件的再一次掀起波涛，是教育总长章士钊下令解散女师大，另办女子大学引起的。仍引用《鲁迅全集》注释的说法：

一九二五年八月六日，章士钊在国务会议上提请停办女师大，当即通过，十日由教育部下令执行。学生闻讯后即开会决议，坚决反对，并在教员中公举九人，学生中公举十二人，组织校务维持会负责校务，于八月十日正式成立。八月十七日，章士钊又决定在女师大校址另立所谓“女子大学”，于十九日派刘百昭前往筹办。刘到校后即禁止校务维持会活动，并于二十二日雇用流氓女丐殴曳学生出校，将她们禁闭在报子街补习科中。（《鲁迅全集》第三卷第121页）

后世的好多文章，说到女师大风潮，总是说停办了女师大，不提办女子大学的事。很轻易地给人造成这样一种印象，这个章士钊，这个杨荫榆，真是太坏了，又是开除学生，又是解散学校，怎么能这样做呢？开除的几个女学生，已然让人爱怜不已，解散一个女子师范大学，那么多的女学生不是都要失学回家，或是转到别的学校去念书吗？

现在我们知道了，是停办女师大，用女师大在石驸马大街的校址，另办女子大学。生源呢，还是女师大的学生。也即是说，这样的停办与另办，实则是改了一个校名。还是那所学校，还是那些学生。高明不高明是另一回事，出于无奈则是肯定的。

停办是不对的，但接着办女子大学就不能说不对了。后来的驱逐出校、赁屋授课，都是因为部分学生不接受办女子大学而起的。

负责筹备此事的就是那位专门教育司司长刘百昭。他是在筹办，看这阵势，若是办起了，还是杨荫榆任校长。

这下子，闹风潮的学生和支持风潮的教员不干了。

此后的斗争，便集中到是办女子大学呢，还是恢复女师大？

双方的主将乃是鲁迅与陈西滢。

先看女子大学办得怎样。有女子大学学生的宣言可资佐证。一九二五年二月二十四日的《女大学生第二次宣言》中说：“女师大学生原来不满二百人，而转入女大者，有一百八十人……女师大之在宗帽胡同者，其数不过二十人。”

有了这样的基本事实，来看鲁迅与陈西滢的辩论文章，就能看出名堂了。

一九二五年十二月二十六日出版的《现代评论》第三卷第五十五期上，陈西滢在他的《闲话》里说：

> 女大和女师大之争，实在是不容易了解的。我们还是受了某种报纸的催眠，以为女大的学生大半是招来的新生，女师大的学生转入女大的很少。今天看到女大学生第二次宣言，她们说女师大的旧学生不满二百人，却有一百八十人转入女大，让几位外界名流维持的“不过二十人”。这是以前谁也不曾知道的，谁也没有想到的。足见我们的报纸是怎样的可靠了。如此说来，女大和女师大之争，还是这一百八十人和二十人之争。就以女师大论女师大，究竟谁应当算主体呢；如说一百八十人已入他校便不能算女师大学生，那么我们试问，要是二百人中有一百九十九人入了女大便怎样？要是二百人都入了女大便怎样？难道女师大校务维持会招了几个新生也要去恢复吗？我们不免要奇怪那维持会维持的究竟是什么呢？他们的目的究竟是什么？

陈西滢的文章分三段，其他两段说的是别的事，与风潮无涉，只有这一段是专谈风潮的。且看鲁迅是怎样驳斥的。文章名叫《这回是“多数”的把戏》，最后两段是这样的：

> “要是”帝国主义者抢去了中国的大部分，只剩了一二省，我们便怎样？别的都归了强国了，少数的土地，还要维持么?!明亡以后，一点土地也没有了，却还有窜身海外，志在恢复的人。凡这些，从现在的“通品”看来，大约都是谬种，应该派“在德国手格盗匪数人”，立功海外的英雄刘百昭去剿灭他们的罢。
>
> “要是”真如陈源教授所言，女师大学生只有二十了呢？但是究竟还有二十人。这足可使在章士钊门下暗作走狗而脸皮还不十分厚的教授文人学者们愧死！（《鲁迅全集》第三卷第174页）

我们只能说，鲁迅是个会做文章的人，至于道理，怕难以令人服气。毕竟教育部改女师大为女子大学，不能和帝国主义侵占中国领土相比。女师大的校址是国家的，不是那几十个学生和教授的。

章士钊有多少书

一九二五年十一月二十八日，游行队伍曾捣毁章士钊的宅邸，致使大批图书散失。因为同年五月七日学生曾涌入章宅，毁坏部分器物与图书，记述此次事件的文章便叫做《寒家再毁记》。其中说："家中所有。以中西书籍为第一项……西籍为余历年陆续购办。哲学政计诸门差完……最后一批。乃两年前在柏林所得。堪称富有。"又说当日群众"一拥而入。遇物即毁……自插架以至案陈。凡书之属无完者。"（一九二五年十二月二十五日《甲寅》周刊）

对于民众的这种行为，我们要冷静对待，民众（包括学生）的爱国热情是应当肯定的，但动辄焚毁他人住宅，劫掠图书，怕就不是什么文明法制之举了。对这种过火行为，受过西洋教育，且有政治经济学博士学位的陈西滢，当然会看不过眼的，看不过眼就要写文章批评。

同年十二月二十六日，也就是章氏《寒家再毁记》发表的第二天，正在为《现代评论》一周年增刊写文章的陈西滢，在《做学问的工具》一文中顺便谈到此事。他是这样说的：

> 孤桐先生的书应当也很多。以前常听见傅孟真等说他们读西文书常向吴弱男夫人借。孤桐先生在英国德国买的书是我亲自看见的。他柏林寓中两间屋，几乎满床满架满桌满地，都是关于社会主义的德文书。我不知道这些书都在北京否。从《寒家再毁记》看来，好像他们夫妇两位的藏书都散失了。这真是很可惜的。说到这里，我想起民众运动的手段也似乎可以改良些。只要想一想，就知道这不是无意识的要求了。以前赶了杀了一个皇帝，就得掳其玉帛子女，焚其宫室，现在却组织"清室委员会"，开"故宫博物院"了，所以民众运动的先生们要是办

了什么“死老虎图书馆”，许多读书的人受赐一定很多。（辽宁教育出版社《西滢文录》第15页）

看前面的简历，章士钊第二次赴英，不是留学，而是考察政治。此前他当过教授、图书馆长、国会议员、护法军政府秘书长，已是一位政界名人了。出国考察，是有专项经费的。买下那么多书，不是什么奇怪事。

陈西滢的文章中还提到，陈翰笙说，北京南池子的政治学会图书馆的藏书在一万册以上，会员有一百多了，十分之九是留学欧美归国的人，十分之一是现任外交部职务的人，十分之七八是教育界的名人。

顺便说一下，陈翰笙是江苏无锡人，与陈西滢是同乡。一九一六年赴美留学，获美国芝加哥大学硕士学位，一九二二年赴德留学，获柏林大学博士学位，一九二四年回国，任北京大学教授。

就是这么一篇平平常常的文章，又引起了鲁迅的不满。

一九二六年一月三日下午，鲁迅从北大一院回家，看到王品青过访时留下的一本《现代评论》一周年增刊。“只要一看见封面上画着的一枝细长的蜡烛，便明白这是光明之象，更何况还有许多名人学者的著作，更何况其中还有陈西滢教授的一篇《做学问的工具》呢？”于是在《杂论管闲事·做学问·灰色等》中给以辛辣的讽刺：

我现在才知道南池子的“政治学会图书馆”去年“因为时局的关系，借书的成绩长进了三至七倍”了，但他“家翰笙”却还“用‘平时不烧香，临时抱佛脚’十个字形容当今学术界大部分的状况”。这很改正了我许多误解。我先已说过，现在的留学生是多多，多多了，但我总疑心他们大部分是在外国租了房子，关起门来炖牛肉吃的，而且在东京实在也看见过。那时我想：炖牛肉吃，在中国就可以，何必路远迢迢，跑到外国来呢？虽然外国讲究畜牧，或者肉里面的寄生虫可以少些，但炖烂了，即使多也就没有关系。所以，我看见回国的学者，头两年穿洋服，后来穿皮袍，昂头而走的，总疑心他是在外国亲手炖过几年牛肉的人物，而且即使有了什么事，连“佛脚”也未必肯抱的。现在知道并不然，至少是“留学欧美归国的人”并不然。但可惜中国的图书馆里的书太少了，据说北京“三十多个大学，不论国立私立，还不及我们私人的书多”云。这“我们”里面，据说第一要数“溥仪先生的教师庄士敦先生”，第二大概是“孤桐先生”即章士钊，因为在德国柏林时候，陈源教授就亲眼看见他两间屋里“几乎满床满架满桌满地，都是关于社会主义的德文书”。现在呢，想来一定是更多的了。这真教我欣羡佩服。记得自己留学时候，官费每月三十六元，支付衣食学费之外，简直没有赢余，混了几年，所有的书连一壁也遮不满，而且还是杂书，并非专而又专，如“都是关于社会主义的德文书”之类。(《鲁迅全集》第三卷第187—188页)

试想，有哪个教授敢说北京三十多个大学，不论国立还是私立，还不及他们私人的书多。细按陈氏原文，他说的是外文书，不是说的中文书。因为政治学会图书馆是政治学会办的，而政治学会是美国驻华公使提倡组织起来的。可以说，这个图书馆是个专业的外文书籍图书馆。陈氏的原话是：“我想着要是那时美国公使莱恩施没有竭力的提倡，组织什么政治学会，办什么图书馆，那么今年不要说有了两个热闹的时务题目，就有了二十个热闹的时务题目，也就要借书也无从谈起了。”接下来才说：

这是没有到过中国的人谁也想不到的。偌大的一个北京城，简直是无书可读：政治学会图书馆，所藏的书，在史学，社会科学方面，已经在中国算比较完善的了，也不过藏一万多本书。此外只有松坡图书馆和二三个学校还有几本西文书，其余的三十多大学，不论国立私立，还不及我们私人的书多。(辽宁教育出版社《西滢文录》第14页)

陈西滢这话是狂了点，却未必不是事实。说三十多所大学不及他们私人所藏的外文书多，是因为他将那些收藏外文书较多的机构和学校排除在外了。政治学会图书馆专藏外文书，松坡图书馆有专藏外文书的二馆，排除了；二三个大学，就说是北大和清华吧，也排除了。其余那些大学，外文书的藏量，怕还真没有他们这些欧美留学归来的教授学者的多。

若不是这样分析，只看鲁迅的文章，会当陈西滢、陈翰笙这些人是疯子。

八月间，发生了鲁迅免职事。十二日章士钊呈请段祺瑞免去鲁迅教育部佥事职务。二十二日鲁迅向平政院提起诉讼。一九二六年一月十六日胜诉，十七日教育部颁布部令"应即复职"。鲁迅胜利了。只是此时章士钊已不是教育总长了。

其时任教育总长的是易培基。章士钊已于一九二五年十一月去职。

女师大也在章士钊去职后，一九二五年十一月三十日迁回宣武门内石驸马大街原址，宣布复校了。杨荫榆免职，继任者是易培基。他是先当女师大校长，后当教育总长的。

然而，胜利的是表象，受到重创的是阵脚，是心灵。

历史老人不管这些，依旧挺着他那张平和而冷漠的脸，不紧不慢地往前走着。

难说胜负的结局

北京大学是中国的最高学府，也是中国社会变迁的晴雨表。在北京，学界的风潮，必然会波及到北大，在北大内部引起骚动。

女师大的风潮，到了章士钊明令解散学校，势不可免地，就引发了北京大学宣布脱离教育部的风波。

事情的经过，《鲁迅全集》注释里有简述：

> 章士钊解散女师大的非法行为，引起北京教育界和广大学生的反对；北京大学评议会于一九二五年八月十八日召集会议，通过与教育部脱离关系的议案，宣布独立。但胡适、陈西滢、王世杰、燕树棠等十七人却以北大"应该早日脱离一般的政潮和学潮，努力向学问的路上走"为借口，坚决表示反对。他们向评议会提抗议书，又要求学校当局召集教务会议和评议会联席会议，复议此案。在几次会议上，他们或以退席相要挟（如胡适等），或声明无表决权（如王世杰等）；虽终未能推翻原案，却助

长了反动势力的气焰。(《鲁迅全集》第三卷第170页)

文中提到的王世杰,字雪艇。一八九一年生,一九一三年赴英国留学,获伦敦大学政治经济学院学士学位,转赴法国,入巴黎大学,获哲学博士学位。回国后任北京大学教授。燕树棠,一八九一年生。赴美留学,入耶鲁大学,获法学博士学位。回国后任北京大学法律系教授。

这个简述,连基本事实都不对。看了这个简述,人们得出的结论是,胡适、陈西滢、王世杰这些人,全是无赖。评议会召集会议,已议决脱离教育部,他们却胡搅蛮缠,惹是生非。手段又是那样的下流,有的以退席相要挟,有的声明无表决权——谁无表决权,评议会还是他自己?

只要说一个最基本的事实,就知道这个简述是多么荒唐了:胡适、陈西滢、燕树棠三人,根本就不是北大评议会的成员,也没有参加那天的会。

因为此事关系着英美派与法日派的斗争,关系着北大新旧两派人物的斗争,也即是关系着当时教育界先进势力与落后势力的斗争,我们还是应当把它弄个清楚。

也关系着鲁迅后来与胡适的交恶。这就不光需要弄清,且需要慎重对待。

我们只能根据经典著述和原始文件来判断。

《北京大学纪事》是一部注重资料的严肃著作,书中对此事的记述是这样的:

> 8月18日,北京大学评议会开会,就是否脱离教育部问题辩论、投票表决,结果以7票对6票通过脱离教育部案,宣布不承认章士钊为教育总长,拒绝收受章士钊签署的文件。
>
> 8月19日,胡适等五教授致评议会书:"贵会于本届任内,两次宣告与教部脱离关系,事前俱未征求教职员同人之意见。以致无从表示者。同人等以为,贵会此次行为,理由如何,尚系另一问题,就手续言,要不免有越权自专,抹视全体教员同人之嫌。因是公函贵会,严重抗议。"贵会之议决"恐决非本校之福"。"言念前途,已令同人等不寒而栗。今复日日走入一般学潮与政潮之漩涡中,下学年之开学问题恐益不免增加危险。"(《北京

大学纪事》上册第 132 页）

都太简略了。还是看看原始文件吧。

整个事件是非常复杂的。光评议会就开过两次。这是中国教育界的一次民主试验，它的示范的意义，要大于它实际的功用。这里也只能是从简的叙述。关于评议会开会的情形，胡适等十几人后来的声明，一九二五年八月二十二日《申报》有详细报道，大标题为《北大宣布独立事件尚难解决》。

报道是这样说的：本月十八日上午，北京大学评议会召集会议，由李煜瀛提议，谓章士钊解散女师大，实为教育界罪人，北大应与教育部脱离关系，一致驱章云云，表决结果，以七票对六票通过北大宣布独立案。

这个李煜瀛，也叫李石曾，是当年北京学界法日派的首领。当时是北京大学的教授，也是评议会的首领人物。还须注意的是，五月七日女师大在校内举行的国耻纪念会上，他是出席者之一。这样，女师大的风潮，就和北大内部的斗争联系起来了。

主张北大脱离教育部的北大教授还有顾孟余、马裕藻等人。

这次开会的情形，《申报》是这样报道的：

> 据闻，评议会原应于十九日召集，但李煜瀛因恐蒋梦麟回京，此事发生障碍，故特提前于十八日举行，其事先致各出席教授函，亦未述明是日开会系讨论北大宣布独立案，而此重大议案，乃系临时仓猝动议，故一部分评议员事先未与闻此项计画者多未赴会。又评议会应于九时开会，然迟至十二时会议始开，说者谓系李煜瀛等正私行开会，秘密协商计画，故不得不有所待也。（一九二五年八月二十六日《申报》）

实际的情形，比这个还要曲折。据《胡适等人为北大独立问题之声明》中说：这天的评议会是由教务长顾孟余召集的。评议员们到会后，始知是反对章士钊当教育总长的。当时讨论甚久。最初的表决为本校对此事应否有所表示。马裕藻说，评议会本有建议教育部之权，故表示是可以的。表决的结果为赞成与反对各六票。余文灿、罗惠侨两教授中途退席，不及参加投票。顾孟余自投一赞成票，赞成者遂为多数。接下来表决应否与教育部脱离。这时皮宗石教授退席而去，王星拱、王世杰教授等声明对于此案无表决权，应交全体教授大会议决。顾孟余不听，卒以此案付表决。赞成、反对与教育部脱离者各六票。加上顾孟余一票，赞成脱离者又是七票了。此事本应电告代校长蒋梦麟，顾没有告诉，即令文牍课退回教育部公事三件，又在蒋代校长回京的前一晚，促令文牍课送一公事给财政部，声明已与教育部脱离关系，以后经费请财政部直接发给本校。

这样也就知道哪些人主张脱离教育部了，也知道这些人是怎样行事的了。

同时也就知道，《鲁迅全集》注释中说，有人“声明无表决权”是怎么回事了。

十九日向评议会提出抗议的五位教授是：胡适、陶孟和、燕树棠、陈西滢、颜任光。

脱离教育部，这件事太大了，不光关系着北大的声誉，还关系着北大的生存。最重要的是，在胡适等人看来，这是要将学校推到政治旋涡之中。此例一开，将来任何政治斗争，都会殃及学校，从此学校再也不是一个平静的地方了。十九日胡适等五人向评议会递交了抗议书之后，又有一批教授也表示支持。这样，八月二十一日，胡适等十七位教授又发表了一个声明。

声明先说，本月十八日本校评议会决议与教育部脱离关系的事，我们几个人当中，也有在评议会里力争的，也有在事后向评议会提过抗议的，因为这件事关系全校，所以我们把我们的意见报告给本校的同事诸君。

他们的基本主张是，“我们认为教学的机关，不应该自己滚到政治旋涡里去，尤不应该自己滚到党派政争的漩涡里去”。接着列举过去的事例，说明这种做法的危害：北京的教育界自从民国八年年底，发起反对傅岳棻的运动以来，在政争的旋涡里整整混乱了六年，成效如何，流弊如何，都是我们亲见亲闻的。我们不说这几年教育界的活动全是动而无功。但我们到了今日不能不问，这几年纷扰的效果抵得过各学校所受的牺牲吗？

同时着重说明，他们对章士钊的许多守旧的主张是根本反对的，他的反对国语文学，他的反对新思潮，都可证明他在今日社会里是一个开倒车走回头路的人。他在总长任内的许多浮夸的政策与轻躁的行为，我们也认为应当反对。

该怎样反对呢？声明中说：但我们主张，我们尽可用个人的资格或私人团体的资格去攻击他或反对他，不应该轻用学校机关的名义。就令学校机关万不能不有所表示，亦不当轻用妨害学校进行的手段，因为学校里大部分的教员学生究竟是做学问事业的，少数的人活动，如果牵动学校全体，便可以妨害多数人教学的机会，实际上便是剥夺他们教学的自由。叫嚣哄闹的风气造成之后，多数的教员学生虽欲专心教学，也就不能了。

最后明确提出他们的主张：

> （一）本校应该早日脱离一般的政潮与学潮，努力向学问的路上走，为国家留一个研究学术的机关。
>
> （二）本校同人要做学校以外的活动的，应该各以个人的名义去活动，不要牵动学校。
>
> （三）本校评议会今后应该用其大部分的精力去谋学校内部的改革，不应当轻易干预其职权以外的事业。（一九二五年八月二十六日《申报》）

签名者十七人，依次为：颜任光、李四光、丁燮林、王世杰、燕树棠、高一涵、陶孟和、皮宗石、胡适、王星拱、周览、胡济、陈源、张歆海、陈翰笙、邓以蛰、高仁山。

不必备述其经历了，这些人几乎无一例外都是留学英美的。这也就可以看出当时北大英美派教授的阵容与实力了。

当时北大校长蔡元培不在学校，主持校务的是代理校长蒋梦麟先生。评议会开会时，蒋不在校。五月二十二日蒋回校。校中两派教授闹成这个样子，蒋对如此重大纠纷，颇感左右为难。二十三日蒋在毛家湾住所，召集两派教授商议此事，双方各发表意见，蒋本人则谓对此并无成见。会商结果，多数仍主张宣布独立。事关重大，决定二十六日开评议会与校务会议联席会议，专门讨论此案。校务会议系由各学系主任与校务委员会委员长组织而成，评议会由教授选举代表组成。北大惯例，遇有重大事情两会人员共同讨论表决，俗称评教联席会议。

这期间，也有人提议，根据北京大学惯例，评议会通过的议案，若校长否认即可不予执行。这样做，评议会的议案，可在无形中取消，不致给学校名誉造成损失。但是教授中又有人反对这样做，说是无论宣布独立与否，都应当明白表示，不能隐为消灭。这样一来，二十六日的联席会议就是举足轻重的了。

评教联席会二十六日没开，二十八日才开。会上的争论很激烈，胡适确有退席之举，在他人的劝说下还是留下来了。会议的结果，及蒋代校长的态度，且看一九二五年九月一日《北京大学日刊》上登载的《蒋梦麟启事》即知：

> 本校同人公鉴：梦麟对于本月十八日评议会议决案，斟酌情形，不得不继续执行，其理由如下：
>
> （一）二十八日评教联席会到会会员之建议案，签名者十二人，未签名者十二人。是对于停止执行之建议，赞否各半，使麟难于适从。故以仍旧执行，较有根据。
>
> （二）同日同会会员二十人签名提交评议会之建议案，已经三十一日之评议会依照原案精神修改后通过。是将来对于同样举动，必须缜密之手续后，始能发生效力。至本月十八日评议会之议决案，既未经评议会之变更，似宜继续执行。
>
> 谨陈愚衷，敬祈谅解。八月三十一日。

虽说仍维持了原议案，我们却不得不承认，蒋梦麟先生的这种做法，是磊落的，是合乎民主程序的。他本人未必赞同这个议案，但他尊重多数人的选择。事实上，上次评议会是六票对六票，主持人顾孟余投了一票才成为七票对六票。这次的联席会也是十二票对十二票，但蒋梦麟本着主持人不得投票的原则，没有自己投上一票。再就是，他不在校期间，既然委托顾孟余主持校务，那么顾根据评议会的议案，宣布北大脱离教育部一事，他也是认可的。

再看看那些反对脱离教育部的当事人后来的作为吧。还应当再强调一下，《现代评论》诸公，对章士钊执掌教育部以来的处置是不满的。《现代评论》（第二卷第三十九期）上有篇署名“文”的短评，题名《谁配整饬学风》。其中说：

> 现今的执政府里面，好像多安插了几个酸秀才，因此常常有洋洋大文，发表出来。《整饬学风令》一次尚嫌不足，第二次又来了。现政府份内应做的事不知有若干，何以他们总不去做，而独对于教育界好似急要显示神通？纵令“整饬学风”是当务之急，也绝不是执政一道命令可以成事的。这种官样文章，岂但在教育上不能发生丝毫的良效果，实在增加教育界对于政府当局的反感。有人说，学风是要整饬的，但现在教育当局章士钊不配做此事。实则岂但章士钊不配整饬学风，我们敢说任谁来做教育当局都不配做此事。因为学风的矫正，毕竟是教育界本身的责任，而不是政府能做的事。要造成良好的学风，必须真有多数设备像样的学校做教学法的地盘，有多数以做学问、教书为专业的人们诱导青年向学问路上走。现政府如果是诚心为教育前途着想，便当设法维持国立公立各学校，使他们能自由改善发展。不此之务，而想徒然以执政一纸的命令，或军警的威力来“整饬学风”，恐怕教育界会从此纠纷日多，学风反而要更坏啊！

少数服从多数，北京大学宣布脱离了教育部，作为一种态度，似乎无可指责。但你不能说，反对此事的人，就是为自己着想，就是支持教育部的《整饬学风令》。非此即彼，事情不是这么简单。

脱离教育部不过是一纸声明，关键是，脱离教育部之后，谁给北大拨发经费呢？当时在评议会上就触及这个问题。主张脱离的教授说，北大的经费，都是由财政部直接拨给的，脱离教育部之后，财政部还会直接下拨经费。胡适、王世杰等人则认为，不会这么简单，北大若脱离教育部，财政部也就不会给经费了。少数拗不过多数，还是发表了脱离教育部的宣言。

后来的结局，果不出胡适、王世杰等人之所料。北大一脱离教育部，财政部也就不给经费了。《京报》九月七日消息："至北大被停给之分内应得经费，教部方面，主归其余国立各校瓜分，各校亦自愿如此。"《京报》同日消息："即于前日阁议时提出两部会同严格执行停费之议案。闻议既决，北大方面不禁若失，一时亦无善法斡旋，闻仍将在学生身上用功夫，日内或有举动表现，亦未可知。"

对此事，陈西滢认为，这是相当一部分教授不为学校负责，而过分将就学生了。他甚至担心北大会不会变成第二个女师大。对他当初不脱离教育部的主张，他仍是自信的，在一则《闲话》中说：

> 我们的言论，无论是是非非，还是依了良心的主张，断不会因为怕发谣诼而畏首畏尾。至于我们的朋友，如果有人认为我们的主张是能受金钱权势所移的，就可不必认我们为朋友，如果有人不信而暗中模糊影响，作莫须有的攻击的，我们也不愿意有那样的人做朋友。(《现代评论》第二卷第四十期)

在刊有陈西滢这篇文章之后的一期《现代评论》上，燕树棠发表了一篇题为《教员与学风》的文章。他认为，学风的好坏，关键在教员，这次女师大的风潮，教员难辞其咎。对他们的所作所为，他也是自信的：

> 但是无论什么事情，坏极就要改良。一二年来优秀的教员已见增多；他们有学术的能力，有指导的良心，他们把自己的时间和精力都用在自己服务的学校，尽力帮助学生，取得专门的知识与判断能力。学生方面大多数已大见觉悟，求学的心思与努力日见发达。这样教员与学生要恢复学校的教学天职，是一件社会上极可喜的现象。那些败坏学风的教员乃竟大起恐慌，极力排斥，大造诽语！好听的，说他们是"头脑简单"，"有精神病"，"不懂中国人的心理"，"外国派"；不好听的，说他们是"腐败"，"反革命派"，"政府的走狗"，种种诬蔑的名词都用上去了。

败坏学风的教员，他们自卫的手段虽然毒辣，而努力兴学的教员，他们奋斗的精神，亦锋不可当。

再看胡适对这件事的看法。

八月底他离开北京去武汉，路过天津时，在旅舍写了《爱国运动与求学》一文，在《现代评论》第二卷第三十九期刊出。

文章一开始先说，当五月七日北京学生包围章士钊住宅，军警拘捕学生的事发生以后，北京各学校的学生即有罢课的提议。有些学校的学生因为北大的学生不参加五七的事，竟在北大第一院前辱骂北大学生不爱国。北大学生也很激愤，有些人竟贴出布告攻击北大代理校长蒋梦麟媚外。然而几日之内，北大学生会采取了一个民主的办法来处理此事。学生会举行总投票表决罢课问题，共投票一千一百多票，反对罢课者八百余票。这件事真使一般留心教育问题的人心里欢喜。可喜的不是罢课案的被否决，而在(1)投票之多，(2)手续的有秩序，(3)学生态度的镇静。他的朋友高梦旦从上海写信来，说这样做，便是在求学的范围内做救国的事业，在近年学生运动史上开了一个新纪元。

后来事态的发展越来越严重。二十天后，北大的学生也罢课了。对此，胡适是理解的。他说，后来北大的学生毫无勉强地参加救国运动，可以证明此次学生运动的牺牲精神。这并非前后矛盾：有了前回的不愿牺牲，方才更显出后来的牺牲之难能而可贵。但是他是不主张学生们这样旷日持久地从事罢课的。看到全国学生总会议决，秋季开学后各地学生应一律到校上课，他表示欣喜，认为这样做是对的。学生爱国，应当用更为有效的办法，这就是用功学习，做好自己力所能及的事情。他的理由是：

学校固然不是造人才的唯一的地方，但在学生时代的青年却应该充分地利用学校的环境与设备来把自己铸造成个东西。我们须要明白了解：

救国千万事，何一不当为？

而吾性所适，仅有一二宜。

认清了你"性之所适，而力之所能勉"的方向，努力来发展，这便是你对国家应尽的责任，这便是你的救国事业的预备功夫。

国家的纷扰，外间的刺激，只应该增加你求学的热心与兴趣，而不应该引诱你跟着大家去呐喊，呐喊救不了国家。即使呐喊也算是救国运动的一部分，你也不可忘记你的事业有比呐喊重要十倍百倍的。你的事业是要把你自己造成一个有眼光有能力的人才。

这样的理由，若是用一句“反对学生运动”以蔽之，不也太简单了吗？

胡适等人在北大的这些动作，鲁迅不会不知道。知道了是何态度，也不难明白。

我们可以说，在这场斗争中，鲁迅一派是胜利了，但也充分暴露了他们自身阵容的涣散，力量的脆弱。他们的胜利，不是凭借平日信奉的道德规范，不是凭借民主的理念与程序，更多的是凭着他们的实力与蛮勇。这是他们这一派，在中国教育界的最后的一次胜利。从此以后，法日派在北京教育界的势力，真如鲁迅讥讽章士钊用错了的那个词儿，是“每下愈况”了。

关于鲁迅在这场斗争中的作用，还有许广平对自己的看法，多少年后，已与鲁迅结为夫妻，定居上海，且即将为人之母的许广平有一段话，最堪后人深长品味。一九二九年五月十三日在致女友常瑞麟及其丈夫谢毅的信中，她是这样说的：

老友尚忆在北京当我快毕业前学校之大风潮乎，其时亲戚舍弃，视为匪类，几不齿于人类，其中惟你们善意安慰，门外送饭，……至于师之一面，则周先生（你当想起来是谁）激于义愤（的确毫无私心）慷慨挽救，如非他则宗帽胡同之先生不能约束，学校不能开课，不能恢复，我亦不能毕业。但因此而面面受敌，心力交瘁，周先生病矣，病甚沉重，医生有最后警告，但他本抱厌世，置病不顾，旁人忧之，事闻于我，我何忍斯，你们同属有血气者，又与我相处久，宁不知人待我厚，我亦欲舍身相报，以此脾气，难免时往规劝候病，此时无非惺惺相惜，……周先生对家庭早已十多年徒具形式，而实同离异，为过度时代计，不肯取登广告等等手续，我亦飘零余生，向视生命如草芥，所以对兹事亦

非要世俗名义，两心相印，两相怜爱，即是薄命之我屡遭挫折之后的私幸生活。（转引自张耀杰文）

想来许广平事后回想自己一九二五年在风潮期间的表现，除了与鲁迅的结合之外，也有一种不堪回首之感吧。

“闲话事件”中的纠缠

周作人首先发难

一九二六年春天发生在北京文坛上的“闲话事件”，鲁迅并不是主力。

主力是他的弟弟周作人。其时兄弟已经失和，但在对付英美派上仍是同心协力。

再大的事件，也多是由小事引起的。这次事件也不例外。闲话事件是由陈西滢在《现代评论》上发表的一篇《闲话》引起的。

陈是《现代评论》的编辑。从创刊起（一九二四年十二月），就在刊物上写一种随笔类的文章，很随意，当下有什么话题就说什么；没有当下的话题，就谈点往事，羼杂点朋友间的交往什么的。有时一篇之中分成三两段，一段谈一个话题。

最初还是有篇名的，比如创刊号上的就叫《“非列士第恩”》。“闲话”这个总括性的题名，也不是他先叫的。是张奚若先叫的。一九二五年四月十八日出版的第一卷第十九期上，首次出现《闲话》的篇名，署名奚若，就是张奚若。张接连写了三期，到第二十二期，同是《闲话》，署名就成了西滢。从此以后，这个总括性的题名，就成了一个栏目，由陈西滢独自写下去。每期也不再起什么题名，就直通通地叫《闲话》。

写了半年，越写越油了。过去还多谈时政，大概接受了鲁迅攻击的教训，尽量避开时政，写些较为轻松的东西，谈谈艺术啦，人性啦什么的。该出事的时候，还是要出事的，怎么避都避不开。一九二六年一月九日出版的《现代评论》第五十七期上，有篇《闲话》，是谈法国文学家法朗士的，后来出版《西滢闲话》时就改叫《法朗士先生的真相》。这是一篇专谈法朗士（France）轶事的文章，写得很滋润，也很风趣。比如谈法郎士的文字风格和他是怎样修改文章的：

> 法郎士的散文像水晶似的透明，像荷叶上露珠的皎洁，是近代公认为一时无两的。他的功夫可大了。孛封(Buffon)的名言"天才是无限的耐心"，法郎士虽然对白郎教授谈话的时候竭力的否认，他自己的作品就是极好的证据。他同孛崔生说他同雷南(Renan)一样，每篇文得改六七遍，才像他自己的作品。他说："想像力我是没有的，耐心我可不是没有的。""我很少得到灵感的助力。我的笔没有抒情的力量。它不会跳，只会慢慢的沿着道儿走。我也从不曾感到过工作的沉醉。我写东西是很困难的。"他写了一些东西便付印，付印后得校对五六道，先修改它的字句，再去掉一切多余的字句，然后他用剪子把所有的句子都剪破了，再好像玩着练耐心的玩意儿似的，把一句句的句子来配对，配好了又拆散，又找另外的匹配，单一节文章他就造起了三十遍。末了他喊道："胜利了！收尾的句子现在变了开头的了。"

这样的话，自然引不起什么争论，别人一评论就出事了。

评论的是徐志摩。他在自己编的《晨报副刊》上写了篇《"闲话"引出来的闲话》。

一九二五年春天女师大风潮中的论战，徐志摩没赶上，他到欧洲去了。这年八月初才回到北京，不久又去南方，直到九月间才回来，一回来就接手办《晨报副刊》。一九二六年一月九日刊载西滢《闲话》的《现代评论》出版，一月十三日的《晨报副刊》上，他的文章就登出来了。

这篇文章得细细分析。一起首先说：

> 西滢在《现代评论》第五十七期的"闲话"里写了一篇可羡慕的妩媚的文章。上帝保佑他以后只说闲话，不再管闲事！这

回他写法郎士：一篇写照的文章。一个人容易把自己太看重了。西滢是个傻子；他妄想在不经心的闲话里主持事理的公道，人情的准则。他想用讥讽的冰屑刺灭时代的狂热。那是不可能的。他那武器的分量太小，火烧的力量太大。那还不是危险，就他自己说，单这白费劲。危险是在他自己，看来是一堆冰屑，在不知不觉间，也会叫火焰给灼热了。最近他讨论时事的冰块已经关不住它那内蕴或外染的热气——至少我有这样感觉。冰水化成了沸液，可不是玩，我暗暗的着急。

应当说，“他妄想在不经心的闲话里主持事理的公道”这样的话，是讽刺鲁迅的。还有一段，也大可考究。是这样的：

西滢的法郎士实在讲得不坏。你看完了他的文章，就比是吃了一个檀香橄榄，口里清齐齐甜迷迷的尝不尽的余甘。法郎士文章的妩媚就在此。卡莱尔一类文章所以不耐咬嚼，正为它们的味道刚是反面，上口是浓烈的，却没有回味，或者，如其有，是油膏的，腻烦的，像是多吃了肥肉。西滢分明是私淑法郎士的，也不止写文章一件事——除了他对女性的态度，那是太忠贞了，几乎叫你联想到中世纪修道院里穿长袍喂鸽子的法兰西派的“兄弟”们。法郎士的批评，我猜想，至少是不长进！

这一段的问题出在什么地方，后面再说。

徐志摩的文章是十三日刊出的，想来周作人当天或第二天就看到了。据《周作人日记》载，这几天他有点发热，十七日“上午不睡写小文”。这篇小文便是后来刊出的《闲话的闲话之闲话》。写好后便寄给徐志摩，附信说让他看看，“要登也可以”。

十八日这天，徐志摩出城到清华去了，晚上回来正愁下一期的稿子，见了周作人寄来的文章，“好不叫我开心：别说这是骂别人的，就是直截痛快骂我自己的，我也舍不得放它回去，也许更舍不得了”。于是当晚便将稿子编起。当然，他也意识到自己的文章惹下了祸，同时写了篇《再添几句闲话的闲话乘便妄想解围》，与周作人的文章一起在一月二十日的

《晨报副刊》上刊出。

且不说周作人的文章，先说徐志摩的文章。

徐在文章中，首先承认了自己的孟浪。

他检讨自己那篇《“闲话”引出来的闲话》中的过失。外国作家中，他也很喜欢法郎士。去年十二月，曾写过一篇《法郎士的牙慧》，载十二月三十日《晨报副刊》。说是去年，不过是十几天以前的事。那天晚上，为下一期刊物凑稿子时，“本想再拾一点法郎士的牙慧的”，碰巧前一天晚上，临睡时看了西滢那篇谈法郎士的《闲话》，“实在佩服他写得干净，玲巧，也不知怎的念头一转弯，涂成了一篇‘西滢颂’”。当晚发了稿就睡，心里也没什么“低哆”。第二天起来才想起，昨晚写的文章中，至少有一句话是不妥当的。

哪一句呢，就是“唯一的动机是怜悯”这句。他觉得，拿这句话给法郎士，不免遭到“此话怎讲”的责问，若说西滢，那简直有些挖苦了。再下一天，北大同事江绍原，也挑他这个毛病，“那实在是骈文的流毒，你仔细看看全句就知道”。

现在我们来看看，江绍原指出的，可真的是徐志摩写文章的毛病？徐文中这句话是：“他还是他的冷静，搅不混的清澈，推不动的稳固，他唯一的标准是理性，唯一的动机是怜悯。”这里，实则关系到中国文人写文章的一个内在规律。汉语写作，要想文辞优美，句子舒畅，一个不二法门便是对仗，词的对仗，句子的对仗。句子的对仗，就是骈体。像徐文中的这句话，就有两个对仗的句子。一个是“搅不混的清澈，推不动的稳固”，一个是“唯一的标准是理性，唯一的动机是怜悯”。会写文章的人，都免不了这个毛病。不是毛病，而是深谙汉语句子的规律。对仗本身没错，只看你对得好与不好。深谙汉语这个规律的人，有时也就免不了凑句子，这就是以辞害意了。应当说，徐志摩这两个对仗句子，都还是不错的。前一个尤其好。后一个，就是徐志摩自己说的，有点勉强。不是说句子不好，句子是好的，只是他觉得，这样的话用在法郎士身上不那么恰当，用在陈西滢身上就更不恰当了。可惜他第二天起来，只是那样想了想，若是要改还是来得及的。到再一天江绍原提出来时，已不可更改了，刊物已印出来了。

再就是，他的文章中说陈西滢对女性的忠贞，并无别的什么深意，“我也只想起他平时我眼见与女性周旋的神情，压根儿也没想起女师大一类的关系”。

这是徐志摩的自责。应当相信，还是真诚的。他承认自己对西滢的评价有不妥之处，但不明白周作人为何会生这么大的气。

现在再来看看，陈西滢的这篇文章，还有徐志摩对陈西滢的评价，怎就一下子引起了周作人的反感。

周作人的文章，起因于徐志摩对陈西滢的夸奖，却无意跟徐志摩纠缠。仅只说：“徐志摩先生是超然派的人物，是专门学文学的，自然很可靠了，我们理当洗耳恭听，好知道那闲话的真价值”。几句话带过，便气势汹汹地扑向陈西滢：

> 现在中国男子最缺乏的实在是那种中古式的对于女性之忠贞……忠贞于一个人的男子自然也有，然而对于女性我恐怕大都是一种犬儒态度罢。结果是笔头口头糟蹋了天下的女性，而自己的爱妻或情人其实也就糟蹋在里头。我知道北京有两位新文化新文学的名人名教授，因为愤女师大前途之棘，先章士钊，后杨荫榆而扬言于众曰：“现在的女学生都可以叫局。”这两位名人是谁，这里也不必说，反正是学者绅士罢了。其实这种人也还多，并不止这两位，我虽不是绅士，却觉得多讲他们龌龊的言行也有污纸笔，不想说出来了。总之许多所谓绅士压根儿就没有一点人气，还亏他们怡然自居于正人之列。容我讲句粗野的话，即使这些东西是我的娘舅，我也不认他是一个人。像陈先生那样真是忠贞于女性的人，不知道对于这些东西将取什么态度：讥讽呢，容忍呢？哈，哈哈。

周作人是个平和的人，平日为文，雍容有度，偶尔来点小幽默，也很少伤及对方的情面。像这样火气冲天、尖刻狠毒的文字，在周氏的文集中，可说是仅有的一篇。“现在的女学生都可以叫局”，等于说现在的女学生都是娼妓，暗示陈西滢说过这样的话，身为大学教授，说这样的话还叫人吗！

是什么使周作人这样老羞成怒呢，对世事的愤慨么？几个月前北洋政府教育当局迫害学生，他也没发这么大的火。是忌恨这班留学西洋的同行么？以他在文坛的地位，以彼此的年龄（他四十一岁，陈三十岁），似乎也犯不着。再就是，他和陈西滢两人，虽在女师大风潮中处于对立的地位，并没有什么直接的冲突。此前一直相处得不错，互有借重，也还融洽。如此怒目相向，重拳出击，从人之常情上说，就有些乖张了。不管陈说没说过这样的话，周在这里说出来，都让人有卑劣乃至下流的感觉。

话又说回来，既然这样说了，总有他非说不可的道理。

会不会是别的什么东西，触到了周作人的痛处？

陈西滢的文章专谈法郎士，没有说别的，那就得在徐志摩的文章里找了，果然有。且看这几句：

> 好容易他有了觉悟，他也不来多管闲事了。这，我们得记下，也是"国民革命"成绩的一斑。"阿哥"，他的妹妹一天对他求告，"你不要再做文章得罪人家了，好不好？回头人家来烧我们的家，怎么好？""你趁早把你自己的东西"，闲话先生回答说，"点清了开一个单子给我，省得出了事情以后你倒来问我阿哥报虚账！"

这段话，好多人看了不会明白，以为不过是为了将文章做足，涉笔成趣，加以渲染，才来了这么两句嗲里嗲气的话。不是这么回事。这些话都是确有所指的，极有可能确有其事。一是，去年的女师大风潮中，真的发生过学生焚烧章士钊公馆，并使图书受到损失的事。这样，"回头人家来烧我们的家"就不能当做是玩笑话了。二是，这些日子，陈西滢的身边，确有这么一位阿妹。这便是燕京大学英文系学生，正与北大英文系主任陈西滢热恋着的凌叔华。徐和两人都是好朋友。凌和陈说这样的话，陈会告诉徐，或许就是当着徐的面说的。热恋中的情人，阿哥阿妹的叫叫不是什么稀罕事。

症结就在这里。也只能在这里。

事件正在进行中，该说话的人反而不便说什么，只能一任事件发展下去。

陈西滢紧追不舍

陈西滢也不会想到事情出在徐志摩的这段话上，只当是周作人对他有多大成见似的，便写信给周作人，要个说法。信是一月二十日写的，全信如下：

> 岂明先生：先生今天在晨副骂我的文章里，又说起“北京有两位新文化新文学的名人名教授，扬言于众曰，现在的女学生都可以叫局。”这话先生说了不止一次了，何以好像每次都在骂我的文章里，而且语气里很带些阴险的暗示。因此，我虽然配不上称新文化新文学的名人名教授，也未免要同其余的读者一样，有些疑心先生骂的有我在里面，虽然我又拿不着把柄。先生们的文章里常有“放冷箭”、“卑劣”一类的口头禅，大约在这种地方总可以应用了吧？先生兄弟两位捏造的事实，传布的“流言”，本来已经说不胜说，多一个少一个也不打紧。可是一个被骂的人总情愿知道人家骂他的是什么。所以，如果先生还有半分人气，请先生清清楚楚回我两句话：(1)我是不是在先生所说的两位人里面？(2)如果有我在内，我在什么地方，对谁扬言了来？陈源，一月二十日。

周作人是个很自负的人，此时认为自己胜券在握，丢人败兴的只会是陈西滢这个黄口小儿。第二天就写了回信。

> 通伯先生：来示敬悉，承问两项，奉答如左。
>
> (一)先生在不在那两位名人里边，只请先生自省一下，记得说过那句话没有，就自然知道。这第一项我答得如此含胡，因为(二)那句话我是间接听来的，如要发表说话人的名字，必须要得那位中间的见证的允许。所以请再等我两三天，俟问过那位之后，再当明白奉答。至于捏造先生的事实，则吾岂敢。一月二十一日，周作人。

意思是只要一问清了，就有你的好看。当天或是第二天，他便跟中间见证的那个人见了面，订正一番。见证的人叫张凤举，也是北大的教授。要么是张凤举说的情况不是那么回事，比如这话不是陈所说，而是陈转述之类，要么是张凤举和陈西滢的关系也不错，不愿做这种证人，反正是周作人觉得自己是孟浪了些，二十二日又给陈西滢写了一信：

通伯先生：前日所说声言女学生可以叫局的两个人，现经查考，并无先生在内，特此奉复。一月二十二日，周作人。

大概意识到，这样的回答陈西滢绝不会善罢甘休，不如预作逃遁之计，便将此事写了篇小文章，叫《陈源先生的来信》，在他们的同人刊物《语丝》发表。二月一日刊出。先说，前些天见《晨报副刊》上徐志摩先生的一篇《"闲话"引出来的闲话》，夸奖陈西滢先生的态度神似法郎士，他不免有点怀疑，觉得不很像，便另写了一篇《闲话的闲话之闲话》。因为牵涉着徐先生，所以在发表之前先寄给一看，却被徐"绑住"了，在《晨报副刊》上登出来了。这倒也没有什么要紧，他反正是预备发表的，到了第二天便接到陈西滢先生这样一封信。接下来引用了陈信的全文。然后又说，他当初听人家传说过叫局的话，都是绅士与学者，现经陈先生来查问，他便再去调查，得到的结果是这样的：

一个A君，我们间接从B君听来的，但B君现在往欧洲去了，无从再去问他。一个X君，C君听D君转述他的话，但可惜X君的真姓名C君说已经记不起了。A君与陈源先生是别一个人，X君的姓名虽然忘记，惟据C君说也不是陈先生。所以我就于二十二日写一封信给陈先生，告诉他在所说的两个人里面查得并没有他。至于他别的话我觉得无反唇相讥之必要。

这种小把戏怎么可能蒙混过关呢。

陈西滢很快查明这话是张凤举传给周作人的，或者干脆就是他想起了那天说这话时，在场的只有张凤举跟周作人要好，肯定是张传过去的。不管怎样，现在留下的文字是，在接到周作人信的同一天，陈西滢给张凤举写了封信。

先说了周作人屡次骂他说过那句话，今天来了封信，虽说不是指他，但那口气分明还是指他，且无任何道歉的表示。不过是不愿连累见证人罢了。他想起来了，女学生可以叫局这句话，他是听过的，不光听过，还听过两次。一次A君说时，只有他一个人在场，现在不用提。再一次是B君说的，在西山卧佛寺，在场的有先生和丁西林，还有他。这样要是周作人先生没有捏造，那么周所指的想来是这一次了，既是这样，张先生你当然是所说的见证人了。接下来说那天谈话的情景和他的看法：

> B君说起了这话，我说我也听A君说过，不过这是叫人不能相信的。B君说他的朋友亲自看见的，某饭店就可以代叫。我说，要有，也是私娼假冒女学生的名字罢了。大家讨论一会之后，我说除非B君的朋友托某饭店叫一个来，让我们考她一考，证明她是女学生，我总不能信。先生和西林似乎也是差不多这样的意见，先生记得吧？
>
> 总之，这一晚我们都是立于怀疑者的地位。就是B君，他也并没有怎样的肯定。至少，他说的不过是"有些女学生可以"，断不是"女学生都可以"。他也不过对两三位朋友在闲谈时偶然说起，并没有"扬言于众"。要是偶然说起就是"扬言于众"，那么先生转述这话给周先生时——姑且假定这话是先生转述给周先生的——先生也是"扬言于众"了。据我所知道，"扬言于众"的只有一个人，那就是周先生自己，他一次两次三次的在报纸上宣传着；说"女学生都可以叫局"的也只有一个人，那也就是周先生自己，有《晨报副刊》为证。并且B君与"新文化新文学"丝毫无涉，周先生自己倒又是"新文化新文学的名人名教授"。

张凤举接到信之后，知道事情闹大了，他跟这两个人的关系都不错，谁也不愿得罪，只好马上过陈西滢这边一趟，推心置腹地跟陈谈了一通。回信，还是要写的，不写陈西滢这边不会答应。没办法，只好硬着头皮回一封短信：

我们昨天的谈话我已经告诉周岂明先生了。你要我回你一封信。想来想去，我别无他话可说，要说的全对你说了。不过我要向你道歉，因为这次事完全是我误传的结果，与别人绝不相干。你的原信送还，请检收。张凤举，二六，一，二五。

现在轮到陈西滢反击了。他将自己给张凤举的信，和张凤举的回信，一并差人送给周作人。并且说，昨天张凤举来的时候，带来了你给他的第二封信，说你起先相信这话是我陈西滢说的，现在知道自己错了。张凤举也不承认他说过有什么人"扬言于众"，或是什么人说"女学生都可以叫局"。我当时就要写信给你，张凤举劝我等两天，他愿意把这意思转达给你，我也答应了。现在他的回信既然没有提起先生的答复，想来他是失败了。所以我不得不写这封信，再对先生进一忠告。主要有这么几句：

先生因为不高兴我，就相信而且竭力的传布无论什么人毁谤我的话，甚而至于人家并没有说我，先生却因为自己要那样想，便以为人家说的是我——这不过是代先生曲为宽恕的话——就据为事实骂起人来，那是不是"传布流言"？

明明并没有什么人扬言于众曰"现在的女学生都可以叫局"，而先生因为要故入人罪，硬说有人"扬言于众"，而且"扬言"的是"女学生都可以叫局"，那是不是"捏造事实"？

先生这一次的"放冷箭"，"传布流言"，和"捏造事实"的"结果是笔头口头糟蹋了天下的女性，而自己的爱妻或情人其实也就糟蹋在里头"，诚如先生所说。可惜"糟蹋了天下的女性"者，正是先生自己，而且只有先生一个人。

先生自己又说过，这样糟蹋女性的人"压根儿就没有一点人气……即使这些东西是"先生"的娘舅"先生"也不认他是一个人"。现在既然证明了"糟蹋了天下的女性"的正是先生自己，先生应当很郑重的向"天下的女性"谢罪，就不说向被诬蔑的人道歉。要不然，先生真不愧为"娘舅"的"外甥"了。

凌叔华暗中求情

在周作人与陈西滢唇枪舌剑地论争着的时候,有一个端庄俏丽的女子正默默地注视着事态的发展，她知道这一切都是为了什么，可对谁都说不出口。她祈祷这一切快快过去,同时也知道,真到了必要的时分,该她出马的时候她必须出马。

她就是前面提到的凌叔华小姐。

此事为什么会与凌叔华这个小女子有关?

这,外人就不知道了。

凌叔华当时已是一个小有名气的小说家了。但这名气的最初的获得，却是得益于周作人的提携。她的最早的两篇小说，是周作人介绍给孙伏园,在《晨报副刊》上发表的。

凌叔华在燕京大学上学期间,跟周作人来往很密切。周作人是北京大学的教授，同时在燕京大学兼课。凌叔华在燕大先上的是动物学系，后来爱上文学，要转到英文系。转系要加一门副修的外语，凌叔华少年时在日本待过，有一定基础，想以日语作为副修的外语。当年燕大尚无日文科，凌叔华求周作人辅导，周作人非常痛快地答应了。周作人素来是很小气的，但对这位女弟子一点也不小气，辅导期间赠她三四尺高的日文书。这恩情,周作人不会忘记,凌叔华也不应当忘记。

至于凌叔华后来跟陈西滢相恋，相恋后跟周作人没什么来往，周作人是能够理解的。毕竟陈西滢是北大英文系的主任，留英归来的博士，又是风华正茂的年纪。而他,只能算个老留日学生,且已四十出头年纪。不来往可以,若是恶语相加那就不行了。

前一年十一月,女师大风潮中,学生曾冲进章士钊的公馆,烧毁了部分书籍。女师大风潮，出面支持的教师虽说不少，影响最大的还要数周家兄弟。当年外界就有流言，说章士钊免了鲁迅的职，周家兄弟遂唆使学生烧毁了章士钊的公馆。

“你不要再做文章得罪人家了,好不好？回头人家来烧我们的家,怎么好？”若凌叔华真说了这样的话，等于是在讥刺周作人（虽说是无意的)，等于是在自己情人面前挖苦过去的老师。说得严重点，这就是背叛师门，恩将仇报了。

真要这样，也就难怪周作人要老羞成怒，要写文章予以还击了。

这还击的力度是很大的，也是十分恶毒的。等于是明告凌叔华，你挖苦我吗，那就看看你的情人是个什么东西！他说“现在的女学生都可以叫局”，他不知叫过多少次局了，玩弄过多少女学生了，你不过是个刚走出校门的女学生，怎么会和这样的伪君子，这样的衣冠禽兽走到一起呢？

接着前面的说。经过一番往还，周作人自知理屈，收回了这句话，并致信陈西滢说：“前日所说声言女学生可以叫局的两个人，现经查考，并无先生在内”。

话是这样说了，周作人的气并没有消。就是从说话的口气上，也能听出，是无奈的，并没有饶恕了对手。一有机会，他还会杀上前去的。

一月三十日，陈西滢经与周作人、张凤举等人查证，证实自己没有说过那样的话之后，将所有来往信件在《晨报副刊》上全部刊出。计有：

(一)西滢致岂明(即周作人教授)

(二)岂明致西滢

(三)岂明致西滢

(四)西滢致凤举

(五)凤举致西滢

(六)西滢致岂明

(七)凤举致西滢

(八)西滢致凤举

(九)西滢致志摩

附录：西滢致半农(即刘复博士)、半农致西滢、西滢致半农

以上总共是十二封来往书信，总题为《闲话的闲话之闲话引出来的几封信》。徐志摩在前面加了按语，题为《关于下面一束通信告读者们》。

这一期的《晨报副刊》，时人称做“攻周专号”。

所谓的“攻周”，不独是周作人，连周树人即鲁迅也包括进来了。

周家兄弟一定会做出强烈的反应。这是谁都知道的。一场大战马上

就要开始。

周作人果然很快作出反应。

一月三十日，见到这期《晨报副刊》的当天，周作人立即致信徐志摩，仍巧言狡辩，没有一点悔过的意思。信中说：他在《语丝》六十四期发表陈西滢先生的来信，声明那两个说女学生可以叫局的人里没有陈在内。但是陈先生不相信，说他捏造事实，为说真话起见，也愿意遵教订正如下：

> 一，那两个人并不“扬言于众”，也未必说“都”，大约只是对了他们朋友说女学生可以叫局，随后就传了出来，虽然照字义说来他对了三个朋友说那也就可以说“众”。
>
> 二，A先生说这话是在一九二三年，与女师大风潮无关，他所指的或者是山东某地的情形，听说当时京报上还曾有记述。
>
> 三，X君是谁，这问题，我仍旧还是信用C君后来告诉我的话，说忘记了，但不是陈源先生。我还想追加一句，替别的朋友表明：这也不是现代评论社的别的各位。
>
> 至于陈先生说我传布这个流言，侮辱中国女性，大有非谢罪不可之势，我觉得别无回答之必要，因为陈先生没有质问的权力。杨荫榆章士钊那样乱说的时候，陈先生在哪里？

此信在二月三日《晨报副刊》上刊出，名为《关于闲话事件的订正》。徐志摩把它放在最后一页一个偏僻的角落。毕竟这是徐志摩办的报刊，他有权作这样的处置。

一月三十一日，周作人又一连致徐志摩两信，继续实施他的色厉内荏的反击计划。周作人可以暗中向张凤举承认错误，绝不会公开向陈西滢之流承认一点错误。这是他的尊严，也是他的底线。他也不愁没有他的理由。一个老留日学生，怎能败于一个新来的英国留学生的手下？这是上午的事。

虽没有可靠的文字记载，我们可以想象，一直在陈西滢身边，与徐志摩来往也很频繁的凌叔华，一定在关注着事件的发展。这些信息，随时可以知道。

她不会不知道周作人的这股子气，是冲着谁来的。

她未必不想插手，只是苦于没有机会。一面是自己的业师，一面是自己的情人，这苦衷是可以理解的，也是值得同情的。一个年轻女子的幽怨，分外让人爱怜。

正好这时发生了一种传闻，是关于凌与陈的婚约问题的。有人在文章中约略提及。既然已牵涉到自己，凌叔华就可以说话了，便给周作人去信，请求不要把她拉在里面。说的是一件具体的事，也可以说是为的整个事件。根子在自己身上，只有自己出面认错，才能平息这位心胸狭窄的业师的怒火。

下午凌叔华的信到了。《周作人日记》载："下午品青、小峰来，五时玄同来，十一时去。得凌女士函。"

事情马上就起了变化。周作人不反击了。当即给徐志摩去了本日的第三封信。想来这些信，都是派仆人送过去的。不然不会一日之间三发其信。徐志摩在回信中说：

> 对不起，今天忙了一整天，直到此刻接到你第三函才有功夫答复……关于这场笔战的事情，我今天与平伯、绍原、今甫诸君谈了，我们都认为有从此息争的必要。拟由两面的朋友出来劝和，过去的当是过去的，从此大家合力来对付我们的真正的敌人，省得闹这无谓的口舌，倒叫俗人笑话。我已经十三分的懊怅。前晚不该付印那一大束通信，但如今我非常的欣喜，因为老兄竟能持此温和的态度……你那个《订正》我以为也没必要了。现在就问你的意见，如其可以不发表，我就替你扯了如何？（虞坤林编《志摩的信》第243页）

徐志摩还是太不更世事，周作人的信岂是可以随便扯了的。明明一连去了两信，其中一信还是《订正》(此《订正》二月三日刊出)，怎么突然又去信讲和呢。此中情由，徐志摩是绝不会清楚的，只有周作人和凌叔华两人知晓。

周作人回了凌叔华的信没有？

回了。《周作人日记》："二月一日，上午寄凌女士函。"

信上怎样说的？

直到晚年(一九六三年),才在《几封信的回忆》一文中说了信的内容:

我只好复信说,我写文章一向很注意,决不涉及这些,但是别人的文章我就不好负责,因为我不是全权的编辑,许多《语丝》同人的文字我是不便加以增减的。(《饭后随笔》下册第254—255页)

翻检周作人后来的文章,火气确实小了,也确实没有提及凌叔华。既然弟子向自己求情了,他还是很给面子的。周作人毕竟是个怜香惜玉的人。事实上,他也知道他发的是无名之火,火气一出,也就没事了。几乎可以说,凌叔华的信一到周作人的手里,这场由闲话引起的纠纷中,关于"现在的女学生都可以叫局"这一部分,就消弭于无形,不再对陈西滢的人格造成什么伤害,反而变成了周作人是不是真的无耻的讨论了。这样周作人只有辩白之力,而无反驳之功了。

周作人可以没事,鲁迅是不会没事的。

这也是因为,陈西滢虽然与周作人起了这么大的争论,但他总觉得,周作人还是个可以相处的人,只是误信谗言才发了这么大的火。于是在《西滢致志摩》一信中,说了几句可以原谅之类的话,就轻轻地把周作人放过,而将批评的利刃向鲁迅甩了过去。开头的两段是这样的:

前面几封信里说起了周岂明先生的令兄,鲁迅,即教育部佥事周树人先生的名字。这里似乎不能不提一提。其实,我把他们一口气说了,真有些冤枉了我们的岂明先生。他与他的令兄比较起来,真是小巫遇见了大巫。有人说,他们兄弟俩都有他们贵乡绍兴的刑名师爷的脾气。这话,岂明先生自己也好像曾有部分的承认。不过,我们得分别,一位是没有做过官的刑名师爷,一位是做了十几年官的刑名师爷。

鲁迅先生一下笔就想构陷人家罪状。他不是减,就是加,不是断章取义,便是捏造事实。他是中国"思想界的权威者",轻易得罪不得的。我既然说了这两句话,不能不拿些证据来。可是他的文章,我看过了就放进了应该去的地方——说句体己话，我觉得它们就不应该从那里出来——手边却没有。只好随便举一两个例吧。好在他的每篇文章都可以做很好的证据，要是你要看的话。

陈西滢竟敢说这样的话，怎能叫鲁迅袖手不语？

闲话事件后来的发展，几乎是鲁迅独自一人在不依不饶地抗争，也就一点都不奇怪了。

关于“剽窃”的辩驳

他常常挖苦别人家抄袭。有一个学生抄了沫若的几句诗，他老先生骂得刻骨镂心的痛快。可是他自己的《中国小说史略》却是根据日本人盐谷温的《支那文学概论讲话》里面的“小说”一部分。其实拿人家的著述做你自己的蓝本，本可以原谅，只要你书中有那样的声明。可是鲁迅先生就没有那样的声明。在我们看来，你自己做了不正当的事也就罢了，何苦再去挖苦一个可怜的学生，可是他还尽量的把人家刻薄。“窃钩者诛，窃国者侯”，本是自古已有的道理。

这是陈西滢所举的众多例子中的一个。

由此引发了一场关于“剽窃”的辩驳，成为闲话事件中继“现在的女学生都可以叫局”之后的一场格局不大的论战。

“他常常挖苦别人家抄袭”，这句话是另有所指的，并非是对紧接在后面的例子的概括。既然是“常常”，那就不止一次了。

这话说来就长了。

前一年九月下旬，徐志摩接手《晨报副刊》，要在十月一日正式出版。时间太紧迫了，他想换个新刊头，找了几个人都不太理想，便去找擅长绘事的凌叔华想办法。在凌家，凌让他看了琵亚词侣的画册，共同选定了一幅扬手女郎图。徐要撕下这页拿去，凌不肯，当下描了一幅让徐带走。十月一日新版出来，上面有凌叔华的小说《中秋晚》，后面有徐志摩写的一个小跋，就两句话：“为应节起见，我央着凌女士在半天内写成这篇小说，我得要特别谢谢他的。还有副刊篇首的广告图案，也都是凌女士的，一并致谢。”想来徐志摩后一句话的意思，是说这个图案是凌叔华提供的，但这样说确实容易让人理解为这是凌叔华画的。

果然就有人叫板了。十月八日《京报副刊》上登出重余（陈学昭）的文章《似曾相识的〈晨报副刊〉篇首图案》，明确指出这是英国画家琵亚词侣的作品，凌叔华难脱“剽窃”的嫌疑。徐志摩一看出了事，当天便写信给《京报副刊》编辑孙伏园，声明全是自己一时疏忽，连累了凌叔华。用了几期，就把这个图案撤了，换上闻一多画的一幅图案。

过了一个月，又出事了。十一月七日出版的《现代评论》第二卷第四十八期上，发表了凌叔华一个短篇小说《花之寺》。同月十四日《京报副刊》上有发表署名晨牧的《零零碎碎》一则，指责这篇小说是“抄窜”俄国作家契诃夫的《在消夏别墅》，并反问道：“这种换汤不换药的小说，瞒得过世人吗？”这类指责，在陈西滢看来都是鲁迅授意的，或许就是鲁迅化名写作的。

这回陈西滢不能不说话了，小说是在他办的刊物上登的，凌叔华是他热恋中的情人，这两种身份，都让他不能不有所表示。但也不能说得太明确了，毕竟是在为情人辩白嘛。此前已有过表示。一九二五年十一月二十一日出版的《现代评论》第五十期上，写了篇《闲话》，后来成书时定名为《剽窃与抄袭》。其中说：“剽窃”、“抄袭”这样的罪名，在文学里，只可以压倒一般的蠢材，却不能损伤任何天才作家。为什么蠢材一压便倒呢，因为他剽窃来的东西，在他的作品里，就好像马口铁上镶的金刚钻，牛粪里插的鲜花，本来就不太相称，你把金刚钻和鲜花拿走，只剩了马口铁和牛粪。至于伟大的天才，有几个不偶然的剽窃？说到这里，还举了几个例子，比如托尔斯泰的名著《战争与和平》里关于战争的描写，就有整篇的抄袭，比如莎士比亚戏剧里的事件布局，几乎没有一种不是借自别人。最带情绪的是这样一段话：

> 可是，很不幸的，我们中国的批评家有时实在太宏博了。他们俯伏了身体，张大了眼睛，在地面上寻找窃贼，以致整大本的剽窃，他们倒往往视而不见。要举个例么？还是不说吧，我实

在不敢再开罪“思想界的权威”。总之这些批评家不见大处，只见小处；不见小处，只见他们自己的宏博处。

“思想界的权威”，显然是指鲁迅。

加上本节前面引用的《西滢致志摩》中那段话，陈西滢就是两次指责鲁迅“剽窃”了。第一次是暗指，第二次就是明指了。

暗指的那次，鲁迅没有还击，既然明指了，就不能不说话了。

《西滢致志摩》是一月三十日在《晨报副刊》上登出来的，二月一日鲁迅便写出了他在这次论战中最长的，也是最厉害的一篇文章；你的不是信吗，我的就叫《不是信》。载二月八日出版的《语丝》周刊第六十五期。从行文的流畅，用语的峭拔，感情的激愤，可以想见鲁迅眉头紧皱、握管疾书时的样子。全文近六千字，在鲁迅平生所写的杂文里，也要算长的。

文中论列命题甚多，关于他的《中国小说史略》与日本盐谷温的《支那文学概论讲话》的异同，鲁迅是这样说的：

盐谷氏的书，确是我的参考书之一，我的《小说史略》二十八篇的第二篇，是根据他的，还有论《红楼梦》的几点和一张《贾氏图系》，也是根据他的，但不过是大意，次序和意见就很不同。其他二十六篇，我都有我独立的准备，证据是和他的所说还时常相反。例如现有的汉人小说，他以为真，我以为假；唐人小说的分类他据森槐南，我却用我法。六朝小说他据《汉魏丛书》，我据别本及自己的辑本，这工夫曾经费去两年多，稿本有十册在这里；唐人小说他据谬误最多的《唐人说荟》，我是用《太平广记》的，此外还一本一本搜起来……其余分量，取舍，考证的不同，尤难枚举。自然，大致是不能不同的，例如他说汉后有唐，唐后有宋，我也这样说，因为都以中国史实为“蓝本”。（《鲁迅全集》第三卷第229—230页）

后世的学者，在谈到这件事的时候，总是说陈西滢多么的无理，多么的可耻，很少有人从陈西滢这边考虑。不必看盐谷温的著作，仅从鲁迅在这里的供认，再参阅他的《中国小说史略》，也不能说陈西滢的话全是错的。

其一，鲁迅承认盐谷温的书，确实是他的参考书之一，而在他的《中国小说史略》初版本上，没有任何文字的说明。至少这是不符合学术规范的。

其二，鲁迅对盐谷温的书的使用，已超过了通常的参考。他说："我的《小说史略》二十八篇的第二篇，是根据他的，还有论《红楼梦》的几点和一张《贾氏图系》，也是根据他的，但不过是大意，次序和意见就很不同。"第二篇是根据盐谷氏的，不用说了，而《中国小说史略》第二篇《神话与传说》中，一字未提盐谷氏。"论《红楼梦》的几点和一张《贾氏图系》"即《中国小说史略》第二十四篇《清之人情小说》，等于是又一篇。也是一字未提。无论是按照中国古代的学术规范（鲁迅是有这个训练的），还是按照现代的学术规范（鲁迅是受过现代学术规范教育的），这些地方却都是应当注明的。不能说"不过是大意，次序和意见就很不同"，就不注明了。

其三，到一九三〇年十一月《中国小说史略》重印时，鲁迅在《题记》中也只是说，盐谷氏重新发现了什么材料，仍不提盐谷氏的书曾是他写作时的"参考书之一"，书中有两篇是"根据他的"。当然，我们也可以替鲁迅设想，这时就是想注明也不敢了，注了岂不恰恰证明先前曾抄袭过盐谷温吗？

有以上确证，怎么能说陈西滢的揭发没有道理，全是错的呢？为贤者讳，为圣人讳，也不能讳到这个地步吧。成就是成就，绝不能因其成就的伟大，而讳言其不符合学术规范的地方。至于是参考、引用，还是剽窃、抄袭，那只是各人的看法的不同。该出注的地方不出注，说什么都不能说是对的。近日阅报，美国哈佛大学有位教授在讲课时，讲到某个学术观点，正好到了下课时间，没来得及说出这一观点的出处，好像他自家研究所得似的。学生向学校当局报告，这个教师二话不说，只有辞职了事。不是他想辞职，而是他若不辞职就被开除了。

有人或许会说，不是胡适也为鲁迅辩护，说陈西滢的话不对吗？

这件事是这样的。一九三六年十一月，苏雪林曾对鲁迅有过尖锐的批评。十二月胡适给她写了一封信，说"通伯先生当日误信一个小人张凤举之言，说鲁迅之小说史是抄袭盐谷温的，就使鲁迅终身不能忘此仇恨！”“说鲁迅抄盐谷温，真是万分的冤枉。盐谷一案，我们应该为鲁迅洗刷明白。”胡适说这样的话，也是不对的。说“整本”的抄袭，当然是陈西滢错了，连鲁迅也承认自己书中有两篇是“根据他的”，就可证明陈西滢并没有全错。在这里，不存在什么误信小人之言。张凤举是留日的，也是北大的教授，平日与周家兄弟又来往甚勤，只有他才能知道盐谷氏的书是什么样子，也只有他才能知道鲁迅“根据”到什么程度。

抗战前夕，胡适的名望如日中天，对什么事情都要作持平之论。这是中国名人的一大毛病，所谓不“过甚其词”，不过是中庸之道罢了。就在这封给苏雪林的信里，在谈到鲁迅的问题时，也是先来一通持平之论才说到这个话题的。他是这样说的：“凡论一人，总须持平。爱而知其恶，恶而知其美，方是持平。”别人看了，尤其是那些读书不多的人看了，会说，胡先生多么公道呀！实际上，胡适对鲁迅的看法是什么，读书稍多点的人是知道的。不用远处找证据，就在这封信里，就在上面所引的这段话的前一段，胡适就说过这样的话：“我很同情于你的愤慨，但我以为不必攻击其私人行为。鲁迅狺狺攻击我们，其实何损于我们一丝一毫？”狺狺是犬吠，都把鲁迅对他们的批评视做狗叫了，还说什么“持平”，还说什么“恶而知其美”！真要公道，就不该说陈西滢对鲁迅的批评全错了。鲁迅全书二十八篇，有两篇是根据盐谷温来的，至少没有出注，就应当说陈西滢说对了十四分之一吧。

有一点胡适是说对了，那就是，因为陈西滢揭发了鲁迅学术著作中有抄袭的嫌疑，这让鲁迅与陈西滢结下死仇，也和现代评论派结下了死仇。现代评论派的一彪人马大都参加了新月社，鲁迅也就和新月社（新月派）结下了死仇。

直到十年之后，鲁迅的这个气还没有消。一九三五年十二月，鲁迅在《且介亭杂文二集·后记》里再次旧事重提。虽历经十年之久，鲁迅的仇恨却是历久弥新，没有一点减弱的意思。其中有这样一段话：

在《中国小说史略》日译本的序文里，我声明了我的高兴，但还有一种原因我未曾说出，是经十年之久，我竟报复了我个人的私仇。当一九二六年时，陈源即西滢教授，曾在北京公开对于我的人身攻击，说我的这一部著作，是窃取盐谷温教授的《支那文学概论讲话》里面的“小说”一部分的；《闲话》里的所谓“整大本的剽窃”，指的也是我。现在盐谷教授的书早有中译，我的也有了日译，两国的读者，有目共见，有谁指出我的“剽窃”来呢？呜呼，“男盗女娼”，是人间大可耻事，我负了十年“剽窃”的恶名，现在总算可以卸下，并且将“谎狗”的旗子，回敬自称“正人君子”的陈源教授，倘他无法洗刷，就只好插着生活，一直带进坟墓里去了。（《鲁迅全集》第六卷第450—451页）

再怎样辩白，再怎样义愤，不说明，不出注，总是不对的，至少也是欠妥的。从这样的仇视上，也可看出鲁迅对这件事是怎样的在意。

在《西滢致志摩》中，还有几句让鲁迅大为恼火的话，可说是戳到了鲁迅的痛处：

有人同我说，鲁迅先生缺乏的是一面大镜子，所以永远见不到他的尊容。我说他说错了。鲁迅先生的所以这样，正因为他有了一面大镜子。你听见过赵子昂——是不是他？——画马的故事罢？他要画一个姿势，就对镜子伏地做出那个姿势来。鲁迅先生的文章也是对了他的大镜子写的，没有一句骂人的话不能应用在他自己的身上。要是你不信，我可以同你打一个赌。

话是难听了点，但和鲁迅后来多次标榜过的自己写作的宗旨也还相差不大。鲁迅不是常说自己怎样勇于解剖自己，怎样要引起疗救的注意，在给尤炳圻的信中曾说“还要揭发自己的缺点，这是意在复兴，在改善”。解剖自己，揭发自己的缺点，不就是把自己的缺点昭示给世人，以为警戒吗？陈西滢说“鲁迅先生的文章也是对了他的大镜子写的”，不过是一种形象的说法，或者说是一种嘲讽的说法。

面对这样善作婉讽，而实则如利刃锥心的对手，鲁迅也不能示人以弱。

在《不是信》中，他是这样说的：这一段意思很了然，犹言我写马则自己就是马，写狗自己就是狗，多说别人的缺点就是自己的缺点，写法兰斯自己就是法兰斯，说“臭毛厕”自己就是“臭毛厕”，说别人和杨荫榆女士同乡，就是自己和她同乡。赵子昂也实在可笑，要画马，看看真马就够了，何必定做畜生的姿势；他终于还是人，并不沦入马类，总算是侥幸的。不过赵子昂也是“某籍”，所以这也许还是一种“流言”，或自造，或那时的“正人君子”所造都说不定。这只能看做一种无稽之谈。倘若陈源教授似的信以为真，自己也照样做，则写法兰斯的时候坐下做一个法姿势，讲“孤桐先生”的时候立起做一个孤姿势，倒还堂哉皇哉；可是讲“粪车”也就得伏地变成粪车，说“毛厕”即须翻身充当便所，未免连臭架子也有些失掉罢，虽然肚子里满是这样的货色。

从取喻的简捷，用语的生动上说，还是陈西滢的嘲讽杀伤力大些。鲁迅的反驳则显得力不从心。只有末后一句“虽然满肚子都是这样的货色”，还有一点往日的俏皮。

从论战的角度说，陈西滢还有几句话也是很可赏玩的：

> 不是有一次一个报馆访员称我们为“文士”吗？鲁迅先生为了那名字几乎笑掉了牙。可是后来某报天天在鼓吹他是“思想界的权威者”，他倒又不笑了。
>
> 他没有一篇文章不放几枝冷箭，但是他自己常常的说人“放冷箭”，并且说“放冷箭”是卑劣的行为。
>
> 他常常“散布流言”和“捏造事实”，如上面举出来的几个例，但是他自己又常常的骂人“散布流言”、“捏造事实”，并且承认那样是“下流”。
>
> 他常常的无故骂人，要是那人生气，他就说人家没有“幽默”。可是要是有人侵犯了他一言半语，他就跳到半天空，骂得你体无完肤——还不肯罢休。

再看鲁迅是怎样反驳的。他说，这是根据了三个例子和一个赵子昂故事的结论。其实是称别个为“文士”我也笑，称我为“思想界的权威者”我也笑，但牙却并非“笑掉”，据说是“打掉”的，这较可以使他们快意些。至于“思想界的权威者”等等，我连梦里也没有想做过，无奈我和“鼓吹”的人不相识，无从劝止他，不像唱双簧的朋友，可以彼此心照；况且自然会有“文士”来骂倒，更无须自己费力。我也不想借这些头衔去发财发福，有了它于实利上是并无什么好处的。我也曾反对过将自己的小说采入教科书，怕的是教错了青年，记得曾在报上发表；不过这本不是对上流人说的，他们当然不知道。冷箭呢，先是不肯的，后来也放过几枝，但总是对于先“放冷箭”用“流言”的如陈源教授之辈，“请君入瓮”，也给他尝尝这滋味。不过虽然对于他们，也还是明说的时候多，例如《语丝》上的《“音乐”？》就说明是指徐志摩先生，《我的“籍”和“系”》和《并非闲话》也分明对西滢即陈源教授而发；此后也还要射，并无悔祸之心。

这样的反驳，显得冗繁、苍白，力不从心。

后世的论者，多说在这场驳难中，陈西滢始终处于被动挨打，没有还手之力的地位，这是过分看重鲁迅的战斗力了。若陈氏真是这样窝囊的对手，鲁迅也就不能说多么高明了。前面曾引过胡适一句话，说“鲁迅终身不能忘此仇恨”，虽是指抄袭事件，却不能说与陈西滢在整个论战中给鲁迅精神上造成的损伤没有一点关系。公允地说，说抄袭固然应当结仇，但仇结到后来那个地步，只要一提起陈西滢就咬牙切齿，毋宁说整个论战中陈西滢对鲁迅的震撼力、冲击力和杀伤力太大了。

在鲁迅一生的论敌中，陈西滢不说是略高一筹了，至少和鲁迅是个旗鼓相当的对手。

李四光的薪水是多少

闲话事件中的闲话，不是闲话，是时局的反映，也是品格的反映。这里要谈的关于薪水的闲话，是真正的闲话。较之上一节关于剽窃的驳难，格局显得小了些。因为关系到鲁迅对新文化人物的心态，也放在这里作一介绍。

仍是由《西滢致志摩》信中的举例引发的。但陈西滢提起此事，只是为李四光抱不平。要说真正的起因，还得归到鲁迅身上。

这就要说到前一章里写过的女师大风潮。

先介绍一下李四光其人。

李四光的经历是很辉煌的。湖北黄冈人，一八八九年出生。原名仲揆，字福生，后改名四光。一九〇四年留学日本，入东京弘文学院。一九〇五年加入同盟会。一九〇七年考入大阪高等工业学校，一九一〇年毕业回国。一九一一年九月到北京参加辛亥第六次游学毕业生考试，十月授工科进士。武昌起义爆发，任湖北军政府理财部参议。民国元年，先在临时政府任职，后任湖北军政府实业部部长，湖北同盟会书记。一九一三年赴英国留学，入伯明翰大学，一九一八年获自然科学硕士。一九二〇年五月至一九二三年一月任北京大学地质系教授。一九二二年一月被选为中国地质学会副会长。十一月兼任国家京师图书馆副馆长。

以上简历是从《民国人物大辞典》上抄录的。“一九二二年一月”当为“一九二五年一月”之误。这样李四光兼任京师图书馆副馆长就该是一九二五年十一月的事了。

这场纷争，可说就是由他兼任京师图书馆副馆长引发的。

一九二五年十二月八日，女师大风潮闹得正热闹的时候，鲁迅写了一篇《“公理”的把戏》的文章。载十二月二十四日《国民新报副刊》。其中有这样一段话：

> 北大教授王世杰在撷英馆席上演说，即云“本人决不主张北大少数人与女师大合作”，就可以证明我前言的不诬。至又谓“照北大校章教职员不得兼他机关主要任务，然而现今北大教授在女师大兼充主任者已有五人实属违法应加以否认云云”，则颇有语病。北大教授兼国立京师图书馆副馆长月薪至少五六百元的李四光，不也是正在坐中“维持公理”，而且演说的吗？使之何以为情？李教授兼副馆长的演说辞，报上却不登载；但我想大概是不赞成这个办法的。（《鲁迅全集》第三卷第166—167页）

顺便说一下，对王世杰反对北大教授在他校兼职，仅在女师大兼系主任的就有五位之多，鲁迅在同一文章中反驳说，“女师大向来少有专任教员，正是杨荫榆的狡计，这样，则校长可以独揽大权”，是站不住脚的。“向来”，时间多长？杨是一九二四年二月就任女师大校长的，此前的教员肯定不是她聘任的；一九二五年八月就被免职，此后的教员也肯定不是她聘任的。而她的前任就是鲁迅的同学，同为太炎弟子的许寿裳，北大的教员像马裕藻、周作人、郑奠、徐炳昶，包括鲁迅自己，肯定是许寿裳任上聘为女师大教员的。杨是正儿八经在美国学教育出身的，担任校长后，要整顿的就是这种名为国立大学，而少有专任教员的状况，怎么能说“女师大向来少有专任教员”是杨为了“独揽大权”呢？少有专任教员的校长等于光杆司令，哪个负责任的校长愿意这样做？

鲁迅的这篇文章题为《“公理”的把戏》，说到李四光时，又说他不也是正在坐中“维持公理”，而且演说的吗？却不是无中所有，乃是有来由的。

这就要说到李四光在女师大风潮中的表现了。

李四光的夫人许淑彬是无锡人，与杨荫榆是同乡，当时在女师大附中任教。女师大风潮起来后，和陈西滢一样，李四光也是“教育界公理维持会”的一员。按说也是普通的一员，不应引起外界的什么非议。不幸的是，一个偶然的机会，一九二五年八月一日这天，杨荫榆动用巡警强制女师大学生离校时，他恰好在场，于是被激进学生视为支持杨氏的“三勇士”之一。具体描述是，“杨氏率打手及其私党萧友梅、李仲揆、夏莲芳汹涌入校”。

这究竟是怎么回事呢？

事件过后，李四光觉得太委屈了，便写了篇《在北京女师大观剧的经验》，登在八月二十二日出版的《现代评论》第二卷第三十七期上。

虽是科学家，他的文笔还是很好的。这也是那一代学人共有的一个特点。整篇文章，虽是诉委屈，抒愤懑，也尽量让自己的心态平和些，文笔轻松些。一开始，先说北京人的看戏。听说北京老听戏的大爷们有一个特别的习惯，那就是他们必要到什么梅兰芳王凤卿出台的时候，才到戏园；那些名角唱完的时候，恰是戏曲完场的时候，也恰是大爷们戏瘾过足了的时候，那是何等的畅快。而这些日子，北京女师大正在上演着一场“新剧”即女师大风潮，这么好的戏，怎么能不去看一看呢。

接下来说，恰好有一天晚上，已经被学生驱逐了的校长杨荫榆打来电话说：“女师大的问题现在可以解决。明早有几位朋友到学校里参观，务必请你也来一次。”他当时问杨如何解决，杨说：“现在在电话里讲不清楚，一定请你明天到学校里参观，我并预备叫一辆汽车来接你。”他当时想到，杨和自己不过见面两次，无论如何，总不至于像江亢虎那样犯复辟的嫌疑，又想到如若杨的话属实，名震一时的文明新戏也许演到最后一幕。时乎不再来，为什么不学北京大爷们的办法去得一点经验？所以便应允了杨的邀请，并且声明北京的汽车向来与他这样骑自行车的人是死对头，千万不要客气。

第二天早上，小雨纷纷，景象黯然。天然的布景，已经给了他一个极深的印象。他跑到女师大前门的时候，只见了若干名卸除武装的巡警，或坐或站，挤在廊下。门役领他到一个灰尘满地的客厅，待了四五十分钟，忽然听着门外的汽车声，嘈杂声，骂声，叫声，“杨荫榆来了……杨荫榆来了……”这是他所见的第一幕。

办了几种手续（如传递名片，学生的检查等等），护校的学生放他进去了。在一间热极的小房子里，见到了杨荫榆，只见有几位学校的教职员，并无所谓参观的人士。吓得像狗一样的听差不断地向杨校长报告，一会儿说某某门已经被学生把守了，一会儿又说外间的情形不好，恐怕有人来捣毁学校。谣言蜂起，议论风生。校长、职员、听差连开了几次联席会议，好容易才办了一件大事，那就是把大门关上。这些人忙乱的时候，他坐在一旁，只看见那些“保护”的巡警站在门前，你一声，我一声，在那儿张开大口换班打呵欠。看守巡警的女学生，三五成群，你一句，我一句，唱出许多不甚雅听的口号。这样过了一点钟、两点钟，三点钟过去了。他们在那里做戏做不出来，似乎并不十分着急，可是他这个看戏的人却急死了。他再三向杨校长告辞，终不得允许。待到下午三点多钟，实在忍耐不了，就红着脸皮说了几句对不住主人的话，杨校长连声回答说：“我现在要办了，请你再待一会儿。”

这样李四光就只好再待下去。下面是他看到的真实的一幕和他的感叹：

> 确实不虚，那时杨先生仿佛拿出全副的精神，一面吩咐巡警，无论如何不准动手，一面硬跑出门外，前后左右用巡警包围，向西院走去。一时汹涌唾骂的音乐大作。详细的情形我不便

述，恐怕为官僚及一班反动者所利用。可怜我们平时最敬爱的青年淑女，为什么要做到那步田地。假若我是一个基督教徒，我只好跪下求皇天皇天……声音稍稍平息，我才逢人打听，那是怎样一回事。原来是杨先生申明要由杂务课升到校长室办公！这可算是我所见的第二幕。

这种戏我再不要看了。所以无论如何，要求了杨先生放我出去。杨先生道了歉，准了我的要求。阿弥陀佛！我竟逃脱了苦海。可怕的是那无限风波，无量劫数，要到何时才可了结。

朋友们说，有人以为我是“杨先生的死党”。无论就私交，就职务说，这个头衔，我真不配。我并不是票友，本行的笨事都做不完，哪有闲工夫去干那些玩意。假若我在女师大有了职务，或者是一个“教育家”，或者是社会上负重望的人，就那一天的情形看来，即令替杨先生作了死党，我还不失为一个人。可是杨校长已经死了，问题已经变更了，我不过为那位校长先生念一句南无阿弥陀佛就完了，还有什么话说？

这是一个科学家看到的八月一日的现场。跟学生们的描述，跟鲁迅等人笔下的描述，何啻霄壤。我们是该相信这个无辜的科学家呢，还是该相信那几十个情绪激动的学生，还是应当相信那天根本就不在场的鲁迅等人呢？

“就那一天的情形看来，即令替杨先生作了死党，我还不失为一个人。”这话是多么沉痛。

不管后来的事态怎样发展，不管后世的历史学家怎样记载，至少李四光的记述，可以作为一种参照，多少修正一下我们的偏见吧。

有了这档子事，又让学生那样一描述，李四光也就难逃拥戴杨荫榆的干系。既是杨荫榆的死党，也就必然是鲁迅的死敌。这样鲁迅在文章中顺便讽刺一下也就不是什么难以理解的事了。要是不讽刺一下，那才是怪事呢。

再回到《西滢致志摩》上来，看陈西滢是怎样为李四光抱不平的。当然，他举这个例也是为了说明他的那个看法，即“鲁迅先生一下笔就想构陷人家罪状”。信中谈到李四光时是这样说的：

> 李仲揆先生是我们相识人中一个最纯粹的学者，你是知道的。新近国立京师图书馆聘他为副馆长。他因为也许可以在北京弄出一个比较完美的科学图书馆来，也就答应了。可是北大的章程，教授不得兼差的。虽然许多教授兼二三个以至五六个重要的差使，李先生却向校长去告一年的假，在告假期内不支薪。他现在正在收束他的功课。他的副馆长的月薪不过二百五十元。你想一想，有几个肯这样干。然而鲁迅先生却一次再次的说他是“北大教授兼国立京师图书馆长，月薪至少五六百元的李四光”。

一九二六年一月三十日，李四光看到《晨报副刊》上的“一束信”，知道陈西滢谈到了自己，此前也一定看到过鲁迅对他的嘲讽，便给副刊的编辑徐志摩写了封信。一则是为了准确说明他在京师图书馆担任副馆长的薪水问题，再则也是忍不住要说说鲁迅对他的诬蔑。

他说他今天看到贵报副刊《闲话的闲话之闲话引出来的几封信》中，有一段记载与他个人有关系，所以不得不有所声明。他答应到国立京师图书馆去供职以前，曾经和北京大学校长蒋梦麟先生当面商量，向学校请假一年。蒋先生也表赞同，以后又正式具请假公函说明此事，这封信现在还在蒋先生手里。鲁迅说他是以北大教授兼国立图书馆副馆长一层，绝对与事实不符。

接下来谈到他的薪水。说他初到图书馆的时候，国立京师图书馆委员会方面，曾通过一个议案，议决副馆长薪水每月五百元。当时他曾再三向委员会委员长说明：他个人的生活简单，不需要那个数目。但是此事已经议决，并且副馆长是机关中的一部分，他未必永久是副馆长，在未经正式的手续以前，不便立刻变更决议案，以至牵动全盘的计划。所以他当时想出一个办法，只受半数，其余一半，捐予图书馆购买某种书籍，并且正式作函通知委员会。前天陈西滢先生匆忙中问他在图书馆拿多少薪水，他答道：“只拿二百五十元。”鲁迅先生未曾详察事实，竟然写出“月薪至少五六百元的李四光”一句话，他实在不敢承认。

说鲁迅的几句话是这样的：

> 我听说鲁迅先生是当代比较有希望的文士。中国的文人，向来有作"捕风捉影之谈"的习惯，并不奇怪。所以他一再笑骂，我都能忍受，不答一个字。暗中希望有一天他自己查清事实，知道天下人不尽像鲁迅先生的镜子里照出来的模样，到那个时候，也许这个小小的动机，可以促鲁迅先生做十年读书、十年养气的功夫。也许中国因此可以产生一个真正的文士。那是何等的贡献！

李四光的这封信，徐志摩拟了个题名《李四光先生来件》，在二月一日《晨报副刊》上登载。

当天鲁迅就看到了这期的《晨报副刊》。或许他这天正在写回击陈西滢的文章，即那篇《不是信》，顺便也就谈到了这个话题。比如对李四光说他是当代比较有希望的文士，他就很反感。不过，主要的，还是谈李四光的薪水问题。还是领略一下鲁迅辩论的风采吧：

> 第三种罪案是关于我说"北大教授兼京师图书馆副馆长月薪至少五六百元的李四光"的事，据说已告了一年的假，假期内不支薪，副馆长的月薪不过二百五十元。另一张《晨副》上又有本人的声明，话也差不多，不过说月薪确有五百元，只是他"只拿二百五十元"，其余的"捐予图书馆购买某种书籍"了。此外还给我许多忠告，这使我非常感谢，但愿意奉还"文士"的称号，我是不属于这一类的。只是我以为告假和辞职不同，无论支薪与否，教授也仍然是教授，这是不待"刀笔吏"才能知道的。至于图书馆的月薪，我确信李教授（或副馆长）现在每月"只拿二百五十元"的现钱，是美国那面的；中国这面的一半，真说不定要拖欠到什么时候才有，但欠账究竟也是钱，别人的兼差，大抵多是欠账，连一半现钱也没有，可是早成了有些论客的口实了，虽然其缺点是在不肯及早捐出去。我想，如果此后每月必发，而以学校欠薪作比例，中国的一半是明年的正月间会有的，倘

以教育部欠俸作比例，则须十七年正月间才有，那时购买书籍来，我一定就更正，只要我还在做“官僚”，因为这容易得知，我也自信还有这样的记性，不至于今年忘了去年事。但是，倘若又被章士钊们革掉，那就莫明其妙，更正的事也只好作罢了。可是我所说的职衔和钱数，在今日却是事实。（《鲁迅全集》第三卷第225—226页）

揭发这件事，本身就没有多大意义。这些法日派留学生，早已本土化了，很难理解现在英美留学生的个人情操，以为人同此心，此心同我，乃天地间永恒的律条。给了五百元，自己不要，反而只要二百五十元，天下怎么会有这样的傻瓜？既说薪水，就是个人所得，既然个人没有得到那么多，就该承认这个基本的事实。不能说，因为一时制度的不允许，采用了一个权宜的办法，便怀疑对方的诚意。李四光的考虑是无可指责的，他不能光考虑自己，副馆长这个职务不是他家的，他可以不要那么多，不能说将来的继任者也不需要那么多。

一月三十日的信一发出，李四光就后悔了，怕自己陷进这种无谓的纠纷中去，第二天又给徐志摩写了封信。他不知道他的信已发排了，隔一天就见报了。

李四光的这封信上说，昨天他动笔时，没有顾上读徐志摩那篇“引咎的文字”，就匆忙写了那封信。鲁迅先生骂他的那些话，虽然大部分都是误会，但也未始没有几分捕风捉影的理由。何必再说什么呢，等事实明了的时候，他的事完了，用不着多说话。接下来说，自己也是涵养不足，在信的第三段中，又提出些闲话，与徐志摩发表那篇文字的苦衷不合，于事实上也没有何等的用处，请徐替他删去。

随后又以极其诚恳的态度，对参与论争的几个人分别谈了自己的看法。说他与陈西滢相识有年，陈的天才和热心向来是很佩服的。可是陈那支笔，的确有时觉得太尖。周家兄弟，他是久仰的，一向没有相识。周作人先生他曾在街上遇见几次，很像一个温和的君子。他认识周，恐怕周不认识他。虽说周曾无故的骂过他一次，他对周还有相当的谅解。文人都不免有那种毛病，不能因为周骂了自己一次，就菲薄他的文学。希望有一天能和周见面谈心。下面是专说鲁迅的：

鲁迅先生我绝对的没有遇见，但是我想他一定有他的天才，也许有他特别的兴趣。任我不懂文学的人妄评一句，东方文学家的风味，他似乎格外的充足，所以他拿起笔来，总要写到露骨到底，才尽他的兴会，弄到人家无故受累，他也管不着。但是只要我们能极力的容忍，天下想无不了之事；况且现在我们这个中国，已经给洋人军阀政客弄到不成局面，指导青年的人，还要彼此辱骂，制成一个恶劣的社会，这还不是自杀，什么叫做自杀？

他知道像鲁迅这样的人，你说得再诚恳，也不会买账的。信的末尾，为了表示他的诚心，特别郑重声明，“对于一切的笑骂，我以后决不答一辞，仅守幽默就罢了”。他不知道时间已来不及了，还说，他觉得他的这封信与当前的社会有点关系，希望能跟前一封信一起发表。

收到李四光的这封信，徐志摩觉得李四光的态度很坦诚，很理性。此时徐志摩也觉得，这场原本还有点小意思的论争，越来越恶俗不堪，便回了封信，拟了个总题《结束闲话，结束废话！》一并在二月三日的《晨报副刊》上登出。徐志摩在回信中说，与你同感想的人不止我一个，前天我们一些人在一起聚餐时，大家一致认为这场恶斗有快些结束的必要。两边的朋友，不消说都已汗透重裘了，再不能不想法制止。就是当事人，除非真有神经病的，也应分有了觉悟，觉悟到这类争论是无所谓的。为了说明事情的严重，确有息纷的必要，还引用了哈代的一句诗：“有了经验的狗，知道节省他的时间，逢着不必叫的时候就耐了下去。”可见他对这场纷争厌恶到什么程度。最后一段，他大声疾呼：

带住！让我们对着混斗的双方猛喝一声。带住！让我们对着我们不十分上流的根性猛喝一声。假如我们觉得胳膊里有余力，身体里有余勇要求发泄时，让我们望升华的道上走，现在需要勇士的战场正多着哪，为国家，为人道，为真正的正谊——别再死捧着显微镜，无限地放大你私人的意气！

再声明一句，本刊此后再不登载对人攻击的文字。

鲁迅哪是个善罢甘休的人。同一天，便写出了他在这次论战中，虽不是最凌厉，却多少带些总结性的《我还不能"带住"》。载二月七日《京报副刊》。

仍揪住李四光不放。文中说，李四光教授先劝他"十年读书十年养气"，还一句绅士话罢：盛意可感。书是读过的，不止十年，气也养过的，不到十年，可是读也读不好，养也养不好。他是李教授所早认为应当"投畀豺虎"者之一，此时本已不必温言劝谕，说什么"弄到人家无故受累"，难道真以为自己是"公理"的化身？判了这样的巨罚之后，还要他叩谢天恩么？还有，李教授以为他"东方文学家的风味，似乎格外的充足，……所以总要写到露骨到底，才尽他的兴会"。他自己的意见却绝不同。正因为生在东方，而且生在中国，所以"中庸"、"稳妥"的余毒，还沦肌浃髓，比起法国的勃罗亚——他简直称大报的记者为"蛆虫"——来，真是"小巫见大巫"，使他自惭究竟不及白人之毒辣勇猛。即以李教授的事为例罢：一，因为知道李教授是科学家，不很"打笔墨官司"的，所以只要可以不提，便不提；只因为要回敬贵会友一杯酒，这才说出"兼差"的事来。二，关于兼差和薪水一节，已在《语丝》六十五期上答复了，但也还没有"写到露骨到底"。

写完这些话，鲁迅继续说：

> 我自己也知道，在中国，我的笔要算较为尖刻的，说话有时也不留情面。但我又知道人们怎样地用了公理正义的美名，正人君子的徽号，温良敦厚的假脸，流言公论的武器，吞吐曲折的文字，行私利己，使无刀无笔的弱者不得喘息。倘使我没有这笔，也就是被欺侮到赴诉无门的一个；我觉悟了，所以要常用，尤其是用于使麒麟皮下露出马脚。万一那些虚伪者居然觉得一点痛苦，有些省悟，知道技俩也有穷时，少装些假面目，则用了陈源教授的话来说，就是一个"教训"。只要谁露出真价值来，即使只值半文，我决不敢轻薄半句。但是，想用了串戏的方法来哄骗，那是不行的；我知道的，不和你们来敷衍。(《鲁迅全集》第三卷第244页)

这回忘记徐志摩了么？不会的。全文快完的时候，斜刺里宕出一笔，又说到了徐志摩：

“诗哲”为援助陈源教授起见，似乎引过罗曼罗兰的话，大意是各人的身上都有鬼，但人却只知道打别人身上的鬼。没有细看，说不清了，要是差不多，那就是一并承认了陈源教授的身上也有鬼，李四光教授自然也难逃。他们先前是自以为没有鬼的。假使真知道了自己身上也有鬼，“带住”的事可就容易办了。只要不再串戏，不再摆臭架子，忘却了你们的教授的头衔，且不做指导青年的前辈，将你们的“公理”的旗插到“粪车”上去，将你们的绅士衣装抛到“臭毛厕”里去，除下假面具，赤条条地站出来说几句真话就够了！（《鲁迅全集》第三卷第244页）

徐志摩遵守自己的诺言，不再反驳，也不在自己的副刊上登载这类文字。

闲话事件的余波

余波分两种，一种是事件正在进行之际，斜逸出去的那种波。一种是事件已基本结束，因惯性的作用，还在往前荡漾着的那种波。

先说前一种，这种一般来说，比较有趣。

刘复，刘半农，刚从法国留学回来几个月，一回国就和语丝派的人搅在一起。他本是上海滩上鸳鸯蝴蝶派作家，当时的名字是刘伴侬，一个极香艳的名字。原先没有留学经历，自惭形秽，一九二〇年教育部公派出国，在法国巴黎大学获得语言学博士，回国后便趾高气扬，以大人物自居。前一年还在巴黎时，就著文《徐志摩先生的耳朵》，与鲁迅配合，嘲讽徐志摩。回国后，赶上女师大风潮，自觉地站在鲁迅、周作人一边，成了语丝派的一员战将。

语丝社同仁，每当集稿时，必有饭局。一九二六年一月十七日在东安市场太和春饭馆楼上一次饭局中，谈起陈西滢等人对语丝派的攻击，自恃才高的刘半农，吃完饭，“拿起局票的红纸，提起一支法国自来水笔，把吃饭时大家谈笑的材料信笔直书，外国臭虫一般大小的字足足写了五张局票”（林语堂）。后经一个本名叫章廷谦，笔名叫川岛的北大毕业留校做助教，也是语丝派小兄弟的青年的整理，在《语丝》一月二十二日第六十三期发表了。题名就叫《刘博士订正中国现代文学史冤狱图表》。这是一篇极其无聊的文字，意思是，中国的某人，已被吹嘘成外国的某人，可惜在中国现代文学史上没有记载。比如徐树铮，不久前被对手杀害，就该视做中国的林肯；比如徐志摩，人称诗哲，可与印度的泰戈尔相媲美；比如陈西滢是中国的法郎士，而中国现代文学史却没有写上，所以称之为冤狱。

也是在饭桌上，刘半农还写了一篇《骂瞎了眼的文学史家！》，也登在第六十三期的《语丝》上，署名刘复。这更是一篇污秽不堪的文章。先看看全文：

> 从前我很失望，说中国近数十年来，不但出不出一个两个惊天动地的好人，而且出不出一个两个惊天动地的坏人，如名盗名贼名妓名优等。
>
> 后来可渐渐感觉到我的谬误了。一九二〇年在伦敦，就听见有人说，我们监督大人的英文，比英国的司各德还好。（注意这不是卖鱼肝油的，乃是英国第一个历史小说家Walter Scott）接着是听说上海滩上，出了一个大诗人，可比之德国的Goethe而无愧。接着是又听说我们中国，连Wilde也有了，Johnson也有了，Tagore也有了，什么也有了什么也有了……这等消息，真可以使我喜而不寐，自恨当初何以如此胡涂，把中国人看得半钱不值。
>
> 最近，可又听说我们北京同事中，出了一个奇人。此人乃是北京大学教授（附注）陈源先生，即署名西滢的便是。
>
> 陈先生的英文，据说比Dickens更好。同时他还兼了三个法国差使，他既是Voltaire，又是Zola，更是France。
>
> 这等的话，都是见于经典的，并不是我信口胡诌。我现在对于陈先生，欢喜赞叹之余，敬谨把他介绍于《语丝》的六千个

读者；这件事，亦许是亵渎了陈先生，因为我料定知道而且景仰陈先生的人：至少总也有六千倍的六千了。

我代陈先生愤愤不平，便是我翻遍了一切的英国文学史，没有看见陈先生的名字。这些编文学史的，真是瞎了眼！而且陈先生不但应在英国文学史有地位而已，他既是 Dickens-Voltaire-Zola-France 四个人的合体，那便是无论那一种世界通史中都应该大书特书的，然而我竟孤陋寡闻，没有找到一些影子。更退一百步说，法国 Institut 面前，至少也该把他们贵法国的 Voltaire-Zola-France 的合体，大大的造起一座铜像来，然而我离开法国时，好像还没有看见，许是还没有完工，然而那班 Institut 的老头儿，可真是胡涂到万分以上了。再退一万步，H.G.Wells 的那部《通史大纲》好像也没有陈先生的名字。这真是有些古怪了。

Wells 是陈先生的好朋友。我记的有一次他写信与陈先生，不写 Dear Mr.Chen 而写 Dear Chen，陈先生便高兴的浑身搔不着痒处，将原信遍示友朋。无如 Wells 竟胡涂到万万分，著书时把个极重要的人物，而同时又是他最亲密的朋友，竟轻轻地忘去了。好像我在杂志上，看见许多历史家说 Wells 不配做历史书，因为他将许多的史事弄错了。我不是历史家，不能评判这些评论对不对。现在就这件事上看起来，却要说 Wells 的挨骂，真是活该。

我代陈先生愤愤不平，我除痛骂这班历史家瞎眼而外，更无别法。但我很希望北大史学系主任朱先先生不要也忽略了这一件事。先，你该知道我们现在只有这一个人替我们中国绷绷场面，你还不赶紧添设"陈源教授之研究"一科么？

（注）"北京大学教授"六字，就当译作"A teacher of the Pecking national University something like a professor or a lecturer"，这是一九二〇年三月某日，陈源教授在伦敦泰晤士河边上伦敦桥畔说的。

同一期上还有林语堂的一篇《写在刘博士文章及“爱管闲事”图表的后面》，也是将无聊当有趣的下流文字。其时林语堂回国不久，根基不深，自恃还有点国学底子，整日和这班人厮混，算是语丝派中唯一一个有留美经历的学人。这时他还意识不到这班法日派的厉害，待到在厦门大学真的和鲁迅打过一回交道之后，他就知道什么是人以群分了。二十世纪三十年代初在上海，他方知只有徐志摩这些人才是他的真正的好朋友。还是看看林语堂当年的这篇文章吧。

林语堂的文笔是很流畅的。先说刘半农怎样用饭馆的“局票”，三下五除二便写了一篇好文章。实际上哪是什么文章，不过是一些人名的堆砌罢了。然后说，一位叫“爱管闲事”者（即川岛）把这些材料集成了一张《刘博士订正中国现代文学史冤狱图表》，大家的意思，谁有话尽管“写在后面”。不拘一句两句都好，务必达到凑成三四千字的目的而止，为的是要补本期的空白，因为来稿实在太沉闷了。他现在想多说些空头话亦有凑成字数之嫌，与财政总长发空头支票，凑足五成薪俸用意相同。最可惜的，就是他们的“大老板”今天不到会，不然一定有佳句来给他们欣赏的。林语堂说的“大老板”极有可能是指鲁迅。

接下来说，“爱管闲事”君将图表给他看了之后问他意见如何，请他也将意见写在后面。他看中国现代文坛有这么好的景象，有这么许多位站在狄根司水平线以上，够得上列名《大英百科全书》或《世界通史》，自然是很可喜的一个景象，前途甚可乐观似的。对于大家所拟的，他有赞同的，也有不赞同的。赞同的如：林肯被弑而死，徐树铮亦被弑而死，故徐树铮即林肯，这种逻辑，谁也不能否认。不赞同的如章士钊比 Dreyfus，他绝难予以同意，理由是 Dreyfus 不曾做过法国教育总长，也不曾执掌过法国农大，这样一比拟，难免要叫不懂法国文学史的人误会。其余的，没什么意见，为的是这些文学界主人翁的文章，有的不曾看，有的不想看，有的不上看，不便遽尔发表意见。再有一种是原文方面尚未看过，难知所拟到底是否切当，但是如果所拟切当，原文也就不想看，而且大可以不看了。到底他的文学鉴赏力还太幼稚，总还是以在狄根司水平线以下作家的文章为有趣，好像乡下人喜欢吃西湖龙井不懂铁观音的口味，这却只能怪他自己。他活了三十年，到现在还是如此，此后大概不会十分长进。但是他也有抗议之处，水平线以上所拟，若是当做一种玩意儿可勿论，若是当做北京大学史学系主任朱先先生考订文学史的材料，即除如张耀翔，陈大悲，山东张神童，成绩卓著，众所共仰者外，于事实未详者，仍须加以一番考证工夫。且须定一条原则，此后凡欲补充在水平线以上者，皆须由语丝社同人"公拟"。其为文士自拟，或有私人关系而拟者，概勿与照录。第二条就是比例须较严格才行，不然中国文坛进步得太快，亦是不佳之象。你想新文学运动胚胎时代还未到，已有了葛德，若单有了一位葛德，我辈已大可放下笔回去耕田，何况于不到十年之内于葛德之外，又有了佛朗西，又有了苏格拉底。其余若送朋友婚礼，订婚或成婚都包括在内，也须老老实实，掏出钱来买点东西，勿信手拈来，以大人物头衔相赠，便算尽了友谊。这样一来，文豪就要长得比雨后的草蘑菇还快，亦是不吉之兆。等会儿他跑到讲堂上，看见他的学生这边是杜甫，那边是李白，那位不及格的是罗素，那位麻子是约翰生，那位曲背罗锅儿是Pore，那位犹太鼻子的是Renan，他的休息室听差是项羽，倒便壶的是苏子瞻，这样一来可就真正糟尽天下之大糕，过去的文学大家也就没有趣味去读了。现在姑就他对于该表的几点意见写上。这不是已有一千多字了吗？

全文大致如此，流畅是够流畅的了，但无聊也真够无聊的了。

刘半农的文章《骂瞎了眼的文学史家！》登出来，陈西滢见了，不依了。你刘半农在法国留学时，曾在英国待过一段时间，咱们是在一起的，你那点底子我还不知道吗？你留学时已快三十岁了，背着北大教授的名声，那副装模作样的丑态，我还不知道吗？你吓唬谁！毫不客气地，陈西滢便给这位刘博士写了封信。那时的风气好就好在，只要对方来了信，不管喜欢不喜欢，总要登出来的。于是二月一日第六十四期上便有了刘半农的《奉答陈通伯先生》并将陈的信附后。先看陈西滢是怎样质问的。主要是这样一段：

大作里说起"陈源先生的英文据说比Dickens更好"，这句话，后面的图表指出，是"阿哥的妹妹拟"的。我很希望知道我的妹妹在什么地方对了什么人拟过。请先生给我一个回答。要不然，无缘无故的欺负一个弱女子，就是五六年前的半农先生也不好意思吧。先生在“注”里提起我在“伦敦泰晤士河边上伦敦桥畔说”过什么话。我想先生也许记错了，不是伦敦桥畔吧？还是英国博物院的中国图书库吧？那天我介绍先生和傅孟真去看英国博物院的中国图书，事先先生叮嘱我千万不要说先生是 Professor，我介绍先生给 Giles 博士时，已经说过了 Professor，忽然想起了先生的话，连忙改口说 Something of a professor or a lecturer。第二天孟真告诉我先生很生气，因为先生觉得我的那句话是有意轻视先生。这真是冤哉枉也。现在过了五六年先生还记得那句话，足见先生对于那件事的记性真是很好的。不过地点还是记错了吧？

再看刘半农是怎样回复的。先说他回国已五个半月了，未曾见到故人是怎样的忙碌，有了他的这篇无聊游戏文章，让他们有可通信的机会，也就不胜可喜之至了。接下来就陈西滢提出的主要质问，作一番流里流气的回答：

你问我的一句话，我可以这样回答：我并没有说你妹妹说你的英文比 Dickens 好。上期语丝中所登第一篇文章是我做的，次一个表是“爱管闲事”君做的，再次一篇文章是林语堂做的：这本已写得明明白白了。但我还要声明，我那天在太和春吃过了饭，我是写完了一篇文章就走的，后来如何有人列表，又如何的鼓动了林语堂的兴趣，也大做而特做其文章，我竟全然不知道。我是直到语丝出了版，才知道我的大文之后竟有了一个大表，还再有一篇大文。那么，你若要把表里的话也当作我的，岂不是等于要把“汉”朝人的四书注疏中的话，也当作了孔老先生的话么？我做文章，一向喜欢用真名，不写刘复就写半农，除五六年前做事，有时写寒星二字之外，再没有什么别的外号。“爱管闲事”究竟是谁，我至今还没有知道。我将来查出了，还要同他（或她）到地方厅去打官司，因为他表题中用了我的姓，显然是影戏商标的行为。

但你的误会也是在情理中的，因为我文章里也说到了 Dickens的名字。这句话是根据于一个朋友的报告；但他说是你的姊姊这样说，并没有说你的妹妹。我因为相信这位朋友不说谎，等于我相信你陈通伯不说谎一样，所以才大胆的写上；至于妹妹二字，乃是语丝出版之后才发见的。

其实呢，我也并不知道你有没有姊姊或妹妹，更不知道你的姊姊或妹妹是强女子或弱女子。但你意识中，既然以我为有了"无缘无故欺负一个女子"的嫌疑，（你欺负的负字，大概是侮字的笔误罢？因为欺侮与欺负，是大不相同的。）我对于多年的老朋友，岂可不特别出力，特别声明乎哉？于是我乃郑重声明曰：

陈通伯的妹妹并没有说她阿哥的英文比Dickens好。

陈通伯的妹妹并没有说她阿哥的英文比Dickens好。

陈通伯的妹妹并没有说她阿哥的英文比Dickens好。

这样，在语丝中只登了一次的阿哥与妹妹，现在加料又加料，声明了三次，你总可以不动气了吧！

最后才解释他所以写那篇文章的用意：

现在要同你谈谈那篇文章的用意了，我以为朋友们互相标榜，党同伐异，本是与世界一样长久的事。但标榜也得有个分寸。若说我家有个大鸡蛋，说他和鸭蛋一样大可也，说他和鹅蛋一样大亦可也，即推而至于说他和鸵鸟蛋一样大，也总还可以勉强。不料现在人一说就说他和地球一样大，再一说就说他和太阳一样大，这不要叫人笑歪了嘴巴么？

胡乱的比拟，结果是双方不讨好的。譬如把志摩去拟太哥儿，一方是唐突了太哥儿，因太哥儿不是一天做成的，是几十年来的修养与努力做成的；现在竟有人发明了速成法，把人家的几十年缩成了几个月或一二年，不是太哥儿本人，就变做了一钱不值么？同时对于志摩，也唐突的可以。太哥儿的成绩，大家已经看见的了；他要长进，也不能再进多少的了。志摩的事业，却正在开场，又安见他将来只值得一个太哥儿而不能超过了他做太哥爷，太哥娘，又安见他不能超过了十倍八倍而太哥公，太哥婆……这不是胡乱比拟的人唐突了人家，自己还全不觉得吗？

不幸的是你的头衔太多了，所以我那篇屁文中，把你做了个最大的目标。实际我对你个人有什么过不去之处呢？那真是绝对的没有。我对于你人格和学问的敬爱，还是和当初我与孟真二人将你推荐与蔡先生时一样。便在昨天，有一位校长到我家里，问我能不能推荐一个教英国文学史及英文修辞学的教员，我还极诚恳的说：就我所知，擅长此二学者，只有陈通伯徐志摩两位，不过现在他们的声价很高，能不能请教的动，你且去试试看罢。

和刘半农这样的人是认不得真的，陈西滢的目的，不是要和刘半农怎样的较真儿，只是提个醒让他往后不要胡说八道就行了。

如果说刘半农和陈西滢的书来信往，属于那种斜逸出去的余波，那么，下面将要谈到的川岛与王子欣的通信，还有周作人给川岛的信，就属于那种因惯性的作用，还在往前荡漾着的余波了。

川岛是个很活跃的人，正年轻，好表现，或许他是《语丝》的编辑吧，总要不断地在刊物上制造出些事端来。下面是他与太原一位叫王子欣的朋友的通讯。这位王子欣先生，看来是服膺语丝社诸君子的，却装作半憨不精的样子，提了一些正中川岛下怀的问题。于是川岛便作出一副谆谆教导的样子，给以不着边际的回答。来往信件都登在三月一日《语丝》第六十八期上。先看王子欣的来信：

我读语丝，也读现代评论，昔者我臆断这两种刊物是水和火，或者是神和魔；从章士钊做教育总长之后，我们局外人处处看出来你们的不相容，这一点你们不至于讳言罢。新近在六十五期语丝上看见鲁迅先生的《不是信》，我便到图书室找晨报副刊来看，看了许多张，才知道原是如此一回事。说不定因为我是有成见，有嫌恶走狗式的现代评论和钦佩你们的成见。觉得叫局问题，既有张凤举向西滢先生承认误传并且道罪，西滢不该罗实岂明，株连别人，在那里骂街。就是要洗刷自己有张凤举的一封信仅够，何须“一束”？可是奇怪，奇怪！经西滢先生一顿臭骂之后，只是鲁迅出来招架，算是有一点微小的回响，表示其不含糊。最重要的一点——叫局问题，周岂明仍是吞吐其辞，没有说出来源，而且越来越含糊暧昧了。莫非真如西滢所说张凤举要成全周岂明，所以出来搅挡使这事消于无形吗？这叫我们失望，如何看得过去！可怜呀人！人类！竟这样的使我不可信呀！我真想不到我曾看做神似的语丝社的人竟会用这样的方法来作攻击对手方的武器！大家揭穿了假面具罢！左右我们已够失望，悲哀，你们所谓的“天鹅绒”了。

从北京大学来的朋友和我说，从前章士钊曾每月津贴现代评论社二千元，还有张嘉听说也津贴不少。如此言不假，则西滢与现代评论社诸公之为章士钊呐喊，捧场，当是天职。但要捧章士钊，何必说女学生可以叫局呢，这明白的是风马牛。就是我，佩服你们——格外是鲁迅先生和岂明先生的我，也不无疑义。可是岂明真会捏造事实吗！？这又使我犹豫了。

川岛自以为是事中人，无所不知，尤其是这样一个可以显示自己在语丝派里地位的机会，怎肯轻易放过。信较长，前后都有许多话，主要是回答这样两个问题：

（一）叫局问题——我也听说是陈源教授所说。在十四年五月三十日午后六点的时节，北京什刹海会贤堂楼窗口张凤举先生和我说的，同时听见这话的有一位是你的同宗。这一天正是现代评论第二十五期出版的一日，因为说道“流言”问题，张先生顺便和我谈起西滢对于女师大学生的态度。这一点岂明先生已经在晨报副刊说明“不是现代评论社的别一位”说的，大概还是在指西滢，或者因为“此公”在装绅士，局外人看来神似暧昧。本来这种文句只有岂明先生自己有些“刀锋”脾气才能看懂。

（二）津贴问题——据说现代评论社开办时，确曾由章士钊经手弄到一千元，大概不是章士钊自己掏腰包的，来路我也不明。至于张嘉是否也津贴则我不得而知，大概金城银行每月送点广告费是有的，张嘉是中国银行的，你弄错了。不过我也是耳食之言，两千元倒是不止的。据说，章士钊经手一千元之外，国民党亦曾津贴一千元，还有二百元是武昌某大学校长送的。那么，1000+1000+200=2200。

这样的话本来是为《语丝》张目的，不料周作人看了，还觉得不过瘾，又给川岛写来信，在《语丝》六十九期刊出。前面先说，那个“闲话……闲话”事件，自从徐志摩高呼“带住！”以后，他以为已经完结了，现在因为令友的怀疑又引起讨论，这是出于他意表之外的。关于川岛的答问，他有两点要说明一下，因为都与他略有关系。他是这样认为的：

一、关于“刀笔”的话。我声明“不是现代评论社的别一位”说的，因为这是替陈源先生以外的人辨明，是由我负责说的，我始终没有听到关于他们诸位的流言。替陈源先生辨明的话，则是根据 C 君后来告诉我的话。我不能将陈源先生和别的各位同样地代为声明，所以分别言之，倘若以为这里有陷害良善之意，则未免冤乎枉哉也。

二、语丝的广告。我做了那个广告之后，屡次听人家非难，说有指斥现代评论的嫌疑。现代评论进款二千元的流言我也早已听到，不过我也并不留意；这干我屁事呢？用别人的钱的期刊天下多着哩，况且这是一种北京所多的“流言”。不过语丝之不用别人钱却系事实，不妨拿来发表，不管人家用不用或用的多少。我的意思像那打拳的一样，只是吹吹自家的法螺，推销堆在面前的跌打损伤膏药，并不是在骂人，这一点要请王君谅解。但是因为我是刑名事业的同乡的缘故，我的文章里都有阴险的暗示，以至得罪了人，那么这也是没法，将来或者只好将广告改过。

毕竟是周作人，不管什么时候，他的风度和理性，真是同样的好极了。接下来说，你说我在装绅士，这或者是对的。我绝不是绅士，但是有一种钱玄同式的“端午吃月饼，中秋吃粽子”的怪脾气，有时候喜欢学学绅士，虽然不摆架子，却想摆身份。日前读《独步病床录》第二卷，有一节是这样写的：“不耻敌多，但须选为敌之人。如有卑鄙之敌，即此已是败北，已是耻辱了。”这虽是老生常谈，却令我很是佩服。我宁愿人家疑我是造陈源先生的流言，而不愿再吵闹下去。这是我所以做伪君子的缘故。落款时间是十五年三月一日。

应当说，周作人这种虽败犹荣的样子，还是令人敬重的。放在鲁迅身上，连这样护面子的话，都不会说，什么时候都是理直而气壮。这或许是兄弟两人最大的不同。

胡适来信调停

这一段时间，胡适在外地，不在北京，但他一直关注北京的这场“闲话事件”。当时的胡适，声望已经很高，他是有大志的人，觉得要在中国来一场文艺复兴运动，不管是陈西滢、徐志摩，还是周家兄弟，都是可借用之才。现在这样剑拔弩张的，不利于将来的文学大业，有必要劝说一番，让他们化干戈为玉帛，团结起来，为共同的理想而奋斗，不要在枝节问题上伤了和气。他刚从南方回到天津，还没有到北京，就在天津的裕中饭店里，给鲁迅、周作人、陈西滢三人写了一封信。

这是一封精心构思的信。他清楚，鲁迅和周作人，都知道他和陈西滢是好朋友，抬头先将周氏兄弟放在前面，将陈西滢放在后面。再就是，这三个人里头，鲁迅是最不好说话的，便以刚刚看过的鲁迅的《热风》里的话做引子。一开头先说，昨天在天津旅馆里读鲁迅的《热风》，在第三十三页至三十四页上读到这样一段：

> 所以我时常害怕，愿中国青年都摆脱冷气，只是向上走，不必听自暴自弃者流的话。能做事的做事，能发声的发声。有一分热，发一分光；就令萤火一般，也可以在黑暗里发一点光，不必等候炬火。
>
> 此后如竟没有炬火，我便是唯一的光。倘若有了炬火，出

了太阳，我们自然心悦诚服的消失，不但毫无不平，而且还要随喜赞美这炬火或太阳；因为他照了人类，连我都在内。

我又愿中国青年都只是向上走，不必理会这冷笑和暗箭。尼采说：

“真的，人是一个浊流。应该是海了，能容这浊流使他干净。

“咄，我教你们超人：这便是海，在他这里，能容下你们的大侮蔑。”

纵令不过一洼浅水，也可以学学大海；横竖都是水，可以相通。几粒石子，任他们暗地里掷来；几滴秽水，任他们从背后泼来就是了。（《鲁迅全集》第一卷第325—326页）

然后说，这一段有力的散文使他很感动。昨夜一夜不能好好地睡，时时想到这段文章，又想到在北京时刘半农同他谈的话。今天再也忍不住了，所以写这封信给你们三位朋友。下面才是他要说的话：

你们三位都是我很敬爱的朋友；所以我感觉你们三位这八九个月的深仇也似的笔战是朋友中最可惋惜的事。我深知道你们三位都自信这回打的是一场正义之战；所以我不愿意追溯这战争的原因与历史，更不愿评论此事的是非曲直。我最惋惜的是，当日各本良心的争论之中，不免都夹杂着一点对于对方动机上的猜疑；由这一点动机上的猜疑，发生了不少笔锋上的情感；由这些笔锋上的情感，更引起了层层猜疑，层层误解。猜疑愈深，误解更甚。结果便是友谊上的破裂，而当日各本良心之主张就渐渐变成了对骂的笔战。（《胡适来往书信选》上册第378页）

因为朋友们这样的一个状况，弄得他在外面也很尴尬。他十月到上海时，一班少年朋友常来问他这几个人争的是什么，他那时还能约略解释一点。越到了后来，你们的论战离题越远，不但南方的读者不懂得你们说的什么话，连他这个老北京也往往看不懂你们用的什么“典”，打的什么官司了。我们若设身处地，为几千里外或三五年后的读者着想，为国内崇敬你们的无数青年着想，他们对于这种“无头”官司有何意义？有何兴趣？

接下来说，他觉得大家现在应该做的事业多着咧。耶稣说得好，“收成是很丰足的，可惜作工的人太少了！”国内只有这么一些可以“作工”的人，大家努力“有一分热，发一分光”，还怕干不了千万分之一的工作——我们岂可自己相猜疑，相残害，减损我们自己的光和热吗？

又说，他是一个爱自由的人——虽然别人也许嘲笑自由主义是十九世纪的遗迹——他最怕的是一个猜疑、冷酷、不容忍的社会。他深深地感觉这场笔战里双方都含有一点不容忍的态度，所以不知不觉地影响了不少的少年朋友，暗示他们朝着冷酷、不容忍的方向走。这是最可惋惜的。为了能打动鲁迅，说到这儿，又引用了前面引过的“这便是海”到“任他们从背后泼来就是了”几句话。最后语重心长地说：

> 敬爱的朋友们，让我们都学学大海。“大水冲了龙王庙，一家人不认得一家人。”“他们”的石子和秽水，尚且可以容忍；何况“我们”自家人的一点子误解，一点子小猜嫌呢？
>
> 亲爱的朋友们，让我们从今以后，都向上走，都朝前走，不要回头去睬那伤不了人的小石子，更不要回头来自相践踏。我们的公敌是在我们的前面；我们进步的方向是朝上走。
>
> 我写这信时，怀抱着无限的友谊的好意，无限的希望。(《胡适来往书信选》上册第379—380页)

落款是：适之，十五，五，廿四。即一九二六年五月十四日。

实际上，这时候闲话事件已近于尾声了，不想结束也要结束了。

但是这个结束，是意味深长的。胡适的良苦用心，不是没有收获。他让大家都给了他一个轻易而来的体面。鲁迅心里怎么想的不知道，至少从表面看来，在往后的文章里，他没有就这件事挖苦过胡适。

周作人一直还是敬重胡适的。最令人感到意外的是，那么一个爱惜自己文字的人，后来结集出版这一时期的文章时，几乎把所有与陈西滢论辩的文字全删了。

陈西滢更不用说了，他知道他的胡大哥是为他好。

三一八惨案中的对抗

女师大风潮与三一八惨案

或许是女师大风潮的余波仍在荡漾之际，便发生了三一八惨案，颇有论者将这两个事件联系起来，似乎存在着某种因果关系似的。

这就错了。

女师大风潮，是学生争取自身权利的斗争；“三一八”这天的游行，乃是声援国家外交的正义行动。若说这次游行仍是为了争取学生自身的权利，岂不等于说，学生们是借口外交失利，要挟政府，来达到自己小团体的目的，不也太卑劣了吗？

说一点联系都没有，也不对，毕竟两件事离得这么近。对立的主体，又几乎是一样的。女师大风潮的一方是学生，另一方是学校——教育部——执政府。三一八惨案的一方仍是学生，另一方是外交部——执政府。也就是说，都是学生与政府之间的冲突。甚至对立双方的人员，还包括原来的那些人。比如学生游行队伍中，女师大的学生，仍是最为激烈的团体之一。政府那边，闹风潮时的教育总长是免去了，同一个章士钊，这回是执政府的秘书长。执政还是那个执政，名叫段祺瑞。

虽说有这么多的干系，我们还是应当把女师大风潮和三一八惨案严格地分开。要不，就对不起那些死去的先烈，还有那么多不是女师大学生的学生。

将两者分开，不是为了回避什么，实在是有事实做根据的。仅以鲁迅的经历而论，也可证明风潮确实是结束了。蒙树宏《鲁迅年谱稿》中有这样的记载：

2月1日，鲁迅被女师大校长易培基聘为该“大学国文学教授”。

3月4日，鲁迅当选为女师大评议会委员。“上午11时半，在本校大礼堂开票”，本届当选为委员者计马裕藻、许寿裳、林语堂、鲁迅等共11人。

学生们前往执政府游行，其起因是“大沽口事件”。对于历史事件，还是以历史书上的记述为准。张宪文主编的《中华民国史纲》上是这样说的：

奉直军阀联合后，吴佩孚得到英国的援助，即向国民军发动进攻……国民军形势日危，自动放弃天津，固守北京。日本帝国主义为支持奉系军阀的进攻，公然于3月12日由二艘日本军舰护送四艘奉舰，驶入大沽口，并不顾守卫大沽口炮台的国民军的警告，开炮射击大沽炮台。国民军被迫开炮还击，将日舰驱逐出大沽口。事后，日本反向中国提出抗议，并纠集辛丑条约签字国公使于16日发出最后通牒，要求停止津、沽间的军事行动，撤除一切防务，限四十八小时答复，否则，“各国海军当局，决采所认为必要之手段”。17日，各帝国主义还将二十多艘军舰集中于大沽口，以武力威胁。（《中华民国史纲》第240页）

历史书上的叙述总是平静的，再抄一段当时报纸上的报道，就可以知道这一事件的严重与急迫了。上海《民国日报》三月十五日载：

【路透社十三日天津电】星期五日国民军轰击日舰，仅用来福枪，日舰报以机关枪，天津外国领事今晨曾开会议，现各以报告致北京本国公使。各国海军司令亦曾在英舰福克斯格洛夫号开会，英美法意司令均与会，日本因现无军舰泊此，无代表列席，关系讨论对付大沽现局办法，又闻已决议通告奉天舰队及炮台司令，于下星期二日完全退离海口，不得再以武力干涉船舶出入。被轰之日舰已载受伤者赴旅顺口，内有军需长一员伤势颇重。

三月十六日，八国公使首席代表、荷兰公使欧登科将《八国通牒》送交中国政府外交部，提出“一切兵船须停泊于大沽砂洲之外，且须对外国船舶不再发生任何妨碍行为”等五条蛮横要求。最后申明，“对上述各项，若于三月十八日（星期四）正午为止，不得满足的保证时，则关系各国海军当局，决采所认为必要之手段，以除去其阻碍天津及海滨间之航海自由及安全上一切障碍，或其他的禁止与压迫焉”。等于是说，若不按他们的要求办，就要开战了。（《三一八惨案资料汇编》第27页）

三月十七日，北洋政府外交部回复荷兰公使欧登科的函件中称：“查辛丑条约，由京至海通道，无断绝之虞一节，素为本国政府所尊重，不幸近因地方发生争执，大沽附近有军事行动，以致外国通航受有限制，本国政府迭准驻京各国公使来照，正在竭力设法，消弭此项障碍，恢复由京通海之自由交通”。对八国通牒中超越辛丑条约的要求，虽有所指责，最终的态度仍是软弱的，乞怜的，仅止于希望双方能够“从容妥商，维持至海通道之稳妥交通办法，勿取激烈之措施，以重亲睦之邦交”。（《三一八惨案资料汇编》第28页）

局势之严重，可想而知。政府已然示人以弱，势必又一次丧权辱国。如何能使政府振作，又能使外敌有所收敛，那就只有全国民众行动起来，发布宣言，游行集会，造成声势，显示力量，做政府的后盾，杀外敌的气焰。于是便有了三月十八日的民众大游行。

开会、游行与惨案的经过，还是要看看当年的报道。下面两则，一则是上海《民国日报》三月十九日的本报消息，一则是该报三月二十日登载的路透社的消息：

【本报十八日下午八时北京电】今日下午天安门市民大会，讨论应付使团最后通牒事件，到万余人。各学校多数列队到会，总商会等各公团代表亦参与其列。通过宣言通电后，即出发游行。至段宅门首，派代表要求出外宣布方针，要求无效；改推代表入内，亦被拒绝。群众不肯散，段卫队突开排枪，当场死十余人，青年学生为多，轻伤负伤数十人。全市大愤。警卫司令部今晚有重要会议。

【路透社十九日北京电】现查死伤者共一十二人，内有一妇二女童。当夜京中各医院几全接有容纳伤者之请求，伤重者已死多人。华字各报均登载详情，惟评论者颇少。《晨报》谓此种残劫，为中国历史所未有，纵绝对专制国亦无如此惨杀手无寸铁者。政府出此残酷行为，实种将来革命种子。《国民新报》归罪于段执政。段执政于昨日出事后即召集紧急会议，阁员均与会。

《中华民国史纲》上的记述是：大沽口事件，激起了中国人民的无比愤慨。三月十八日，北京各界群众约五千人，在天安门前举行反对八国最后通牒的国民大会。会后两千多名群众赴国务院请愿。当请愿群众行至国务院东辕门时，竟遭到事先布置的军警枪击。当场被打死四十七人，打伤二百多人，造成了三一八惨案。

这就是中华民国历史上骇人听闻的三一八惨案。

当然，也不能说这次的集会游行，民众这边，完全是声援政府，抵御外侮，至少一些政党还有在北方发动群众，反对北洋政府的一面。有这一目的的，主要是国民党。这从前一天国民党北京市党部发表的《反对八国通牒通告》和《告民众书》上能看得出来。三月十八日这天在天安门前举行的国民大会，和后来去执政府门前游行的组织者，也是国民党人。大会主席徐谦，就是国民党北京执行部主任，可说是国民党在北方的总代表。另一个大会主持人顾孟余，是北京大学的教授，其政治身份则是北京特别党部的负责人。这两个人都在同年一月广州召开的中国国民党第二次全国大会上当选为国民党第二届执行委员。这次大会上当选为执行委员的还有中国共产党北方负责人李大钊，当选为候补执行委员的有毛泽东。这是第一次国共合作。就在这次大会上，决定了北伐等大事。可以说，徐谦、顾孟余正是借这次事件，在北方发动民众反对北洋政府。

事实上也正是这样，三一八惨案发生不久，到了四月间，段祺瑞被迫辞职，逃往天津，这一届北洋政府就垮台了。

再就是办《现代评论》的王世杰等人，也是国民党人。第二年北伐成功，七月间国民政府一成立，王世杰便出任国民政府法制局局长，仅这一点也可看出此前他在国民党内的地位。至于此时的国民党，不同于后来的国民党，还是朝气蓬勃的革命党，乃历史的常识，就不必说了。

只有明白了这些历史背景，才能更好地理解后来文化人之间的那些斗争。

鲁迅这天在做什么

这天鲁迅在做什么，多年后许广平在她的《鲁迅回忆录》一书中有记述：

> 我还记得"三一八"那天清早，我把手头抄完的《小说旧闻钞》送到鲁迅先生寓处去。我知道鲁迅的脾气，是要用最短的时间做好预定的工作的，在大队集合前还有些许时间，所以就赶着给他送去。放下了抄稿，连忙转身要走。鲁迅问我："为什么这样匆促？"我说："要去请愿！"鲁迅听了以后就说："请愿请愿，天天请愿，我还有些东西等着要抄呢。"那明明是先生挽留的话，学生不好执拗，于是我只得在故居的南屋里抄起来。写着写着，到十点多钟的时候，就有人来报讯，说铁狮子胡同段执政命令军警关起两扇铁门向群众扫射，死伤多少还不知道。我立刻放下笔，跑回学校。第二天，我们同甘苦、共患难的斗士刘和珍和杨德群活生生地被打成僵死的尸体，鲜血淋漓地被抬了回来。请愿群众的愤激情绪，达于极点。

对学生请愿游行这类激进活动，鲁迅是有自己的看法的。惨案过后不久，他在四月六日所写的《空谈》一文中曾这样说过：

> 请愿的事，我一向就不以为然的，但并非因为怕有三月十八

日那样的惨杀。那样的惨杀，我实在没有梦想到，虽然我向来常以“刀笔吏”的意思来窥测我们中国人。我只知道他们麻木，没有良心，不足与言，而况是请愿，而况又是徒手，却没有料到有这么阴毒与凶残。(《鲁迅全集》第三卷第279页)

对于鲁迅的这一看法，许广平在《鲁迅回忆录》中有过解释，说“为了聚积革命力量，以有限的代价换取更大的胜利，鲁迅有时是不主张请愿的”，所以说这些话，“是鲁迅在三一八惨案发生以后，以压抑不住的悲愤写出了他对革命青年的热爱，对反动派的无比憎恨”。这样的理解也是对的。

这天许广平为鲁迅抄什么呢？她送去的是手头抄完的《小说旧闻钞》，鲁迅说他还有东西等着要抄呢，推想这要抄的东西仍是《小说旧闻钞》。因为这本书是鲁迅编的，要从各种旧书上辑录关于小说方面的资料，不是一时半会儿能抄完的。

许广平说这是鲁迅对她的“挽留”，这个分寸是对的。与鲁迅对游行的一贯态度是一致的。有人说这是鲁迅对许广平的保护，那就错了。如果鲁迅能预料到这天会开枪，他应当保护的不是许广平一个。知道要开枪而不去阻止学生们前往，却只设法留下一个最亲近的学生，不也太卑劣了吗？

三一八惨案是突发事件，局外人是很难预测的。主要责任当然在北洋政府，是可以指挥得动政府卫队的那些人。若说还有一点什么责任的话，也是徐谦等国民党人来负，毕竟他们是集会和游行的组织者，至少存在着判断失误的责任。因为此前有传言，说政府卫队是解除了武装的，事实上却是严阵以待。游行的学生毕竟不是真正的士兵，不应当让他们冒枪林弹雨的危险。

除了让许广平抄《小说旧闻钞》外，鲁迅这天还做了什么事呢？

《鲁迅日记》的记载是：上午寄小峰信。下午有麟来并赠糖食三种。夜鲁彦来。得秋芳信。

从后来发表的文章后面所署的时间看，这天他还写了一篇《无花的蔷薇之二》。

来看看这是一篇什么样的文章。全文约一千五百字，分九小节。前三节是嘲讽陈西滢、章士钊的，也就是说，还是在继续着女师大风潮中的怨怼，并没有涉及三一八惨案。第四小节就不同了。说现在已不是写什么“无花的蔷薇”的时候了。虽然写的多是刺，也还要些和平的心。“现在听说在北京城中，已经施行了大杀戮了。当我写出上面这些无聊的文字的时候，正是许多青年受弹饮刃的时候。呜呼，人和人的灵魂是不能相通的”。

执政府门前的杀戮，发生在当天的下午。这样，这篇文章只能是上午就开始写，未写完，下午惨案发生后接着写。果然，后面几节就是对惨案制造者的猛烈抨击了。兹录第八、九两小节，以见鲁迅当日愤怒的心情：

> 如果中国还不至于灭亡，则已往的史实示教过我们，将来的事便要大出于屠杀者的意料之外——
>
> 这不是一件事的结束，是一件事的开头。
>
> 墨写的谎说，决掩不住血写的事实。
>
> 血债必须用同物偿还。拖欠得愈久，就要付更大的利息！
>
> 以上都是空话。笔写的，有什么相干？
>
> 实弹打出来的却是青年的血。血不但不掩于墨写的谎语，不醉于墨写的挽歌；威力也压它不住，因为它已经骗不过，打不死了。

文章的末尾，署的时间是：“三月十八日，民国以来最黑暗的一天，写”。

无论是愤怒还是嘲讽，都可以视做鲁迅对三一八惨案的基本态度，这个态度是真诚的，也是正义的。

后来因女师大风潮中的对立而益发仇视的对手，出现言论方面的失误，或不合时宜的异议，鲁迅的抨击对象就变了，批判的火力也更猛了。

陈西滢的看法

惨案发生后，北京的大小报刊，均载文予以报道，同时对段祺瑞政府的倒行逆施给以抨击。这其中就有《现代评论》上刊载的陈西滢的一篇《闲话》，时间是三月二十七日，期数是第三卷第六十八期。该文最后一段，刊出后即引起不少人的不满。有几个学生当即著文给以驳斥，也成了日后鲁迅攻击陈氏的主要证据。这段文章是这样的：

> 在我所已经听见的，要算杨女士最可怜了。（这话我听见两三个人都这样说，要是错了，我们自然很愿意更正。）杨女士湖南人，家中不甚好。她在师范学校毕业后，教了六七年书，节衣减食，省下了一千多块钱。去年就到北京来升学。平常很勤奋，开会运动种种，总不大参与。三月十八日她的学校出了一张布告，停课一日，叫学生都去与会。杨女士还是不大愿意去，半路又回转。一个教职员勉强她去，她不得已去了。卫队一放枪，杨女士也跟了大众就跑，忽见友人某女士受伤，不能行动，她回身去救护她，也中弹死。

文中杨女士即女师大学生杨德群。

既然这篇文章，这段话，受到了猛烈的批评，就要仔细地分析一下招致批评的缘由。

当时有传言，说这次民众请愿游行是受了国民党、共产党的蛊惑。对此，陈西滢是不以为然的。文章一开头就说，在民众方面，那天参与的人都完全为了对外，并不是一党一系的运动。据我们所调查，那天死伤者之中，许多人非但没有党籍，并且是平常不轻易到民众大会的。群众到执政府不过是和平的请愿，他们最激烈的行动，也不过是叫几声口号。政府通电所说的“暴徒数百人手持枪棍”和“并有抛掷炸弹，泼灌火油等举动”完全是凭空捏造，希图诬赖卸责的话。接下来说，这次惨案的主谋是谁，下令的是谁，行凶的是谁，他们都负有杀人的罪，一个都不能轻轻放过。我们希望即日成立特别法庭，彻底调查案情，严正地执行各罪犯应得的惩罚。国民军在撤出北京之前，应贯彻这样的主张。这样他们才可以满足一部分民众对他们的属望，也才可以在民众的心中留一个去思的纪念。法权会议的代表还在北京，我们究竟有没有法律，就在此时表示了。

这些问题，《现代评论》同期有专文讨论，不是陈氏所要说的，他要说的是此外的几个感想。报载，死伤者中有一部分是妇女和孩子，他认为这样激烈的抗议行动，不应当让妇女和孩子参与，若妇女对此有异议的话，那么绝对不应当让未成年的孩子参与。原文是这样的：

> 这次死伤者之中，妇女小孩占了一部分，我想，要是以到会的人数和死伤者来做比例，妇女小孩的死伤率一定比男子高得多吧。她们身小力弱，经不起惊吓，据说有许多是在仓皇奔走中被群众拥倒后踏死或踏伤的。我们要是劝告女志士们，以后少加入群众运动，她们一定要说我们轻视她们，所以我们也不敢多嘴。可是对于未成年的男女孩童，我们不能不希望他们以后不再参加任何运动。虽说"天下兴亡，匹夫有责"，但是你们目下还算不上"匹夫"，这责任也不妨诿一诿，等你们成了"匹夫"，再来担当吧。这话自然特别对他们的父兄，尤其是对他们的师长说的。对理性没有充分发展的幼童，勉强灌输种种的武断的政治的或宗教的信条，在我看来，已经当得起虐待的名字，何况叫他们去参加种种他们还莫名其妙的运动，甚至于像这次一样，叫他们冒枪林弹雨的险，受践踏死伤的苦！做父兄，尤其是做师长的，也不能因为他们自己愿意去，便不加劝阻禁止，不能因为他们愿意去，便脱卸自己的责任。他们还没有审判力，他们还不知道他们自己的意志。父兄师长们对于孩童们乱吃东西，尚且恐怕他们生病，加以劝阻禁止，何况参加关系重大的国事呢？

应当说，陈西滢的看法没有错。如果硬要找出什么不是的话，那就是，在这么重要的事情上，用这样俏皮的语调，就显得不太庄重了。

陈西滢的再一个感想是，这次的抗议行动中，死了那么多人，民众运动的负责人，是应当负相当责任的。他说，我遇见好些人，里面也有率领小学生的中学教员，他们都说，那天在天安门开会后，他们本不打算再到执政府。因为他们听见主席宣布执政府的卫队已经解除了武装，又宣读了李鸣钟的来信，说对于这一天的运动，军警当妥加保护，所以又到执政府门前去瞧热闹。谁知道执政府门前立了五排执枪背大刀的赳赳武夫！又谁知道李督办事后说当日并没有军警在场！我们不能不相信，至少有一部人的死，是由主席的那几句话。要是主席明明知道卫队没有解除武装，他故意那样说，他的罪孽当然不下于开枪杀人者；要是他误听流言，不假思索调查，便信以为真，公然宣布，未免太不负民众领袖的责任。要是李鸣钟真有信去，答应保护，事实上却并没有派军警去保护，那么李氏百口也不能辩他无罪；要是李氏并没有信去，那么宣读的信，出于捏造，那捏造的人，又犯了故意引人去死地的嫌疑。

这里说的主席，是指徐谦，那天他是抗议集会的主席。李鸣钟就是李督办，这是俗称，正式职务是北京警卫司令。据《中国国民党北京特别市执行委员会对于三一八惨案之经过呈报中央执行委员会书》中说，“十八日上午九时，北京警卫司令李鸣钟特派李泰棻（前绥远教育厅厅长）来学总会道歉，谓昨日府卫枪伤代表为不当，今日当加保护。”可见李鸣钟事先是有过许诺的。只能说段祺瑞政府欺骗了大会主席团，欺骗了参加游行的民众。

关于杨德群“最可怜”等语，陈西滢文中不是说“这话我听见两三个人都这样说，要是错了，我们自然很愿意更正”吗？他的文章是三月二十七日发表的，四月二日女师大学生雷瑜、李慧、彭涟清、彭援华、唐祖舜五人，便联名给他写了一封信。名叫《给西滢先生的一封信——为杨德群女士辩诬》，四月四日先在《京报副刊》上发表。想来此信，写好当日就寄给陈氏了。既有前诺，陈氏也不敢怠慢，写了按语，在《现代评论》第七十期发表。刊物总要慢一些，四月十日出版。

雷瑜等在信中说，《现代评论》上的《闲话》中，有一段好像怜惜而实诬枉亡友杨德群女烈士的话，不知此中真相者见之必会像煞有介事的信以为真。而在我们与杨女士有十年同窗之久，这回惨案又同杨女士亲历其境的人看来，实觉这些“传闻失实”，“播弄是非”的谣言，殊为可笑！好在西滢先生说：“这话我听见两三个人都这样说，要是错了，我们自然很愿更正”。传说这话给西滢先生的这两三个人，既未举出他们的姓名，我们也不知是否系确知杨女士身世的人。如果是的，而故意造谣惑众，我们当问明她诬蔑杨女士之罪，若是耳食《大同晚报》的谣言相传而来，则不足责，那我们只好请西滢先生据实更正了！

对陈西滢说杨德群“家中不甚好”，当教员节省下钱来北京上学，雷瑜等人是这样反驳的：说“杨女士湖南人”，是的确的。“家中不甚好”，这话就不确实了。我们虽然不知道杨女士家里到底有多少不动产和动产，但杨女士有一弟肄业东南大学，又有一妹肄业湖南第一女子师范，其学费全由家中供给的。杨女士来京求学学费的来源，她自己亦曾对我们说过，她家每年应允至少供给二百余元，其余自己设法筹措，并可向省政府请领津贴，以补不足。故说杨女士把从教书所储蓄的钱补充学费，是情理之中。若说“她家中不甚好”，毕业师范，“教了六七年书，节衣减食，省下了一千多块钱……就到北京来升学”，未免言过其实了。——这一段《京报副刊》上有，而《现代评论》不载，想是因篇幅关系而删去了。

陈西滢不是还说杨德群“开会运动种种，总不大参与”吗？

雷瑜等人是这样反驳的：说杨女士“平常很勤奋”，这确是实情。“开会运动种种，总不大参与”，这又不确了。杨女士居恒沉默，不僻艰险，不动声色，切实从事。而对国事及其他公益事业，尤其热忱。她素以立己立人救国救世为志职。每于愤慨之时对我们说：“处在这个内乱外侮交相逼近的次殖民地之中国，倒不如死了干净！可是我要死，要先炸死几个卖国贼才甘心。”单就这句话看来，即可概见其思想之一斑。她于被害之三个月以前加入国民党，实际参与种种爱国运动及其他妇女运动。她的思想言动，知道她的人，没有不异口同声称赞的。她的亲属任培道女士为她所撰的事略，已举其梗概。尚有她的弟弟先干君和她的同事余盖君各有文字为之记述。更有她的遗作可做铁证。只是她不轻于说话，不喜出风头，故除与她最亲近的人外，人皆只知她沉默好学，而不知她实系“富有思想”、“大有作为”的急进革命青年。

雷瑜等人反驳的重点，还是前面引用的陈西滢的那段话。且看这几个女大学生是怎样说的：

三月十八日敝校停课，乃出自学生自治会以电话向教务长要求的。杨女士与我们一同出校，到天安门，随到国务院。沿途发散传单，意气很激昂的。与会诸人，有目共见。所谓"杨女士还是不大愿意去，半路又回转。一个教职员勉强她去，她不得已去了"云云，全系捕风捉影之谈。惟说"卫队一放枪，杨女士也跟着大众就跑，忽见友人某女士受伤，不能行动，她回身去救护她，也中弹死。"这确有其事。然即此舍身救人一举看来，她视人疾苦，若己疾苦，视人急难，若己急难之天性如此，其热心国事，不待言了。杨女士这回为爱国心所驱使，参与这最文明的外交请愿运动，惨遭当道豺狼屠杀，在这共和民国中，竟演此古今中外所未有之大惨剧，彼卖国贼亦自知罪大恶极，乃欲嫁罪于人，以图卸责。而造谣生事之徒也就因而随声附和，颠倒事实，一似欲为卖国贼减轻罪恶者，不知是诚何心。兹特据实辩明，希望先生履行更正之责，速为披露，以明真相。使后死者皆知道杨女士实系专为热心救国救民而死的，免杨女士再蒙此不白之冤于泉下，这也是我们苟且偷生，稍有良心的人应尽之责任啊！

发表这封信时，陈西滢加了按语，坦陈了自己的看法。他说，说杨女士那天没有打算去开会就是诬蔑，他情愿认罪。说这就是"欲为卖国贼减轻罪恶"，他是不敢承认的。

按语中，先解释这句话是怎么听来的。说他听见关于杨女士的话，在《大同晚报》登载某君通信的前几天。传说的人，也有杨女士的亲戚，也有与女师大有关系的人，所以就记录下来了。现在既然有五位与杨女士有十年同窗的朋友来声明，自然一定可靠了。不过雷女士等对于他的那段闲话也有误会的地方。她们觉得只有参加开会运动的人才够得上算"富有思想"、"大有作为"的青年，所以说一个人"不大参与"开会运动，便是"诬蔑"。他虽然很相信一天到晚开会运动的青年当中固然不少"富有思想"、"大有作为"的人，可是他也相信，他也知道，许多"富有思想"、"大有作为"的青年是简直不参与任何运动的。

这些，他认为不是重要的。假如雷瑜等人，以为说杨女士那天没有打算去开会就是诬蔑，他情愿认罪。重要的是，他不懂为什么说了这么一句话就是“欲为卖国贼减轻罪恶”。三月十八日的惨案所以特别可惨，就是因为那天的运动并不是“首都革命”，而是一种反抗外国的请愿运动，那天政府门前流的血是无辜的爱国民众的血。所以事后政府不得不硬派爱国民众为“暴徒”，以图卸责。那么“欲为卖国贼减轻罪恶者”，自然应当说被杀者是暴民，岂有非但证明他们是赤手空拳，行动和平的人，还说他们里面还有不愿意去的人的道理？

同时他还认为，雷女士们有这样的思想并不足为奇。跟有些人比较，她们的说法已经和缓得多了。同样是“杨女士不大愿意去”一句话，有些人在文章里就说他的罪状比执政府卫队还大！比军阀还凶！说到这里，陈西滢还特意补上一句：“读者如果没有读过我那段惊天动地的闲话，赶快翻出来细细的赏鉴一下吧。”最后一句是：

> 不错，我曾经有一次在生气的时候揭穿过有些人的真面目，可是，难道四五十个死者的冤可以不雪，睚眦之仇却不可不报吗？

陈西滢的那篇《闲话》，后来是受到了许多人的攻击，但我们平心而论，它的立意还是有可取之处的。那就是对妇女的关心，对孩子的爱护。这是五四新文化运动中，一个重要的社会命题，周作人本人就是这一命题的坚决倡导者和实施者。空泛议论时，这样的话谁都会说，但是一到了具体的行为上，就有不同的看法了。这些看法，如果只是纯理性的争论，当然无可非议，可惜不是或不全是这样。这里面往往夹杂着派别间的嫌隙，也充溢着个人间的怨恨。

陈西滢说杨德群的那句话，不管当说不当说，肯定不是他编出来的。既有这个说法，谈点自己的感想，不能说有什么不对。这样说了，也并非是对烈士的不敬。真的要回去，又经人劝说去了，牺牲了，也是真正的烈士。烈士并不都是一往直前的，有点犹豫并不损伤烈士的质量。

这里，不妨将许广平和杨德群两人的命运作一比较。

杨是国民党员，许也是国民党员，这天的群众集会，是国民党北京市执行委员会动员民众召开的，党员理应积极参加。许广平本来要去的，让鲁迅一句“请愿请愿，天天请愿，我还有些东西等着要抄呢”，给挽留下来了，且许广平听出这是先生的好意。要是那天许广平去了，以许的个性与冲劲，一定会走在游行队伍的前面，那么死难者中很有可能会多一个姓许的。杨德群的情形恰恰相反，本来“不大愿意去，半路又回转。一个教职员勉强她去，她不得已去了”。去了就遇难了。已遇了难自然是英勇的，也是光荣的，就是说神圣也不为过。但是，总不能说这天遇难的人数只有凑够四十七个，才能显示三一八事件的非凡的意义，少了一个遇难者，就少了一分意义。也就是说，事后检讨，能不死的，为什么一定要她去死？那位劝杨德群去开会的教员，想来参加了这次的集会，去没去执政府门前请愿不知道。有一点可以肯定，遇难者是没有教员的，那么即使这位教员去了，也没死。如果他活着，想想自己劝了杨德群，他就一点也不悔恨？

绝不是替陈西滢开脱，他也用不着别人替他开脱，几十年之后，我们来讨论这件事，只说道理，不必再带什么成见。

周家兄弟的反击

周家兄弟的反击是迅捷的，也是凌厉的。

至此，从女师大风潮、闲话事件以来，这大半年结下的冤仇混合在一起，在这场看似正义与邪恶的较量中轰然爆发了。

陈西滢之流，竟然说出这样的混账话，想来周家兄弟心里不定多么喜欢。

且看鲁迅写了些什么文章。

四月一日写了著名的《记念刘和珍君》。这是一篇沉郁悲怆、激昂壮烈的文章。主要是谴责北洋政府枪杀学生的罪状，捎带着也抨击了陈西滢，将之归入“流言家”一类人物。其中说：

> 时间永是流驶，街市依旧太平，有限的几个生命，在中国是不算什么的，至多，不过供无恶意的闲人以饭后的谈资，或者给

有恶意的闲人作“流言”的种子。至于此外的深的意义，我总觉得很寥寥，因为这实在不过是徒手的请愿。人类的血战前行的历史，正如煤的形成，当时用大量的木材，结果却只是一小块，但请愿是不在其中的，更何况是徒手。

我已经说过：我向来是不惮以最坏的恶意来推测中国人的。但这回却很有几点出于我的意外。一是当局者竟会这样地凶残，一是流言家竟至如此之下劣，一是中国的女性临难竟能如是之从容。（《鲁迅全集》第三卷第276—277页）

在第二天所写的《空谈》中，就指名道姓地批评起陈西滢了。陈在《闲话》中曾说，“我们要是劝告女志士们，以后少加入群众运动，她们一定要说我们在轻视她们，所以我们也不敢多嘴。可是对于未成年的男女孩童，我们不能不希望他们以后不再参加任何运动”。鲁迅在引用了这句话之后反问道：为什么呢？接下来说：

因为参加各种运动，是甚至于像这次一样，要“冒枪林弹雨的险，受践踏死伤的苦”的。

这次用了四十七条性命，只购得一种见识：本国的执政府前是“枪林弹雨”的地方，要去送死，应该待到成年，出于自愿才是。

我以为“女志士”和“未成年的男女孩童”，参加学校运动会，大概倒不至于有很大的危险。至于“枪林弹雨”中的请愿，则虽是成年的男志士们，也应该切切记住，从此罢休！（《鲁迅全集》第三卷第280页）

文章的结尾，以鄙弃的口吻说：“这回死者的遗给后来的功德，是在撕去了许多东西的人相，露出那出于意料之外的阴毒的心，教给继续战斗者以别种方法的战斗。”

《现代评论》第七十四期上，刊出陈西滢的一篇《闲话》，收入《西滢闲话》时题为《节育问题》，挖苦了那些依附军阀和洋人的才智之士，同时说到“就是那些直接或间接用苏俄金钱的人，也何尝不是如此”。鲁迅在五月二十三日写的《新的蔷薇》中，在对前一篇《闲话》攻击的同时，也提到了这篇《节育问题》。文中是这样说的：

> 聪明人的谈吐也日见其聪明了。说三月十八日被害的学生是值得同情的，因为她本不愿去而受了教职员的怂恿。说“那些直接或间接用苏俄的金钱的人”是情有可原的，因为“他们自己可以挨饿，老婆子女却不能不吃饭呵！”（《鲁迅全集》第三卷第292页）

在对陈西滢施以攻击的同时，鲁迅还没有忘记他的另一个论敌徐志摩。五月二十四日写的《再来一次》中就有这样一段：

> 去年，因为“每下愈况”问题，我曾经很受了些自以为公平的青年的教训，说是因为他革去了我的“佥事”，我便那么奚落他。现在我在此只得特别声明：这还是一九二三年九月所作，登在《晨报副刊》上的。那时的《晨报副刊》，编辑尚不是陪过泰戈尔先生的“诗哲”，也还未负有逼死别人，掐死自己的使命，所以间或也登一点我似的俗人的文章；而我那时和这位后来称为“孤桐先生”的，也毫无“睚眦之怨”。那“动机”，大概不过是想给白话的流行帮点忙。（《鲁迅全集》第三卷第299页）

这里说的“诗哲”就是指徐志摩。七月间写的《马上日记之二》中也有两处是讥讽徐志摩的：

> 这两年中，就我所听到的而言，有名的文学家来到中国的有四个。第一个自然是那最有名的泰戈尔即“竺震旦”，可惜被戴印度帽子的震旦人弄得一塌胡涂，终于莫名其妙而去；后来病倒在意大利，还电召震旦“诗哲”前往，然而也不知道“后事如何”。现在听说又有人要将甘地扛到中国来了，这坚苦卓绝的伟人，只在印度能生，在英国治下的印度能活的伟人，又要在震旦印下他伟大的足迹。但当他精光的脚还未踏着华土时，恐怕

乌云已在出岫了。

> 凡物总是以希为贵。假如在欧美留学，毕业论文最好是讲李太白，杨朱，张三；研究萧伯讷，威尔士就不大妥当，何况但丁之类。《但丁传》的作者跋忒莱尔(A.J.Butler)就说关于但丁的文献实在看不完。待到回了中国，可就可以讲讲萧伯讷，威尔士，甚而至于莎士比亚了。何年何月自己曾在曼殊斐儿墓前痛哭，何月何日何时曾在何处和法兰斯点头，他还拍着自己的肩头说道：你将来要有些像我的！至于“四书”“五经”之类，在本地似乎究以少谈为是。虽然夹些“流言”在内，也未必便于“学理和事实”有妨。(《鲁迅全集》第三卷第341—345页)

和鲁迅比较起来，周作人对陈西滢的攻击要更猛烈些。

仅举一例。四月十日，周作人在《京报副刊》上发表了《论并非文人相轻》。其中说：“我轻视陈源，与他是否文人毫不相关，我只是轻他是章士钊的徒党，是现代评论社的第一个捧章的人。”并说章士钊“是代表无耻的人”，“捧这种无耻的人不是无耻之尤是什么？”

陈西滢在《给西滢先生的一封信——为杨德群女士辩诬》的按语里说，他曾经有一次在生气的时候揭穿过有些人的真面目，可是，难道四五十个死者的冤可以不雪，睚眦之仇却不可不报吗？这些话，就是暗指周作人在闲话事件中跟他结下仇，趁三一八惨案之机来报复。谁都得承认，和这次惨案比较起来，闲话事件中的误会，只能算做“睚眦之仇”。周作人看后大为光火，当即写出《论并非睚眦必报》予以还击。

是还击，却还不忘与陈西滢的旧情。说了旧情，并非留恋，更非手下留情，只不过是文章的一种做法：更为鄙弃而已。

先为自己辩白，不外是怎样的公允，怎样的无辜。说他在《京报副刊》上的文章，只是想说明他先前，对于白话老虎报(即《现代评论》)的闲话大家陈西滢的攻击，纯粹因为他的捧章士钊，并不是由于什么“文人相轻”。不料陈西滢在《现代评论》的《闲话》里，又仿佛在说我是报“睚眦之仇”，这又奇了。

接下来才说他与陈西滢，非但没有旧仇，还有旧情——旧的情谊。他最初看见陈西滢是在北大，听说陈是由那时在欧洲的刘半农和傅斯年联名保荐来的，这两位都是他很熟的朋友，所以对于他们所荐举的人自然也很看重的。第二次见面是在他的家里，那时是两个朋友和他邀请些人来喝酒谈天。以后不久就有了那个《晨报》召集的“论前启事”的聚餐会，也去了不少次数，直到新月社成立为止。松树胡同虽没有去过，在别处的会见却还是常有，去年二月中旬还曾经承陈西滢和丁西林、张凤举之邀，同去逛过玉皇顶，后来或者还会餐过一二次。到了五月末的那一期《现代评论》出来，说起“某籍某系”的流言，他才心里有点不以为然。但是因为杨荫榆是无锡人，是陈西滢的同乡，他以为或者是一时乡曲之见，要替杨荫榆帮忙，也不足深怪的。八月一日以后，杨荫榆、刘百昭率领老妈打手，爬墙打扇，章士钊请教“东吉祥”，正人君子之真面目全然暴露。陈西滢一面为北大反章派之柱石，一面在《现代评论》上大做其闲话，为章士钊张目，从这时候起，他才完全看不起陈西滢这个人了。他和陈个人没有嫌怨，既没有要争那里的教务长，也没有什么别的纠葛，不但未曾有过言论或意见上的冲突，其实真是连眼睛的斜看一下也没有。最后仍旧重申，他看不起陈西滢，只是因为这个人太无耻了：

我看不起陈源的是他的捧章士钊，捧无耻的章士钊，做那无耻之尤的勾当。《现代评论》当初虽然不是我们的同志，但也未必便是敌人，他们要收章士钊的一千元，也不干我事，只要他们不丢丑，不要当作贿赂拿，但是，看呵，这样一副情形，由不好惹的陈源先生起来千方百计明枪暗箭地替章士钊出力，闲话俱在，不是别人能够“伪造”的。这不但表明陈源是章士钊的死党，即《现代评论》也不愧因此而谥为“白话老虎报”。我平常是对于私怨最不计较的，因了这与己无关的闲事却不惜抹了脸来与曾经有过交际的《现代评论》及陈源先生吵架，这实在是我的一种坏脾气，虽坏而无可补救的脾气。甚于睚眦之怨我倒会忘记，连睚眦都没有的地方倒纠缠不舍，真可谓迂极了，或者这颇有送进狂人院去的资格，正如不配拿章士钊的一千元而自鸣清高

的人一样罢。(《语丝》第七十五期)

《现代评论》虽是一个以英美留学生为主的社团,并不是明确的政治派别。只能说他们的人生理念和社会理念大体是一样的。它的核心人物如王世杰、高一涵等,是有政治背景的,那就是忠实于国民党的北伐事业。事实上,他们也正是受国民党高层人士的委托,在北方做着宣传研究方面的工作。再就是,当时的社会,职业与政治身份互相交错,并不像后来那样泾渭分明,贼汉势不两立。北洋政府是民间的俗称,实际上,不管北京的政权怎样走马灯似的转换,名义上说,它还是合法的中央政府。无论从改革社会着眼,还是从个人的出路考虑,许多国民党人都在这个政府里担任着职务。更有的以此便利,暗中支持国民党的革命事业。章士钊究竟给没给《现代评论》一千元钱,且作别论;就是真的给了,怕也不是什么收买而是支持。

在没有确证的情况下,且看这样一条资料,或许可以开阔我们的思路。章士钊任教育总长之前,实际负责教育部的是次长马叙伦,几乎可以说女师大风潮,就是在他手里酿成事端的,而此人的政治身份却是国民党北京特别党部的宣传部长,可以说是负责国民党北方地区宣传工作的最高负责人。在晚年写的回忆录《我在六十岁以前》中曾说到,一九二四年一月国民党在广州召开第一次代表大会前,北京特别党部和北京市党部都有代表赴广州出席。朋友们要推他去一趟,他有事无法分身,就推了张国焘、许宝驹等几位前往。行前他对许宝驹嘱托,希望孙中山重视北方的宣传工作。许回来向他汇报说:"总理接受这个意见,很高兴;但是,孙先生说:军费浩大,专设机关,恐怕不易,调查工作,我再设法,研究工作先叫王雪艇(王世杰的别字)他们做起来,我津贴他们些。"马叙伦特别强调,那时王世杰他们正在办一个什么周刊。以时间而论,这里说的"一个什么周刊",当是指王世杰和胡适等人合办的《努力周报》。如果孙中山真有此意,到时候真正"支持"的,怕还是马叙伦这个握有实权的教育次长。联想后来成了美谈的,也就是这个时候,毛泽东组织赴法勤工俭学时,章士钊一次资助两千大洋,以致新中国成立后毛见了章还表示感谢一事,我们就可以想见其时政界与民间是怎样的一种关系了。

现代评论派的战绩

现在需要知道的是,《现代评论》这个刊物,和现代评论派诸君子,在三一八惨案中的表现究竟怎样,是不是真的如周氏兄弟说的那么不堪?

不是这么回事。可以肯定地说,现代评论派诸君子,和北洋政府卫队开枪杀人这件事,没有任何关联,也没有一点为北洋政府开脱的言辞。事件发生前,他们是支持民众的抗议举动的;事件发生后,他们是一致谴责北洋政府的禽兽行径的。

《现代评论》是周刊,三月二十日出第六十七期,不可能涉及三一八惨案。从三月二十七日第六十八期起,很长一段时间内,一直有关于三一八惨案的报道与评论。且看以下目录:

记　者:《悼三月十八日的牺牲者》
王世杰:《论三月十八日的惨剧》
陈西滢:《闲话》
及　泉:《三月十八日》
许仕廉:《首都流血与军学阶级冲突》(以上第六十八期)
高一涵:《惨案前的黑暗》
唐有壬:《漆黑一团的时局》(以上第六十九期)
王世杰:《京师地检厅与三一八惨案》
陈西滢:《杨德群女士事件》(以上第七十期)

再看同一时期《语丝》上,发表的关于三一八惨案文章的目录。《语丝》也是周刊,出刊时间和《现代评论》稍微错开。三月二十二日出第七十一期,与三一八惨案无涉。从三月二十九日第七十二期起,就有关于三一八惨案的文章刊出了。

林语堂:《悼刘和珍杨德群女士》
鲁迅:《无花的蔷薇之二》
岂明(周作人):《关于三月十八日的死者》

自清:《执政府大屠杀记》(以上第七十二期)

岂明:《新中国的女子》

夷罟:《废话》(以上第七十三期)

鲁迅:《记念刘和珍君》(第七十四期)

岂明:《论并非睚眦之仇》

鲁迅:《淡淡的血痕中》

祖正:《哀悼与忆念》

川岛:《再论西滢的吃嘴巴》(以上第七十五期)

这是《语丝》四期上关于三一八惨案的文章。前三期的时间,和上面抄录的《现代评论》的时间相吻合。从这三期上刊发的文章看,两刊都很关心这一事件。所不同者,《语丝》上纪实的文章多,《现代评论》上分析批判的文章多。这或许是因为,《语丝》是个随笔刊物,语丝派诸君子,几乎都是文学家,《现代评论》是个时政兼及文化的刊物,现代评论派诸君子多是学政治、经济和法律的。同是悲痛,同是愤懑,各展其才,各显其长罢了。

但是到了第四期——《语丝》是第七十五期,《现代评论》是第七十一期——情形就不一样了。《现代评论》已不再谈此事,而《语丝》还在谈此事却多属个人恩怨之纠缠。比如周作人的《论并非睚眦之仇》,川岛的《再论西滢的吃嘴巴》,尤其是后者,已近似无理取闹。

在对三一八惨案的述评中,《现代评论》方面的主将不是陈西滢,而是王世杰。他写了两篇文章,一篇是《论三月十八日的惨剧》,一篇是《京师地检厅与三一八惨案》。王是伦敦大学政治经济学院的学士,巴黎大学的法学博士,他的文章自不同于一般的表态文字。且以后一篇文章为例,来看看王世杰对这一事件的看法。

王文先介绍近日的情况。

惨案发生后,京师地方检查厅(简称地检厅)即介入此案。四月四日,地检厅以公函的形式,向陆军部调查三月十八日国务院门前残杀事实。依地检厅的调查与讯问所得,当日请愿群众中实无携持凶器之人;卫队开枪以前,学生并无暴动情形,亦未与卫队冲突。当日卫队放枪总共达一刻多钟，放出子弹总计当在一千发以上，群众所受子弹多是从身后穿入的；当日在场之巡警及兵士虽亦有死伤，然而都是卫队枪弹杀伤的。简单的说，当日执政府卫队的枪杀行为，决不是什么正当防卫或正当防卫之过度，而是单纯的故意杀人。这便可将政府迭次栽诬群众的话，完全推翻。地检厅的证据，不是卫队一方面的话，也不是群众一方面的话，而是当日在场的巡警与警官，保安队队长及排长，侦缉队侦探，以及受伤巡警与兵士等人，一致的口供。这些人是决不会故意袒护群众的。所以地检厅的证据，可以说是本案的铁证。

接下来说，地检厅能大胆无畏地举发这回惨杀事实，殊值得社会的敬重。不过截至现在，地检厅还不过认定了犯罪的事实；它应该更以大胆无畏的精神，对于它职权所能支配的一切犯罪者，实行追诉。现在段祺瑞、贾德耀等俱为被诉之人，地检厅究竟承认段贾诸人有重大的犯罪嫌疑没有呢？如果承认他们有重大嫌疑，地检厅又是否承认他们应受普通法庭管辖呢？对于这一问，我们曾经讨论过，这里不再申说。对于第二问，我们姑在这里补述一两句话。

他要论述的重点在这里。

他说，在中国现行法之下，元首的犯罪，是不能藉他的元首身份而不受普通法庭管辖，至于阁员之不能以其阁员身份而不受普通法庭管辖，更不用说。那么，段贾诸人应否受普通法庭管辖，便只看他们是否一个军人。他们是一个军人吗？接着是周密的论证：

> 吾国现行法，对于军人犯罪的管辖问题，诚然规定得太不正当。就理论及他国实例言，这个问题的正当解决，将不外下列四种：第一，仅将军人的军事犯罪，付与军事法庭管辖；军人的普通犯罪则仍令受普通法庭管辖。这是英美诸国所采取的一种解决。第二，军事法庭对于军人之军事犯罪与普通犯罪，虽俱得行使管辖权，然凡军人对常人犯罪时，仍须受普通法庭管辖。这是法国所采取的一种解决。第三，军事法庭对于军人之军事犯罪与普通犯罪，虽俱得行使管辖权，然凡军人与常人共同犯罪时，则犯罪之军人应与犯罪之常人同受普通法庭管辖。

这也是有些国家所采取的一种解决(例如比国)。第四,平时不设军事法庭,军人的一切犯罪,在平时概受普通法庭管辖。这是欧战后法国所采取的一种解决。

吾国现行法如已采取了上列四种解决中之任何一种,将不独段贾诸人应受普通法庭管辖,就是卫兵也决不能逃脱普通法庭的制裁。可是吾国现行法(陆军现审判条例及其施行细则)所采取的解决是:军人犯罪,不论为军事犯罪或普通犯罪,亦不论为战时或平时,其管辖权都属于军事法庭而不属于普通法庭。这是极危险的一种解决而亟须改变的。在未改正以前,法院之补救,在对于该条例之所谓军人,为最严格之解释。果尔,则段贾诸人,在中国现行法之下,亦不能说是一个军人。他们如果犯罪,地检厅应断然的向普通审判法庭提起公诉。(《现代评论》第七十期)

最后说,这回惨案,实际上不是法庭一负责便可得着相当的结果的。但是地检厅的先生们,决不能因为实际上的障碍而不履行他们的职责。谁应拘传,他们就应下令拘传,谁应负犯罪责任,他们就应对谁起诉,对谁定罪。至于事实上拘传令之能否生效,判决之能否执行,他们尽可不计,地检厅先生们究竟有这样的勇气没有呢?

应当说,这样切实的就法律程序提出的批评,较之简单的呼吁、感慨、咒骂,对唤起民众,揭露反动政权的丑恶面目,所起的作用更大。

下面再来看看,鲁迅不断讽刺挖苦的徐志摩,在三一八惨案中表现如何。

这年春节,徐志摩是在浙江硖石老家度过的。直到三月初才启程北返。船到渤海,便遇上了大沽口事件,在海里停泊了六七天。待海禁解除回到北京,已是十号以后了,没有几天,便发生了三一八惨案。他是《晨报副刊》的主编,对这么大的事,不能不有所表示。三月二十五日的一期上,刊出饶孟侃的诗作《三月十八日》,三月二十七日刊出闻一多的诗作《天安门》。当时他正和闻一多、饶孟侃等人办《晨报副刊》的一个新诗副刊,叫《诗镌》。四月十二日出的创刊号,可说是一个三一八惨案专号,有闻一多的文章《文艺与爱国——纪念三月十八》，有饶孟侃、杨世恩、蹇先艾等人的诗作，还有徐志摩本人写的一首诗。这首诗，后来收入诗集《翡冷翠的一夜》时，特意加了副题《纪念三一八》。全诗如下：

南方新年里有一天下大雪，
我到灵峰去采春梅的消息；
残落的梅萼瓣瓣在雪里腌，
我笑说这颜色还欠三分艳！

运命说：你赶花期节前回京，
我替你备下真鲜艳的春景：
白的还是那冷翩翩的飞雪，
但梅花是十三龄童的热血！

在此后不久写的散文《自剖》中，更是淋漓尽致地表达了对时局的无奈，自己心中的悲愤，还有那种难以排遣的惆怅。这几段文字是这样的：

说来是时局也许有关系。我到京几天就逢着空前的血案。五卅事件发生时我正在意大利山中，采茉莉花编花篮玩儿，翡冷翠山中只见明星与流萤的交唤，花香与山色的温存，俗氛是吹不到的。直到七月间到了伦敦，我才理会国内风光的惨淡，等得我赶回来时，设想中的激昂，又早变成了明日黄花，看得见的痕迹只有满城黄墙上墨彩斑斓的“泣告”。

这回却不同。屠杀的事实不仅是在我住的城子里发见，我有时竟觉得是我自己灵府里的一个惨相。杀死的不仅是青年们的生命，我自己的思想也仿佛遭着了致命的打击，比是国务院前的断脰残肢，再也不能回复生动与连贯。但这深刻和难受在我是无名的，是不能完全解释的。这回事变的奇惨性引起愤慨与悲切是一件事，但同时我们也知道在这根本起变态作用的社会里，什么怪诞的情形都是可能的。屠杀无辜，还不是年来最平常的现象。自从内战纠结以来，受战祸的区域内，哪一个村落不曾分到过遭奸污的女性，屠残的骨肉，供牺牲的生命财产？这无非是给冤愤团结的地面上多添一团更集中更鲜艳的怨毒。再说哪一个民族的解放史能不浓浓地染着Martyrs(殉难者，烈士)的腔血？俄国革命的开幕就是二十年前冬宫的血景。只要我们有识力认定，有胆量实行，我们理想中的革命，这回羔羊的血就不会是白涂的。所以我个人的沉闷决不完全是这回惨案引起的感情作用。

爱和平是我的生性。在怨毒、猜忌、残杀的空气中，我的神经每每感受一种不可名状的压迫。记得前年奉直战争时我过的那日子，简直是一团黑漆，每晚更深时，独自抱着脑壳伏在书桌上受罪，仿佛整个时代的沉闷盖在我的头顶——直到写下了“毒药”那几首不成形的咒诅诗以后，我心头的紧张才渐渐的缓和下去。这回又有同样的情形：只觉着烦，只觉着闷，感想来时只是破碎，笔头只是笨滞。结果身体也不舒畅，像是蜡油涂抹住了全身毛窍似的难过，一天过去了又是一天，我这里又在重演更深独坐箍紧脑壳的姿势，窗外皎洁的月光，分明是在嘲讽我内心的枯窘！（新月书店《自剖文集》第6—8页）

前面已经提到孙中山对王世杰研究工作的支持，也即是王世杰和当时正进行着的国民革命的关系，如果说这则材料只涉及一个单个人，不足以说明当时北京文化人的大的分野。那么，下面这则材料，就可以让我们知道当年在蔡元培先生的援引下，啸聚在北京大学里的那批留学欧美回来的知识分子，是何等样人物了。黄季陆在《蔡元培先生与国父的关系》一文中，曾说过这样的话：

蔡先生在北京大学的工作，是革命党隐伏在北方文化教育方面的一着棋。民国八年的五四爱国运动，如果说北京大学是当时思想策动的中心，那末其中心人物无疑也就是蔡元培先生。五四运动的真实意义是国民革命的发展和继续，是固蔽的思想、文化的突破，亦即是另一种形式的首都革命。把当日旧势力集中的北京沉闷的局势翻造过来，影响及全国，使国民革命获得蓬勃便利的发展。当然，隐伏在北方的革命棋子不止蔡先生一人，其他的人和其他的因素很多，蔡先生不过是显著的代表者。……据我所知蔡先生在北大期间所聘请的教授中尚有陈独秀、石瑛、王雪艇、张颐、贺子才、马叙伦、朱家骅、李石曾、吴稚晖诸先生，都是中山先生领导的革命同盟会会员。他们各自到校的时间虽无暇考证，但他们当中有的是新文化运动及影响五四运动的积极分子，有的是民国十五年北伐前在北京主持对军阀斗争的领导人物。（转引自陈万雄《五四新文化的源流》第59—60页）

文中王雪艇即王世杰。也就是说，王世杰是蔡元培有意援引进北京大学的。他办《现代评论》，意在鼓吹革命，推翻北洋政府的统治。他和他的一班朋友们，做的正是这样的工作。相比之下，《语丝》更多的是体现文化人闲情逸致的刊物。鲁迅对陈西滢等人的攻击，不管后来的结果如何，都有一种没落者的不平在胸臆间郁积着。

事实都摆出来了，结论是简单的。不管多少年后再说此事，我们都应当说，在对待北洋政府的暴政的义愤上，批判的力度上，语丝派诸君子和现代评论派诸君子是没有什么区别的。只是各自的着力点不甚相同。语丝派的着力点在感情上，在激起民众对北洋政府的仇恨上；现代评论派的着力点在理念上，在加深民众对北洋政府反动性的认识上。此中稍有不同的是，现代评论派说惨案只说惨案，把国家大事与个人恩怨能分得清爽；语丝派诸君子，难脱利用国家大事以抒个人愤懑的嫌疑。

南下：真的是向往革命吗

一九二六年八月二十六日下午四时二十五分，鲁迅与许广平相偕乘火车离开北京南下。为什么要离京南下呢？林志浩的《鲁迅传》中说：

炎热的夏天来了，北京的政治环境更加恶劣，南方的革命形势在中国共产党的推动下却日益高涨。1926年7月1日，广东革命政府发布了《北伐宣言》。7月9日，国民革命军分三路正式出师北伐，所向披靡，连克重镇。南方的农民运动也蓬勃发展，有力地配合北伐的进行。鲁迅在北京处境艰险，对南方就更加向往。6月17日，他给友人的信说："我近来的思想，倒比先前乐观些，并不怎样颓唐。"还说"此后我还想仍到热闹的地方，照例捣乱。""地方还未定，大约是南边。"（北京十月文艺出版社《鲁迅传》第266页）

许广平在她的《鲁迅回忆录》里说：

当北京三一八事件之后，政治还是那么黑暗。我们料想：中国的局面，一时还会不死不活地拖下去，但清醒了的人是难于忍受的。恰好这时厦门大学邀请鲁迅去教书，换一个地方也好吧，鲁迅就答应了……而在厦门，当时，大革命的浪潮，正从南方兴起，人民对民主革命抱有一点希望，那是孙中山联俄联共扶助工农三大政策影响下来庆祝节日的，所以鲁迅差强人意地认为："此地的人民的思想，我看其实是'国民党的'，并不怎样老旧。"（《鲁迅回忆录》专著下册第1138—1139页）

蒙树宏在《鲁迅年谱稿》里说：

除了个人生活的原因外，这一方面是北方的黑暗，逼迫鲁迅出走，一方面是南方的革命形势，使鲁迅离开生活、工作、战斗了十五年的北京，开始了新的追求。（《鲁迅年谱稿》第191页）

当然，无论是许广平，还是传记与年谱的作者，都说到了生活方面的原因，即其时正与许广平处于热恋之中。但在叙述的主次与分量上，都将北京的黑暗、南方的光明放在重要位置，分量上明显要重些。

鲁迅的自述，只说北京怎样黑暗，待不下去，所以只好离开，而没有说他是"对南方更加向往"。在一篇《自传》里是这样说的：

因为做评论，敌人就多起来，北京大学教授陈源开始发表这"鲁迅"就是我，由此弄到段祺瑞将我撤职，并且还要逮捕我。我只好离开北京，到厦门大学做教授；约有半年，和校长以及别的几个教授冲突了，便到广州，在中山大学做了教务长兼文科

教授。(《鲁迅全集》第七卷第85页)

将自己的出走，与陈西滢说鲁迅就是教育部佥事周树人联系起来，更是没有道理。考虑到这篇《自传》写于一九三四年三四月间，其时鲁迅已完全是一位无产阶级的文化战士，其缘由也就不难理解了。

关于“还要逮捕我”，鲁迅的朋友许寿裳在《亡友鲁迅印象记》中有更为详细的叙述：

> 惨案发生以后，便有通缉五个所谓“暴徒首领”之令，接着又有要通缉五十人——其实名单上只有四十八人——的传说，我和鲁迅均列名在内。鲁迅有一篇《大衍发微》(《而已集》附录)，把名单的籍贯职务调查得相当清楚，尤其把要捉的原因探究分析得很详细。齐寿山很为我们担忧，热心奔走，豫先接洽了临时避居的地方，对我们说：“一有消息，就来报告，务必暂时离家。”果然，有一天下午，寿山来电话，说：“张作霖的前头部队已经到高桥了，请立刻和鲁迅避入D医院，一切向看护长接洽就得。”我就立刻去通知鲁迅，于是同时逃入了。(《鲁迅回忆录》专著上册第268页)

D医院即德国医院。接下来的一段，是十几个人怎样在医院里的“水门汀地面上睡觉”，在这样的流离颠沛之中，鲁迅还写作不止呢。与鲁迅的记述相对照，定然是三一八惨案之后，军阀政府对鲁迅的迫害了。先有通缉名单，再找下临时避居的地方，一到紧要关头，就躲了起来。合情合理，严丝合缝。

可惜的是，不是事实。因为这期间，北京的政局发生了变化，制造三一八惨案的段祺瑞政府垮台了，张作霖的奉军开进北京了。要说生命危险的话，段祺瑞、章士钊们比鲁迅还要危险。毕竟段祺瑞是下台政府的首领，章士钊是下台政府的秘书长。

一九二六年四月间，北京政坛上发生了两次大事，一是国民军的反戈，将段祺瑞轰下台，请吴佩孚回来主政；二是奉军进入北京，成了北京的实际统治者。不必看什么历史书上的记载了，看两则当年的电讯就全明白了。从四月四日起，奉直联军出动飞机，轰炸北京。到了十日，一向多变的国民军首领冯玉祥，又一次发动政变，将段祺瑞赶下台。前一年就是他发动军事政变，将曹锟赶下台，将段祺瑞扶为执政的。下面是上海《民国日报》的电讯稿：

【本报十日下午北京电】国民军将领青日(九日)午有会议，甚秘密。今晨突以非常手段包围执政府，缴卫队武装，即时改编他调。段事前已得报，于午夜逃入东交民巷。国民军列数段氏祸国殃民之罪状，通电各方。

【本报十日下午四时北京电】国民军实行此次非常举动，态度极从容。事后即电请吴佩孚入京，谓段氏祸国殃民，擢发难数。其尤大者，私签金佛郎案，屠杀学生，重用宵小，煽动战事。本军爱国爱民，不敢漠视，请玉帅即速北上，主持大计。未谓已释放曹锟。

国民军出此险招，是为了阻止奉直联军对北京的进攻，张作霖是何等人物，志在取得北京政权，根本不理会这一套，继续轰炸北京。在奉直联军的强大攻势下，国民军只得撤出北京，退往西北。四月十七日奉直联军开进北京后，确曾有杀害记者、逮捕教授之恶行，北京城内大起恐慌。上海《民国日报》也有报道：

【本报二十八日上午十时北京电】京报社长邵飘萍，被奉军杀毙后，此间人心大起恐慌。各报言论，均不敢不作袒奉之词，较有名之记者，均暂时退避。

【本报二十八日下午十时北京电】奉军自搜查北大书报处后，连日派武装队巡逻该校四周。昨晚盛传得张学良训令，对北大一部分教授加以逮捕。今晨蒋梦麟等八校长，均暂避。

时局的变化弄清楚了，鲁迅在此时局下的处境，也就不难明白了。可以这么说，奉军入主北京前是一段，入主北京后是另一段，两段之间没有必然的联系。不能说三一八惨案后，报上说段祺瑞政府要逮捕四十八个人，四月十七日奉军入主北京后，奉军就开始实行这个逮捕。再就是，一定要弄清，这个四十八人的名单，用鲁迅在《大衍发微》里的话说是："报上还流传着他们想要通缉的第二批名单"。用许寿裳在《亡友鲁迅印象记》中的说法是："接着又有要通缉五十人——其实名单上只有四十八人——的传说"。许寿裳这话，多半也是从鲁迅的文章里抄来的。段祺瑞通缉徐谦、李大钊、李煜瀛、易培基、顾兆熊五人，有三月十九日发布的《临时执政令》可证。上引鲁迅《大衍发微》的那句话，既说是"第二批名单"，却包括了最早通缉的徐谦等五人，一个政府再腐败无能，会前些日子刚通缉了的罪犯，过些日子又列在第二批里再通缉吗？而上引许寿裳的话，则说是"传说"。《大衍发微》里还有句话就更莫名其妙了："对于这名单的编纂者，我并不想研究。"一会儿说确凿无疑，一会儿又说是"编纂"，怎么能根据一份编纂且大有漏洞的名单，就大发其微呢？

三一八惨案期间，鲁迅从没有上街游行，不过是事后写了几篇文章，骂的还主要是陈西滢之流的人，怎么会有人想着逮捕他呢，太不可思议了。

因此可以说，在奉军进入北京之前，鲁迅根本就没有被捕的危险。他爱到哪儿到哪儿去，不会有人去找他的麻烦的。

那么他为什么要去德国医院躲避呢？

道理很简单，奉军入京，难免会烧杀掳掠，为安全计，还是去德国人办的医院躲躲安全些。毕竟外国医院是受治外法权保护的，奉军再猖狂，还不敢冒涉外纠纷的危险去外国人办的医院里滋事生非。许寿裳文中一句话就泄露了个中天机："张作霖的前头部队已到高桥了"。有了这话，就可断定这次避难与三一八惨案没有任何关系，与陈西滢说鲁迅就是教育部佥事周树人也没有任何关系。

鲁迅的南下，既然和三一八惨案没有什么关系，那么该和奉军统治下的北京政局有关系了？

以我看来，也没有什么关系。奉军入主北京，有一个理由是"讨赤"，意思是共产党在北京闹得太不像话了，段祺瑞政府管制不力，他们来管制一下。当时所谓的赤，除了共产党之外，还包括国民党，因为南边的国民党军，已开始北伐了。无论从共产党这边说，还是从国民党那边说，鲁迅都不沾边儿，不沾边儿也就不会有危险。

那么鲁迅为什么要与许广平相偕南下呢？

原因只能在他与许广平的关系上。一九八二年在一个现代文学教师进修班上，朱正先生谈《鲁迅传记资料中的真伪问题》时，说过这样的话：

> 鲁迅为什么要到厦门去？鲁迅在他的《自叙传略》里做过解释：写杂文得罪了一些人，有人到段执政那里告我，段祺瑞要抓我，我就逃到厦门了。还有比自传更权威的资料吗！总的说当时北京的政治空气不太好，使他想要离开，这是不错的。可是具体说，三一八惨案发生在1926年3月18日，到了4月份，冯玉祥队伍退出北京前后，段祺瑞的执政府就倒台了。鲁迅是8月份离开北京的，那时段祺瑞已经倒台四个月了。如果说离京是为了避开张作霖的迫害恐怕还符合当时政治形势一些。再看鲁迅日记，他临行前几天，这儿饯行，那儿饯行，赴宴好几次，还在女师大毁校周年纪念会上作了一次非常精彩的讲话，丝毫看不出是在政治压力下仓皇出走的气氛。据我看来，鲁迅要离开北京，是因为这时他和许广平的关系已经很深，继续住在北京有些不方便，关系无法进一步发展。（《鲁迅论集》第49页）

考虑到当时刚刚“拨乱反正”，朱先生能这样说已很不容易了。一九九三年韩石山写《鲁迅与高长虹的反目》时，对此事说得就更为明确了：

> 鲁迅当年离开北京，有人说是为躲避反动当局的迫害，有人说是为了投身南方火热的革命斗争。我认为这两种说法都离题太远。其时三一八惨案已过，段祺瑞政府垮台，北京为奉系军阀张作霖占据。鲁迅既非共产党人亦非国民党人，并未从事什么实际的革命活动，也就谈不上受反动当局的迫害。既是投身南方火热的革命斗争，就该去有革命策源地之称的广州，怎么要到偏远的厦门？
>
> 不必讳言，鲁迅当年的离开北京，主要原因是与许广平的恋爱。不管怎么说，鲁迅是有妻室的人，又不打算离婚，而许广平是他的学生又不会甘心去做小老婆。这样他俩要在北京结

合就有许多不方便，最好的办法只能是同去外地。正好林语堂邀请鲁迅去厦门任教，许广平大学毕业要回南方，两人便同车离开北京，到上海后暂且分手，一个去了厦门，一个回广州老家小住。后来鲁迅也去了广州，再后来两人又一同来到更适宜他们居住的上海。未必全是事先的策划，事出有因却是明明白白的。（韩石山著《我手写我心》第316—317页）

近年来也有学者谈到这个话题，说得就更为直截了当。邵建先生在《流言》一文中是这样说的：

鲁迅与陈西滢的流言之争落幕后，用鲁迅自己的说法："北京大学教授陈源开始发表这'鲁迅'就是我，由此弄到段祺瑞将军将我撤职，并且还要逮捕我。我只好离开北京，到厦门大学作教授。"这是鲁迅自述离京赴厦的原因。在另外一个场合，鲁迅又说："那时候，因为段祺瑞总理和他的帮闲们的迫压，我已经逃到厦门"。鲁迅此言不确，非但不确，且是"深文"。把段祺瑞和陈西滢放在一个语境中又就其一事而论之，不动声色就给人以一个主子一个帮闲的感觉。而且自己离京出逃，也就是这两人上下其手。然而，陈西滢从来就不是什么帮闲，更谈不上段祺瑞的帮闲。他在《现代评论》上批评北洋军阀和段祺瑞的文字，已能说明这一点。而鲁迅出京，既无涉于段祺瑞，更不关陈西滢。鲁迅的科长职务被撤除是当时的教育总长章士钊，时间是1925年8月，段祺瑞只是批复"照准"而已。按常规也没有国务总理直接撤科长的事（如此写法，是鲁迅另有肺腑），而且在"段祺瑞将军将我撤职"和"还要逮捕我"之间，鲁迅刻意省去了许多。章士钊撤职鲁迅，鲁迅不服，便与他打官司，结果台下的科长赢了台上的总长。也是在段祺瑞任上，鲁迅官复原职，时为1926年1月。此时鲁迅既未因"迫压"离京，也未因胜利离京。事过不久，发生了三一八惨案。之后，段执政通缉包括鲁迅在内的五十人。但，不到一个月，段祺瑞大势已去，仓皇下台，那个通缉令也就不了了之。待到鲁迅离京，已是风平浪静的8

月份了，同行者为许广平。如果硬要说“迫压”，那也是“爱情”。鲁迅略过这些，把自己离京与段陈因果，尽管只是短短两句，但用心之精，文笔之练，让人生叹。

倒是许广平的《鲁迅回忆录》里，说过几句实话。过去的论者总觉得说为恋情而南下如同私奔，于鲁迅不够体面，也就看见装做没看见了。许广平不这么看，她认为她和鲁迅的结合是堂堂正正的，没有什么见不得人的地方。她是这样说的：

临去之前，鲁迅曾考虑过：教书的事，绝不可以作为终生的事业来看待，因为社会上的不合理遭遇，政治上的黑暗压力，作短期的喘息一下的打算则可，永远长此下去，自己也忍受不住。因此决定：一面教书，一面静静地工作，准备下一步的行动，为另一个战役作更好的准备，也许较为得计吧。因此，我们就相约，做两年工作再见面的设想，还是为着以后的第二个战役的效果打算。这是《两地书》里没有解释清楚的。（《鲁迅回忆录》专著下册第 1138 页）

这是过日子的打算，这才是实话。看朱正先生对这件事的阐释，就更为清楚了：

许广平的回忆提供了很重要的很权威也很坦率的资料。许广平说：离开北京的时候，我们交换过意见，准备分头苦干两年，积累一点钱，为以后的生活打下物质的基础，这样我们再看《两地书》就懂了。《两地书》当中许广平有这样意思的话：这两年的时间是太长了一点，我不愿意等候这么久了。鲁迅也写了“我希望两年的期限早满”这样的话。在厦门大学，是鲁迅拿固定工资最高的一段时间，四百块钱一个月。因此我以为鲁迅到厦门去的原因，也许有感到北京政治空气不好的考虑，也许想靠近南方的革命根据地一点，但也不能排除和许广平的这“两年计划”的关系。而且所谓靠拢南方的革命根据地，如果他索性和许广平一道跑到广州，还可以这样说，然而厦门虽靠近广州，但在政治地理上说是北洋军阀的统治区。而且厦门甚至比北京更闭塞。所以说鲁迅主要是出于政治的考虑到厦门去的，这是与事实不符的。(《鲁迅论集》第 49—50 页)

至此，一切都明白了。鲁迅到厦门教书，不是向往南方的正在兴起的革命运动，而是要和许广平开始一种新的生活。

这是一个正常人的明智的选择，为了自己的生计，为了自己的幸福，原本是无可厚非的。硬要添上那么多政治的含义，不是鲁迅的过错，是后世的研究者们的多情。

少不读鲁迅　老不读胡适

胡适的文风

这一章说说鲁迅和胡适两人的文风与社会理念的不同。先说文风。

不管两人的留学背景有什么不同，思想品质上有着怎样的差异，也不管他们生前身后有着怎样的遭际，作为后人，我们看到的是他们的文章，想学的和不想学的一切，也都包含在他们各自的文章中。换句话说，他们的文章写得怎样，能从中学到些什么东西，这才是最最重要的。

要在不长的篇幅里，全面地谈两人的文风，几乎是不可能的。只能是择其大端，略加论列，有个大致的判断就行了。为了保持论述的公允，每人只选两篇文章，且都是前期的。

先谈胡适，以便谈鲁迅时有个比较。

什么是文学，或者说什么是好文章，胡适有固定的看法，终其一生没有什么改变。

一九二一年年底编辑出版的《胡适文存》，后来称做第一集，收有一篇《什么是文学》。一开头便是，他曾说："语言文字都是人类达意表情的工具；达意达的好，表情表的妙，便是文学。"接下来说，怎样才是好与妙呢，这就很难说了。他曾用最浅近的话说明如下："文学有三个要件：第一要明白清楚，第二要有力能动人，第三要美。"

这是篇文章，也是写给钱玄同的一封信。原信没有署年月日，《胡适文集》的编者注明，此信写于一九二〇年十月十四日。信中引用的那句话“语言文字是人类达意表情的工具”云云，就更早了，是他在《建设的文学革命论》中说的。该文载于一九一八年四月十五日出版的《新青年》第四卷第四号。可说是新文化运动初期的作品。

这些，可说是胡适关于文学与文章的最初的主张。

一九五九年，胡适已六十八岁，眼见就是古稀之龄了。五月十六日这天，有台湾大学的六名侨生代表到南港“中央研究院”来拜访胡适，这些学生组织了一个海洋诗社，还带来了他们的刊物《海洋诗刊》。交谈中，胡适说：

“大部分的抽象派或印象派的诗或画，都是自欺欺人的东西。你们的诗，我胡适之看不懂，那么给谁看得懂？我的《尝试集》，当年是大胆的尝试，看看能否把我的思想用诗表达出来；如果朋友们都看不懂，那成什么诗？白居易的诗，老太婆都能听得懂；西洋诗人也如此，总要使现代人都能懂，大众化。律诗，用典的文章，故意叫人看不懂，所以没有文学价值。我的主张，第一要明白清楚，第二要有力量，第三要美。文章写得明白清楚，才有力量；有力量的文章，才能叫做美。如果不明白清楚，就没有力量，也就没有‘美’了。”

一九六〇年十二月二十三日，胡适和胡颂平聊天时说起，过去有一位朋友请他吃饭，这位朋友的儿子写了一些诗，说是新诗吧，又带些旧诗的样子，已排印好，预备出版了。主人夫妇对他们的儿子很夸奖，要他看一看。他看了之后，发现这孩子写的诗，全是不通的。他在他们家里，他们又预备了很好的饭菜请他，怎么说好呢？这让胡适很犯愁。只好说，这是孩子的老师不好，不肯好好的指点孩子的错误。又对主人夫妇说了下面一段话：

“无论诗或文，第一要做通。所谓通，就是通达。我的意思能够通达到你，你的意思能够通达到我，这才叫做通。我一向主张先要做到明白清楚。你能做到明白清楚之后，你的意思才能够通达到别人。第二叫力量。你能把你的意思通达到别人，别人受了你的感动，这才叫力量。诗文能够发生力量，就是到了最高的境界，这个叫做美。”

这两件事，都记在胡颂平整理的《胡适之先生晚年谈话录》里。与一九二一年的看法相比较，将近四十年后六十八九岁的人，和四十年前二十八九岁时说的话,几乎一模一样。

不光对写作,就是一些小的事情上,也是这样。胡适晚年曾在台湾师范大学演讲,提到律诗和京剧,斥为下流。座中喜欢律诗和京剧的人听了大为惊愕,事后梁实秋告诉他们,这是胡先生数十年一贯的看法,可惊的是他几十年后一点也没有改变。确也是的,无论是对文学艺术,还是对社会政治,胡适的许多观点,一生几乎没有什么改变。这有浅的一面,也有执著的一面,常人是难以做到的。

胡适平日谈论他人的诗文,不管是古人还是今人,最爱用的一个术语是"通"字。仍以《胡适之先生晚年谈话录》中的事情为例。

一九六〇年三月二十一日对胡颂平说:"韩退之提倡做古文,往往也有不通的句子;他的学生皇甫、孙樵等,没有一个是通的。但白香山的文章就写通了,元微之也写通了。在唐宋八大家里,只有欧阳修、苏东坡两人是写通了。"

同年三月二十七日,胡适看过《张荫麟集》,上面有红色原子笔的批语。其中一条是:张荫麟说他的译文受林琴南翻译的影响,这话不确切,还有一些句子不通的。对书中译笔不通的地方,都划上了红杠。又对胡颂平说:"你们做文,先要把句子做通。像某君'天道循环之'的'之',无论如何是不通的。"

同年六月二十一日看了胡颂平抄录的《唐中岳沙门释法如禅师行状》后,胡适说:"中古时代,从三国末到唐朝的文章,有许多文章是不通的;因为活的文字已经死了,用死的文字来写活的语言,所以很少能做通的。"

以上是胡适本人的看法,再看别人对他的文章是怎么看的。温源宁的《一知半解》书中有篇《胡适博士》,谈到胡适的文笔时是这样说的:

> 胡博士的文笔,清清爽爽,受到应得的赞赏,正是文如其人。我们一想到赫克尔的文笔那么清清爽爽,于是,可以依据物质、力和遗传的习性来说明的简单的宇宙机构,一下子在我们心目中出现了。我们一想到赫胥黎的文笔那么清清爽爽,于是,人类一下子成了一种容易理解的很简单的动物。我们一想到约翰·司图阿特·米尔的文笔那么清清爽爽,于是,我们一下子认识

到，思想过程要靠三段论法和命题来形成。胡博士的文笔清清爽爽，值得赞赏，他的信条清清爽爽，更值得赞赏，这跟赫克尔、赫胥黎和米尔不是有些关系么。（《追忆胡适》第103—104页）

胡适去世后，陶希圣在《胡适之先生二三事》中，也谈到了胡适写作的特点，是连带思想一起说的：

适之先生的思想与写作的特点，一言以蔽之，就是“清楚”。把问题搞清楚，把事实弄清楚，把话说清楚，这就是他思想与写作的态度和精神。他是平实温和的人，但是他对待一个重大事件，立场坚定，态度明白，语意清晰和严谨，断乎没有一点含糊。他无论什么场合，一片谈话，一篇演讲，轻松时有意义，有兴致；严重时也有立场，有风骨。昨天中央日报社有这样的话，“胡先生在学术上不立异，不苟同；不自立门户，亦不沿门托钵”。我以为是恰当的。今天要评判胡适之先生，最低限度是把这一位思想、文章和行事明白清楚的文学和哲学大师，说得明白清楚，不要作浮滥的标榜，或是笼统的攻击，尤其是歪曲的附会。（《追忆胡适》第119—120页）

梁实秋在写文章上是很自负的，独独对胡适的文章很是佩服，在他看来，能用那样轻松的白话文，把道理说得那样清楚，是很不容易的，几乎可说并世没有第二人。

这样看来，清楚，明白，通畅，可说是胡适文章的显著特点。确也是的，读胡适的文章，给你的感觉是，没有说不清的道理，除非他也不懂的；没有表达不清的感情，除非他也没有的。这样的文章，看起来容易，实际是很难的，没有扎实的知识，没有清晰的思想，没有对自己的自信心，没有对社会的责任心，是写不出来的。当然，也不必讳言，胡适的文章，多是思想的辨析，文采上感情上，有他的欠缺。梁实秋在《谈志摩的散文》中对两人的文章作过比较：“胡先生的文章之用心，偏向于思想处多于散文艺术方面；志摩的用心，却大半在散文艺术方面。”

还是看看胡适的文章吧。《多研究些问题，少谈些“主义”！》是胡适的一篇名作，发表之初就受到李大钊等人的质疑，后世受到的非议就更多了。是他一九一九年七月写的，属他早年的文章。收入《胡适文存》第一集。

一开头先说，不久前他在《每周评论》里说过，现在舆论界的大危险，就是偏向纸上的学说，不去实地考察中国今日的社会需要究竟是什么东西。那些提倡尊孔祀天的人，固然是不懂得现时社会的需要，那些迷信军国民主主义或无政府主义的人，就可算是懂得现在社会的需要么？要知道舆论家的第一天职，就是细心考察社会的实在情形。一切学理，一切主义，都是这种考察的工具。有了学理作参考材料，便可使我们容易懂得所考察的情形，容易明白某种情形有什么意义，应该用什么救济的方法。这些话，引用的是《每周评论》上的原文。

接下来说，他的这种议论，有许多人一定不愿意听。但是前几天北京的几家安福部（一个亲日的政治派别，也叫安福系）的报纸上，还有日文的《新支那报》上，都极力恭维安福部首领王揖唐主张民生主义的演说，并且恭维安福部设立"民生主义研究会"的办法。有许多人自然嘲笑这种假充时髦的行为。但是他看了这种消息，发生一种感想，这种感想是："安福部也来高谈民生主义了，这不够给我们这班新舆论家一个教训吗？"什么教训呢，可分三层说，便是：

> 第一，好听的"主义"，是极容易的事，是阿猫阿狗都能做的事，是鹦鹉和留声机都能做的事。
>
> 第二，空谈外来进口的"主义"，是没有什么用处的。一切主义都是某时某地的有心人，对于那时那地的社会需要的救济办法。我们不去实地研究我们现在的社会需要，单会高谈某某主义，好比医生单记得许多汤头歌诀，不去研究病人的症候，如何能有用呢？
>
> 第三，偏向纸上的"主义"，是很危险的。这种口头禅很容易被无耻政客利用来做种种害人的事。欧洲政客和资本家利用国家主义的流毒，都是人所共知的。现在中国的政客，又要利用某种某种主义来欺人了。罗兰夫人说，"自由自由，天下多少罪恶，都是借你的名做出的！"一切好听的主义，都有这种危

险。(《胡适文集》第二卷第249—250页)

他的看法提出来了，怎样论证呢，这就看出胡适思想的清楚了。他说，这三条合起来看，就可以看出“主义”的性质。凡“主义”都是应时势而起的。某种社会，到了某时代，受了某种影响，呈现出某种救济的法子。这是“主义”的缘起。主义初起时，大都是一种救时的具体主张。后来这种主张传播出去，传播的人要图简便，便用一两个字来代表这种具体的主张，所以叫它做“某某主义”。主张成了主义，便由具体的计划，变成了一个抽象的名词。主义的弱点和危险就在这里。因为世间没有一个抽象名词能把某人某派的具体主张都包括在里面。比如“社会主义”这个名词，马克思主义的社会主义，和王揖唐的社会主义不同；你的社会主义，和我的社会主义不同：绝不是一个抽象名词所能包括。这样一来，你谈你的社会主义，我谈我的社会主义，王揖唐又谈他的社会主义。同用一个名词，中间也许隔开七八世纪，也许隔开两三万里路，然而你和我和王揖唐都可自称社会主义，都可用这个抽象名词来骗人。这不是主义的大缺点和大危险吗？

于此可知，胡适并不是反对马克思主义和社会主义，他只是认为，要解决中国的社会问题，不能空谈主义，一定要研究和解决中国实际的社会问题。至少他的“少谈些主义”，不是专门针对马克思主义和社会主义的。那个时期，国门刚开，涌进来的各种主义，真可说是五花八门，应有尽有。

为了尽量充分地说明自己的观点，胡适又举了一个例子，就是当时好多人都常挂在嘴上的“过激主义”。他反问道：现在中国有几个人知道这一名词作何意义？但是大家都痛骂“过激主义”，内务部下令严防“过激主义”，曹锟也行文严禁“过激主义”，卢永祥也表示查禁“过激主义”。前两个月，北京有几个老官僚在酒席上叹气，说：“不好了，过激派到了中国了。”前两天有一个小官僚，看见胡适给别人写的一把扇子，大诧异道：“这不是过激党胡适吗？”说完这些可笑的事情，胡适自己也笑了：哈哈，这就是“主义”的用处！

前面说的这些，可说是少谈些主义。怎样纠正这种时弊呢，胡适提出了他的那个著名的观点：

我因为深觉得高谈主义的危险，所以我现在奉劝新舆论界的同志道："请你们多多研究一些问题，少谈一些纸上的主义。"

更进一步说："请你们多多研究这个问题如何解决，那个问题如何解决，不要高谈这种主义如何新奇，那种主义如何奥妙。"（《胡适文集》第二卷第251页）

这样也就知道，这篇文章的题名虽然是"多研究些问题，少谈些主义"，他的完全的意思，实在是"多研究些实际的问题，少谈一些纸上的主义"。为什么要这样说呢，因为在他看来，中国有待解决的实际的社会问题太多了，空谈主义，是解决不了这些实际问题的。有哪些问题呢，且看：

现在中国应该赶紧解决的问题，真多得很。从人力车夫的生计问题，到大总统的权限问题；从卖淫问题到卖官卖国问题；从解散安福部问题到加入国际联盟问题；从女子解放问题到男子解放问题……那一个不是火烧眉毛的紧急问题？（《胡适文集》第二卷第251页）

说到这里，由不得发了一通感慨：面对这么多的紧急问题，我们的舆论家，也就是评论家和研究家们，不去研究人力车夫的生计，却去高谈社会主义；不去研究女子如何解放，家庭制度如何救正，却去高谈公妻主义和自由恋爱；不去研究安福部如何解散，不去研究南北问题如何解决，却去高谈无政府主义；我们还要得意扬扬夸口道，我们所谈的是根本"解决"。老实说罢，这是自欺欺人的梦话，这是中国思想界破产的铁证，这是中国社会改良的死刑宣告！

胡适这篇文章最为有力的地方，不在提出"多研究些问题，少谈些主义"，也不在罗列了这么多的社会实际问题，而在尖锐地指出，那么多人热衷于空谈主义，不愿意多研究些实际问题，根本的原因是畏难求易，是思想上的懒。他是这么说的：

为什么谈主义的人那么多，为什么研究问题的人那么少呢？这都由于一个懒字。懒的定义是避难就易。研究问题是极困难的事，高谈主义是极容易的事。比如研究安福部如何解散，研究南北和议如何解决，这都要费工夫，挖心血，收集材料，征求意见，考察情形，还要冒险吃苦，方才可以得到一种解决的意见。又没有成例可援，又没有黄梨洲、柏拉图的话可引，又没有《大英百科全书》可查，全凭研究考察的工夫：这岂不是难事吗？高谈"无政府主义"便不同了。买一两本实社的《自由录》，看一两本西文无政府主义的小册子，再翻一翻《大英百科全书》，便可以高谈无忌了：这岂不是极容易的事吗？

高谈主义，不研究问题的人，只是畏难求易，只是懒。（《胡适文集》第二卷第251页）

光说空谈主义的人懒是不够的，光说要研究中国社会的实际问题也是不够的，还要教给他们研究问题的方法。在胡适看来，凡是有价值的思想，都是从这个那个具体问题下手的。先研究了问题的种种方面的种种事实，看看究竟病在何处，这是思想的第一步工夫。然后根据于一生的经验学问，提出种种解决的方法，提出种种医病的丹方，这是思想的第二步工夫。然后用一生的经验学问，加上想象的能力，推想每一种假定的解决的办法，该有什么样的效果，推想这种效果是否真能解决眼前这个困难问题。推想的结果，拣定一种假定的解决，认定为自己的主张，这是思想的第三步工夫。凡是有价值的主张，都是先经过这三步工夫来的。不如此，不算是舆论家，只可算是抄书手。

考虑到以上的说法，会造成不必要的误会，认为自己只注重研究实际问题，而不注重学说与主义的作用，接下来又特意强调：读者不要误会我的意思，我并不是劝人不研究一切学说和一切的"主义"。学理是我们研究问题的一种工具。没有学理做工具，就如同王阳明对着竹子痴坐，妄想"格物"，那是做不到的事。种种学说和主义，我们都应该研究。有了许多学理做材料，见了具体的问题，方能寻出一个解决的方法。但是我希望中国的舆论家，把一切"主义"摆在脑后，做参考资料，不要挂在嘴上做招牌，不要叫一知半解的人拾了这些半生不熟的主义去做口头禅。最后又重申了自己的主张：

"主义"的大危险，就是能使人心满意足，自以为寻着包医

百病的“根本解决”，从此用不着费心力去研究这个那个具体问题的解决法了。(《胡适文集》第二卷第252页)

上面几乎全文抄录了胡适的这篇文章，有的是转述，有的是摘录，目的是让读者看清胡适这篇文章的全貌。清楚，或者“通”，是不用说了。还有三个特点也应当注意到，一是说理的严密，二是分寸的恰切，三是语气的肯定。

说理的严密，表现在论证的步骤上。提出过去的看法，眼下又有了新的情况，让你更深一层地看待这个问题。由此引出三条教训。这三条教训总括地说，空谈主义是有害的，无助于实际问题的解决。于是得出了他的结论，那就是多研究些问题，少谈些主义。为何会有这样的弊端发生，关键在于中国的舆论家们不愿意下工夫，做研究，只是畏难求易，只是懒。不能光指责，还要教给研究问题的方法。怕读者会有误解，又特意强调了学说与主义的重要作用。这样一步一步地推论下来，最后的结论让你不能不服气。

分寸的恰切，表现在态度的诚恳上，不讽刺，不挖苦，平等讨论，不伤和气。是论争的对手，却不是情感的仇敌。即以对安福部的态度为例，这些人，有亲日的背景，刚刚过去的五四运动就是反日的，按说大加嘲讽，甚至谩骂，都不能说有什么不对。胡适不是这样，文章中也说了“有许多人自然嘲笑”，而他不嘲笑，只是由此引起感想：“安福部也来高谈民生主义了，这不够给我们这班新舆论家一个教训吗？”就是对那些高谈主义的人，也没有任何的不敬之辞，只是有理有据地论证，只是苦口婆心地劝导。既无冷眼旁观的嘲讽，也无高高在上的倨傲。

如果仅仅是这样，也就不是胡适了。更为难得的，是他对自己提出的论题的自信，是他谈论这一论题时语气的肯定。这是胡适文章的一个极为鲜明的特色，为常人所不及。他的文章是白话文，文章的语气跟他说话的语气是一致的。看看他说话的语气，也可以印证他的文章的这一特色。梁实秋的口才好，也擅长演讲，他对胡适说话的语气，很是欣赏。在一篇文章中，说到胡适常写的一副对联时，顺便说到了胡适说话的语气。原文是这样的：

> 胡先生最爱写的对联是“大胆的假设，小心的求证；认真的作事，严肃的作人”。我常惋惜，大家都注意上联，而不注意下联。这一联有如双翼，上联教人求学，下联教人作人，我不知道胡先生这一联发生了多少效果。这一联教训的意味很浓，胡先生自己亦不讳言他喜欢用教训的口吻。他常说：“说话而教人相信，必须斩钉截铁，咬牙切齿，翻来覆去的说。圣经里便是时常使用 Verily, Verily 以及 Thou shalt 等等的字样。”胡先生说话并不武断，但是语气永远是非常非常坚定的。(《梁实秋怀人丛录》第 194 页）

《多研究些问题，少谈些主义》原载《每周评论》第三十一期，收在《胡适文存》第一集里，是《问题与主义》题名下的第一篇文章。第二篇是蓝志先的《问题与主义》。此文原载《国民公报》，是跟胡适讨论的，原文约七千字，胡适把它删到五千多字，在《每周评论》第三十三期上发表了。编《胡适文存》时，又收了进来。第三篇是李大钊的《再论问题与主义》，是李给胡的一封信，或者说是以信的方式写的一篇文章，载《每周评论》第三十五期，编《胡适文存》时也收了进来。第四篇是胡适的《三论问题与主义》，第五篇是胡适的《四论问题与主义》。前一篇是反驳蓝志先和李大钊的，后一篇是谈输入学理的方法的。为什么在自己的文集里收入他人文章，不是作为附录而跟自己的文章排在一起呢，这是因为这场讨论是朋友间进行的，他们的文章当初发表时，就是这么初论、再论、三论、四论排下来，若不将蓝志和李大钊的文章一并排在正文里，胡适的三论和四论就莫名其妙了。

说理的严密，分寸的恰切，语气的肯定，这三个特点，在驳论文章中有着最为显著的体现。说到这里，顺便看看当年胡适和李大钊是怎样辩论的。李大钊后来成了共产党的创始人，胡适后来和国民党站在一起，后人就以为他们之间的争论多么的对立，多么的尖锐，实际上不是这么回事。一来当时共产党还没成立，李大钊是研究社会主义的，也只是从学理上研究，还未到实施的阶段：二来李大钊一直是敬重胡适的，他只是在学理的层面上和胡适商榷，并非是怎样的疾言厉色。

李大钊的这篇文章，是在河北昌黎县老家写的，一开始就说，他出京的时候，读了胡适的那篇论文，发生了些感想，其中有的或可与胡适的主张互相发明，有的是他们对社会的告白。李大钊和胡适商榷的问题共四个，在第一个问题中李大钊说：

> 大凡一个主义，都有理想与实用两方面。例如民主主义的理想，不论在那一国，大致都很相同。把这个理想适用到实际的政治上去，那就因时，因所，因事的性质情形，有些不同……我们只要把这个那个主义，拿来做工具，用以为实际的运动，他会因时，因所，因事的性质情形，生一种适用环境的变化。（《胡适文集》第二卷第 262 页）

在《三论问题与主义》中，胡适引用了上面这段话，接下来说：

> 这是一种不负责任的主义论。前次杜威先生在教育部讲演，也曾说民治主义在法国更偏重平等；在英国更偏重自由，不认平等；在美国并重自由平等，但美国所谓自由，又不是英国的消极自由，所谓平等，也不是法国的天然平等。但是我们要知道这并不是民治主义的自然适应环境，这都是因为英国、法国、美国的先哲，当初都能针对当日本国的时势需要，提出具体的主张，故三国的民治各有特别的性质（试看法国革命的第一二次宪法，和英国边沁等人的驳议，便可见两国本来主张不同）。这一个例，应该给我们一个很明显的教训：我们应该先从研究中国社会上政治上种种具体问题下手；有什么病，下什么药；诊察的时候，可以参用西洋先进国的历史和学说，用作一种“临症须知”；开药方的时候，可能参考西洋先进国的历史和学说，用作一种“验方新编”。不然，我们只记得几句汤头歌诀，便要开方下药，妄想所用的药进了病人的肚里，自然“会”起一种适应环境的变化，那就要犯一种“庸医杀人”的大罪了。（《胡适文集》第二卷第 272—273 页）

即使我们的感情更多地倾向于李大钊，也不能不承认，胡适的反驳，无论是论证的充分，说理的严密，态度的诚恳，与语气的肯定上，更胜一筹。

说理的文章是这样，纪事的文章也是这样。《四十自述》是胡适的自传作品，也可说是个长篇散文作品，最能看出其叙事的本领，因为是一九三三年写的，这里就不再评述了。还是从《胡适文存》第一集中选一篇吧。我选了这篇《归国杂感》，不光因为它是一篇纪实的作品，还因为它是胡适早年写的，时间是一九一八年一月，距他回国不过六个月。

一开头说，他在美国要动身回国的时候，有许多朋友劝他，你离开中国七个足年了，这七年之中，中国已经革了三次命，朝代也换了几个了，你回去时，恐怕要不认得那七年前的老大帝国了。他当时是笑着对他们说，列位不必担心，我们中国正恐怕进步太快，留学生回国要不认得他了，所以他走上几步，又退回几步，此刻说不定他正回头等着我们回去认旧相识呢。

回国之后的情形，恰恰是这样。七年没见面的中国，还是七年前的老相识。他是在上海上岸的，初到上海便遇见这样一件事：

> 有一天，有一位朋友拉我到大舞台去看戏。我走进去坐了两点钟，出来的时候，对我的朋友说道："这个大舞台真正是中国的一个绝妙的缩本模型。你看这大舞台三个字岂不是很新？外面的房屋岂不是洋房？里面的座位和戏台上的布景装潢又岂不是西洋新式？但是做戏的人都不过是赵如泉、沈韵秋、万盏灯、何家声、何金寿这些人。没有一个不是二十年前的旧古董！我十三岁到上海的时候，他们已成老脚色了。如今又隔了十三年了，却还是他们在台上撑场面。这十三年造出来的新角色都到那里去了呢？你再看那台上做的《举鼎观画》。那祖先堂上的布景，岂不很完备？只是那小薛蛟拿了那老头儿的书信，就此跨马加鞭，却忘记了台上布的景是一座祖先堂！又看那出《四进士》，台上的布景，明明有了门了，那宋士杰却还要做手势去关那没有的门！上公堂的时候，还要跨那没有的门槛！你看这二十年前的旧古董，在二十世纪的小舞台上做戏；装上了二十世纪的新布景，却偏要做二十年前的旧手脚！这不是一副绝

妙的中国现势图吗？”（《胡适文集》第二卷第469—470页）

这只是一例。此外看到的还有，回到老家徽州，居然有了“三炮台”纸烟；扑克牌比麻将还多。上海的书店里，找不见一本像样的哲学书。文学书只有一部王国维的《宋元戏曲史》还可看，有的只是《九尾龟》一类的色情书。西文书籍也不容乐观，不过是些先前十七世纪十八世纪的旧书，新书一本也找不见。凡此种种，不一而足。学校的教育，更是糟糕。有位省立法政学堂的本科学生，竟会问他：“听说东文和英文差不多的，这话可真吗？”他已大为诧异了，忽然又问：“原来日本也在海岛上吗？”他便生感慨：社会所需要的是做事的人才，学堂造成的是不会做事又不肯做事的人才，这种教育不是亡国的教育吗？结尾处写道：

> 但是我却不是悲观的人。我以为这二十年来中国并不是完全没有进步，不过惰性太大，向前三步又退回两步，所以到如今还是这个样子。我这回回家寻出了一部叶德辉的《翼教丛编》，读了一遍，才知道这二十年的中国实在已经有了许多大进步。不到二十年前，那些老先生们，如叶德辉、王益吾之流，出了死力去驳康有为，所以这书叫做《翼教丛编》。我们今日也痛骂康有为。但二十年前的中国，骂康有为太新；二十年后的中国，却骂康有为太旧。如今康有为没有皇帝可保了，很可以做一部《翼教新编》来骂陈独秀了。这两部“翼教”的书的不同之处，便是中国二十年来的进步了。（《胡适文集》第二卷第474页）

胡适此类叙事文字的特色，除了前面提到的议论文字的特色外，还应当加上笔调平实，观察细致，不故作偏激之语。按说一个刚留学归来的洋博士，骂骂中国的落后，该是很痛快的，也是很时髦的。可胡适没有这么做，他看出了中国社会的落后，他要说，但中国确实也还在进步，他也看到了，更不能不说。胡适自己说他没有多少文艺的才华，我们权且承认，一个人的文艺才华的大小是相对的，不是绝对的，只要他的笔调能曲折有致，叙事能清楚明白又能触动人心，也就够了。从这点上说，胡适的这篇《归国杂感》，不愧为一篇纪事的好文章。若说缺陷，只能说纪事驳杂了些,感情不是那么沉郁,也就减了几分感人的力量。

胡适的文风,就谈到这里。

鲁迅的文风

鲁迅是文章大家。也选他一篇早期的名文吧,还数《记念刘和珍君》最能代表他的文体风格。所以选这篇文章,还有个原因,就是前一章讲了的三一八惨案,正是这篇文章的写作背景,不用再作什么介绍了。

不愧是写文章的老手,一下笔便是一种沉郁悲怆的气氛:

> 中华民国十五年三月二十五日,就是国立北京女子师范大学为十八日在段祺瑞执政府前遇害的刘和珍杨德群两君开追悼会的那一天,我独在礼堂外徘徊,遇见程君,前来问我道,“先生可曾为刘和珍写了一点什么没有?”我说“没有”。她就正告我,“先生还是写点罢;刘和珍生前就很爱看先生的文章。”
>
> 这是我知道的,凡我所编辑的期刊,大概是因为有始无终之故罢,销行一向就甚为寥落,然而在这样的生活艰难中,毅然预定了《莽原》全年的就有她。我也早觉得有写一点东西的必要了,这虽然于死者毫不相干,但在生者,却大抵只能如此而已。倘使能够相信真有所谓“在天之灵”,那自然可以得到更大的安慰,——但是,现在,却只能如此而已。(《鲁迅全集》第三卷第273页)

怎样与刘和珍相识的,在第三节中是这样说的:

> 她的姓名第一次为我所见,是在去年夏初杨荫榆女士做女子师范大学校长,开除校中六个学生自治会职员的时候。其中的一个就是她;但是我不认识。直到后来,也许已经是刘百昭率领男女武将,强拖出校之后了,才有人指着一个学生告诉我,说:这就是刘和珍。其时我才能将姓名和实体联合起来,心中却暗自诧异。我平素想,能够不为势利所屈,反抗一广有羽翼

的校长，无论如何，总该是有些桀骜锋利的，但她却常常微笑着，态度很温和。待到偏安于宗帽胡同，赁屋授课之后，她才始来听我的讲义，于是见面的回数就较多了，也还是始终微笑着，态度很温和。待到学校恢复旧观，往日的教职员以为责任已尽，准备陆续引退的时候，我才见她虑及母校的前途，黯然至于泣下。此后似乎就不相见。总之，在我的记忆上，那一次就是永别了。(《鲁迅全集》第三卷第274—275页)

全篇之中，就这两段是叙述性文字，自己亲历的事情的叙述。第五节中还有一段叙述性文字，不是亲历的事情，是转述，转述刘和珍死难时的情形。此外的文字，除了偶有一半句是叙述外，几乎全是激愤之语，警策之句，有的是感慨，有的是诅咒。且选几句看看：

我将深味这非人间的浓黑的悲凉；以我的最大的哀痛显示于非人间，使他们快意于我的苦痛，就将这作为后死者的菲薄的祭品，奉献于逝者的灵前。

真的猛士，敢于直面惨淡的人生，敢于正视淋漓的鲜血。这是怎样的哀痛者和幸福者？然而造化又常常为庸人设计，以时间的流驶，来洗涤旧迹，仅使留下淡红的血色和微漠的悲哀。在这淡红的血色和微漠的悲哀中，又给人暂得偷生，维持着这似人非人的世界。我不知道这样的世界何时是一个尽头！

惨象，已使我目不忍视了；流言，尤使我耳不忍闻。我还有什么话可说呢？我懂得衰亡民族之所以默无声息的缘由了。沉默呵，沉默呵！不在沉默中爆发，就在沉默中灭亡。

当三个女子从容地转辗于文明人所发明的枪弹的攒射中的时候，这是怎样的一个惊心动魄的伟大呵！中国军人的屠戮妇婴的伟绩，八国联军的惩创学生的武功，不幸全被这几缕血痕抹杀了。

时间永是流驶，街市依旧太平，有限的几个生命，在中国是不算什么的，至多，不过供无恶意的闲人以饭后的谈资，或者给有恶意的闲人作“流言”的种子。至于此外的深的意义，我总觉得很寥寥，因为这实在不过是徒手的请愿。人类血战前行的历史，正如煤的形成，当时用大量的木材，结果却只是一小块，但请愿是不在其中的，更何况是徒手。

我已经说过：我向来是不惮以最坏的恶意来推测中国人的。但这回却很有几点出于我的意外。一是当局者竟会这样地凶残，一是流言家竟至如此之下劣，一是中国的女性临难竟能如是之从容。

苟活者在淡红的血色中，会依稀看见微茫的希望；真的猛士，将更奋然而前行。

呜呼，我说不出话，但以此记念刘和珍君！（《鲁迅全集》第三卷第273—277页）

说这是一篇叙述性的文章，莫若说是以事件为依托写的杂感性的文章更为恰当。这一时期，鲁迅的文章，大体说来都是杂感。所以不多写叙述性文章，也是因为他还有别一种手段，那就是写小说。许多叙述性的材料，稍加改造或虚构，写成小说了。

从这类杂感性的文章中，可以看出鲁迅文风的一大特质，就是深厚的古文功底，娴熟的古文笔法。其表现，一为多用古语，多用单字；二为其文句多是由古文骨架衍化而来。

鲁迅的这一文风特质，世人多有论述。孙伏园在《鲁迅先生逝世五周年杂感二则》里说过：从前刘半农先生赠给鲁迅先生一副联语，是“托尼思想，魏晋文章”。当时的朋友认为这副联语很恰当，鲁迅先生自己也不反对。

托指托尔斯泰，尼指尼采。这副联语，换成白话说就是：思想来自托尼，文章师法魏晋。也可说成：托尼式的思想，魏晋式的文章。意思都差不了多少。思想不说了，单说文章。鲁迅是如何受了魏晋文章影响的，孙伏园的看法是：

> 鲁迅先生研究汉魏六朝思想文艺最有心得，而且他所凭借的材料都是以前一般学人不甚注意的，例如小说、碑文、器铭等等。尤其对于碑文，他所手抄的可以说是南北朝现在碑文的全部，比任何一家搜集的都丰富。而且工作态度最为精审，《寰宇访碑录》和《续录》所收的他都用原拓本一一校勘过，改正许多差讹以外，还增出不少的材料。因此在他的写作上，特别受有魏晋文章的影响。(《鲁迅研究学术论著资料汇编(1913—1983)》第三卷第700页)

研究什么就受什么的影响，这说法是简单了点，却很直接。应当说，总是他的心性里，有与魏晋时期的文风相契合的东西，才会喜欢上魏晋时期的人物，也才会喜欢上魏晋时期的文章。喜欢才会研究，研究了更加喜欢，一来二去，积久成习，笔下便带上了魏晋人的风致。孙伏园的话，直白地说，就是鲁迅的古文底子是很好的，而且是中国历史上最典雅、最见性情的那种古文的底子。

曹聚仁谈到这一点时，是把周氏兄弟一起说的。他认为：

> 周氏兄弟，他们对于中国古书古文的研究，可以说是已经修炼成仙，吐纳天地之精华，脱胎换骨的了。鲁迅的文章，从庄子楚辞中来，但他是消化了诸子百家的文辞，并不为屈原庄周所拘束，所以他并不要青年们步他的后尘。(《鲁迅评传》第244页)

具体地说，他是怎样多用古语、单字，其文句又是怎样一种古文骨架呢，从上面征引的段落中挑选一些词句细细分析不是难事，只怕别人不会服气。还是引述名家的高见吧。李长之在《鲁迅批判》一书中，对鲁迅的行文特征有绝妙的辨析，他是赞扬的，这赞扬中也就包含了鲁迅行文的这一特质。

李氏说，谁都知道鲁迅的杂感文有一种特殊的风格，他的文字，有他的一种特殊的方式。倘若说出来，就是他的笔常是扩张又收缩的，仿佛放风筝，线松开了，却又猛地一提；仿佛放开水流，却又预先在下游来一个闸，一张一弛，使人的精神有一种快感。读者的思想，先是随着驰骋，却终于兜回原地，也即是鲁迅所指定之所。这是鲁迅的文章吸引人的地方，却也是他占了胜利的地方。接下来，李氏自问自答：

> 他用什么扩张人的精神呢？就是那些“虽然”，“自然”，“然而”，“但是”，“倘若”，“竟”，“不过”，“譬如”……他惯于用这些转折字，这些转折字用一个，就引人到一个处所，多用几个，就不啻多绕了许多弯儿，这便是风筝的松线，这便是流水的放闸。可是在一度扩张之后，他收缩了，那时他所用的，就是：“总之”。（《鲁迅批判》第 132 页）

这是从好的一面说的，从另一面说，就是多用古文句式了。接下来，李长之还举了三段文章做例子，是从收在《华盖集续编》里的《记“发薪”》中选出来的，就是从“然而那是盛世的事”到“而且便是空牢骚如方玄绰者，似乎也已经很寥寥了”那三段文字。有兴趣的读者不妨自己找见看看。李氏是为了说明自己的卓识，所找的例子不免是刻意的寻求。读者会说这是特例，或者说是例外。且从前面所引的《记念刘和珍君》的几段文字中选几句，看看这多用古文辞，多用古文句式，是不是鲁迅行文的一个特点。

“待到学校恢复旧观，往日的教职员以为责任已尽，准备陆续引退的时候，我才见她虑及母校的前途，黯然至于泣下”一句中，“虑及母校的前途，黯然至于泣下”就是典型的古文句式。

“然而造化又常常为庸人设计，以时间的流驶，来洗涤旧迹，仅使留下淡红的血色和微漠的悲哀”一句中，“然而”可证上面李长之的说法不谬；“以……仅使……”是古文句式。

“苟活者在淡红的血色中，会依稀看见微茫的希望；真的猛士，将更奋然而前行”，只要多吟咏两遍，就能体味出其中的古文的调子了。

最能说明鲁迅这一行文特质的，该是《记念刘和珍君》中，前面没有引用的这样一段文字：

> 但我对于这些传说，竟至于颇为怀疑。我向来是不惮以最坏的恶意，来推测中国人的，然而我还不料，也不信竟会下劣凶

残到这地步。况且始终微笑着的和蔼的刘和珍君，更何至于无端在府门前喋血呢？（《鲁迅全集》第三卷第275页）

且将其中的实词剔去，只剩下骨架，看看它的本相：

但……竟至于……向来……然而……也……竟……况且……更何至于……

这样的分析，绝没有贬斥的意思，只是要探讨鲁迅文风的本质特征，给世人一个交代，还鲁迅一个公道。文章是好文章，只是想说，这样的好文章，它好的地方，不在别处，而在这种古文辞的随意的镶嵌，这种古文句式的娴熟的周转。正因为有这样的认知，我曾在一次演讲中说过，像《记念刘和珍君》这样的文章，是由文言文向现代白话文转化途中的产物，文言文的痕迹是很显著的。这样的文风，贯穿了鲁迅的一生，说鲁迅是一位白话文大师，莫若说是中国最后一位古文大师更恰当些。

仅以一篇半叙述半杂感式的文章，来评价鲁迅这一时期的文风，显然是不公道的。谁都知道，鲁迅这一时期最重要的成绩不是杂感，而是他的那些短篇小说。要选也要选最好的。李长之是位长于艺术分析的评论家，在《鲁迅批判》中说，“倘若让我只举最完整的创作的话，则我觉得这一共二十五篇创作的两个结集里，有八篇东西是我愿意指出来的”。他说的八篇，是指《孔乙已》、《风波》、《故乡》、《阿Q正传》、《社戏》、《祝福》、《伤逝》和《离婚》。又说，到了完整的艺术，就是不能再分高下了。

那么还是选择《风波》吧。对它的艺术的分析，仍以李长之的话为凭据。李氏说，《风波》以从容胜，看了让人觉得作者有千钧的力量似的，却只小试身手，看他能扛鼎吧，但却只踢一踢毽子。《风波》的技巧，可说是不苟。当人物到了全出场的时候，作者对任何一个人物并不冷淡，使她或他都恰如其分地在那里表现各自的性格。说到这里，李氏抄录了《风波》中的几段文字：

看客中间，八一嫂是心肠最好的人，抱着伊的两周岁的遗腹子，正在七斤嫂身边看热闹；这时过意不去，连忙解劝说，“七斤嫂，算了罢。人不是神仙，谁知道未来事呢？便是七斤嫂，那时不也说，没有辫子倒也没有什么丑么？况且衙门里的大老爷也还没有告示……”

七斤嫂没有听完，两个耳朵早通红了；便将筷子转过向来，指着八一嫂的鼻子，说，“阿呀，这是什么话呵！八一嫂，我自己看来倒还是一个人，会说出这样昏诞胡涂的话么？那时我是，整整哭了三天，谁都看见；连六斤这小鬼也都哭……”六斤刚吃完一大碗饭，拿了空碗，伸手去嚷着要添，七斤嫂正没好气，便用筷子在伊的双丫角中间，直扎下去，大喝道，“谁要你来多嘴！你这偷汉的小寡妇！”

扑的一声，六斤手里的空碗落在地上了，恰巧又碰着一块砖角，立刻破成一个很大的缺口。七斤直跳起来，捡起破碗，合上了检查一回，也喝道，“入娘的！”一巴掌打倒了六斤。六斤躺着哭，九斤老太拉了伊的手，连说着“一代不如一代”，一同走了。

八一嫂也发怒了，大声说，“七斤嫂，你‘恨棒打人’……”

赵七爷本来是笑着旁观的；但自从八一嫂说了“衙门里的大老爷没有告示”这话以后，却有些生气了。这时他已经绕出桌旁，接着说，“‘恨棒打人’，算什么呢。大兵是就要到的。你可知道，这回保驾的是张大帅，张大帅就是燕人张翼德的后代，他一支丈八蛇矛，就有万夫不当之勇，谁能抵挡他，”他两手同时捏起空拳，仿佛握着无形的蛇矛模样，向八一嫂抢进几步道，“你能抵挡他么！”(《鲁迅全集》第一卷第472—473页)

之后是这样的评价：这么绰有余裕的笔墨，在不苟之外，又“以从容胜”。《风波》写的是一个农民在共和告成后，剪去辫子，不久传言皇上又坐了龙廷，于是在这个村庄里便起了一场风波，后来又传来消息，说这传言是假的，于是这风波很快就过去了。它的本事，不用说，是张勋扶助溥仪复辟的那场短暂的历史闹剧。这事是鲁迅在北京经过的，农村会有怎样的反应，就是没有见过，也不难想象。可以说，这篇小说，是先有了“主题”，然后借助想象完成的。这一类的小说，占了鲁迅为数不多的小说的大半。研究者认为思想性强，社会批判力度大的作品，大多属于此类。比如《狂人日记》、《药》、《一件小事》、《阿Q正传》、《端午节》、《肥皂》、《示众》、《离婚》等。这样说，并不否认其中有些仍是优秀之作，比如《阿Q正传》，因为用笔的轻慢，心态的平和，那样大的历史变局，却以风趣幽默的笔致出之，反而成了鲁迅小说作品中的一个异数，成为他最获好评的作品。

撇开思想性不谈，仅从艺术性上说（我是这样说了，但我从来是反对这种分析办法的，因为两者是不可剥离的，这里所以这样说，只是为了照顾普通读者的情绪，我不想走得太远），鲁迅小说的缺陷主要有两点。

一是主题的直露。这种直露，不能完全归诸前面提到的主题先行。有写作经验的人都知道，主题和材料是互相发明，互相借重的。主题调动了生活积累，生活积累加深了主题的挖掘，只要最后成为浑然天成的作品，谁也不能再多说什么。而主题的直露就不同了，无论再充足的理由，都不能说那种论证式的、说教式的小说，是真正的艺术品。比如《狂人日记》中最为人称道的这句话：

> 我翻开历史一查，这历史没有年代，歪歪斜斜的每叶上都写着"仁义道德"几个字。我横竖睡不着，仔细看了半夜，才从字缝里看出来，满本都写着两个字是"吃人"！（《鲁迅全集》第一卷第425页）

就是在当年，这也不是什么超卓的识见。理教杀人，理教吃人，明清以来具有反叛精神的思想家们，早就有这样的认知，早就说过这样的话。鲁迅在这里，不过将它极而言之，扩大到整个中国历史罢了。

二是语言的瘦劲，或者说是瘦筋。瘦劲这个词，不知别人用过没有，若没有，且算做我的发明。它的意义，可说是瘦而劲，瘦削而有劲。从反面说就是不饱满，不滋润。在鲁迅的小说里，你很难找到一处感情饱满，描写细致，意象丰盈的段落。他的那些社会批判意识强的作品，说是小说，毋宁说是文章，借助人物形象写成的社会杂感文章。这种写法，决定了他对笔下的人与事，总是寥寥几笔，达意即止。不可能做精心的刻画，也不可能做细腻的描述。他的感情是外在的，也就达不到人物的肺腑，也就写不到事情的肌理。

有几篇确也不错的写世俗生活的小说，比如《孔乙己》、《故乡》、《社戏》、《祝福》，从体裁上说，更像是散文而不像是小说。这些作品的思想意义和艺术价值，说是多么的高多么的大，更多的是后人精心的阐发，很少是作品本身的固有。只有在一些小的细节描写上，一部分人物对话上，确能显出作者艺术的才情。这样的细节与对话，在作品中占的分量不是很重，虽说也能让人眼前一亮，终是亮点太小而亮度不大，难以照彻整个作品搭建的艺术空间。也如同不多的血肉，难以丰满如柴的骨骼，捡来的几枚小钱，总不会显得多么阔绰。

所以造成这种让人尴尬而难以信服的局面，一则是作者对社会人生缺少温情的体验，多的是冷眼旁观的愤懑。鄙薄多于赏鉴，鞭笞多于抚弄，也就不能用平和的心态、从容的笔调来书写自己的体验。再就是，他的那种"魏晋文章"式的笔法，也不允许他做细致委婉的描写，留连难舍的咏叹。他是有才能的，这个谁也不否认，但最后的判断不是有没有才能，或是推测出的才能有多大，而是实际表现出的才能有多大。对鲁迅因论敌太多，情绪激昂，难得闲适，未尽其才的悲哀，李长之有他独到的见解。是在谈到鲁迅仅有的几篇抒情性散文时说的：

> 这种抒情的文章之少，小半的原因是因为鲁迅碰到要攻击的对象是太多了，他那种激昂的对于社会的关怀使他闲适不得。即是他的杂感，也每每不大从容，然而遇有从容的笔墨，却一定是优美的笔墨。这也是一切艺术的特质吧，必须和实生活有一点距离，所以和爱人吻着的时候大抵是不会写情诗的，如周作人所说。艺术的创作究竟是有闲的，鉴赏亦然，这是事实。不过我以为这并不坏，一如有的人却以为不好。好坏就是价值问题了，价值是因观点不同而异的，不如事实那么没有变动。无论如何吧，鲁迅在生活上的余裕太少，至少是心理的感觉上，所以纯艺术的作品不是很多。我所谓纯艺术，并不是说它毫没有别的作用，乃是说它的作用乃是放在创作欲之后的，并且它的形式，是完整的艺术的，与其说它纯艺术，或者不如说是"非纯作用"。可是虽然如此，鲁迅颇有少数的完整的艺术品，并且我们据这少数的完整的艺术品看，鲁迅的的确确有这方面的才能，

没使他充分发展了的，只是机会。（《鲁迅批判》第51—52页）

瘦劲的例子就不举了。看看鲁迅的小说，几乎每一节都那么寥寥几行，句子都那么短，就不难明白我说的是什么意思。再一个反证是，既然说鲁迅的小说那么好，评论鉴赏的文章铺天盖地，入选中学大学课本的又那么多，几乎到了普天之下（中国大陆）无人不读鲁的程度，可是从二十世纪二十年代以来，没有一个作家是学鲁迅学到家的，甚至连个像的也找不见。它的艺术性，来自深厚的古文功底，不是学不来，一学就露了丑。这样一来，人们就只有赞叹而难以师法了。换句话说，现当代凡写小说的，都是用白话文写的，你去学一个用魏晋笔法写作，学一个几乎是从文言文脱胎出来的作家的作品，南其辕而北其辙，如何能上得了路呢？

鲁迅的社会理念

前面第三章里，谈到了鲁迅的思想资源。一个人的思想资源会影响他的社会理念，却不等于他的社会理念。思想资源更多的对他的人生理念起作用，未必全部表现在他对社会的认知与追求上。一个自负的，甚至是自私的人，也可以是一个坚定的社会主义者，只要他在追求社会主义事业的实现上，信念坚定，勇于实践，我们就得承认他是一个优秀的社会主义者。在这上头，个人品质上的瑕疵，是可以忽略不计的。这也就是我们谈论鲁迅的是非功过时，很少论及鲁迅个人品质的原因。

但是，对于鲁迅这样一位被视为中国文化革命新军的主将式的人物，对他的社会理念，却不能不作一番考察。往常人们谈这个话题，总是举出他的一些经典性的言论，说他怎样狠批中国国民性的弱点，怎样掮住了闸门放孩子们到光明的地方去，怎样赞美前苏联社会主义建设的成就，怎样赞美在中国共产党人身上寄托了人类的希望。严格地说，这些并不能说明鲁迅的社会理念，有的是对中国传统文化的批判，有的是在政治斗争中的坚定的立场。要探究鲁迅的社会理念，最好是用统计学的方法加以验证。比如，可以用电子计算机，算出鲁迅著作中使用什么样的社会学的术语最多。如果他使用民主、自由、平等、博爱这类的词语多，我们就可以认定他是一个崇尚民主自由的人，是一个有现代社会意识的人。如果他用的还是中国士大夫千百年来惯用的心性、高尚、卑劣等传统词语，我们就应当认定他是一个传统的中国知识分子，并没有多少先进的社会理念。

要对鲁迅的全部著作做一次这样的检索，不是不可能，只是这样的工作量太大了，不是我在这样一本著作中能完成的。那就在一个较小的范围里，做一次这样的检索并得出我们的评价。这样做的理论依据是，既然全部词语的检索有这样的功效，那么随机性的抽查，只要够了一定的量，也可以得出大致相同的结论。

正好手边有本《鲁迅论中国社会改造》，是一位叫赵倚平的先生编的。赵先生在深圳某国家单位供职，编这样一本书，完全是他个人的爱好，并非受什么机构的委托。香港公元出版社二〇〇一年十二月出版。也可以说是赵先生自己印制赠送朋友的。赵先生在书中一篇类似后记的文章中说，鲁迅一生都在致力于中国国民性的改造，然而鲁迅关于国民性改造的一个杰出的思想，即作者所说的“改造国民性，要有更激烈的主张”，却没有得到世人的重视。作者编选此书，就是为了弘扬鲁迅的这一思想。也就是说，这是一本体现鲁迅社会理念的语录选编。

我们的办法是，先设定一个选择的程序，从这本书中筛选出若干条语录，再找出那些与社会理念有关的词语，看什么样的词语出现的频率高，也就可以大体看出作者的社会理念了。

全书共分六部分，每一部分的标题及选取语录的条数如下：

一、论中国社会	九十七条
二、论中国社会的改造	七十一条
三、论中国的国民性	六十六条
四、论中国国民性的改造	四十五条
五、人生与生活	八十二条
六、青年、未来、希望	六十四条

筛选的程序是，从每一部分中选取第一条和中间的一条。所以选第一条是因为作为这一部分的第一条，编者应当是很慎重的。所以选取中

间一条，是因为它的随意性最大，不会是有意的安排。中间一条的选法是，末尾是偶数的，除以二所得的数字即为应选的条目；是奇数的，加一再除以二即为应选的条目。当然不一定选中间的一条，也可以随意定一个数字，比如第三十五条，只要每一部分都选第三十五条就行了。

现在我们将每一部分的第一条和中间的一条共计十二条语录，抄录如下：

> 阿，造物的皮鞭没有到中国的脊梁上时，中国便永远是这一样的中国，决不肯自己改变一支毫毛！（《呐喊·头发的故事》）

> “安贫”诚然是天下太平的要道，但倘使无法指定究竟的运命，总不能令人死心塌地。……
>
> 运命说之毫不足以治国平天下，是有明明白白的履历的。倘若还要用它来做工具，那中国的运命可真要“穷”极无聊了。（《花边文学·运命》）

> 中国人的性情是总喜欢调和，折中的。譬如你说，这屋子太暗，须在这里开一个窗，大家一定不允许的。但如果你主张拆掉屋顶，他们就会来调和，愿意开窗了。没有更激烈的主张，他们总连平和的改革也不肯行。（《三闲集·无声的中国》）

> 历史的巨轮，是决不因帮闲们的不满而停运的……（《集外集拾遗·引玉集后记》）

> 谁说中国人不善于改变呢？每一新的事物，起初虽然排斥，但看到有些可靠，就自然会改变。不过并非将自己变得合于新事物，乃是将新事物变得合于自己而已。（《华盖集·补白》）

> 我敢于说，中国人中，仇视那真诚的青年的眼光，有的比英国或日本人还凶险。（《华盖集·忽然想到》）

> 改造自己，总比禁止别人来得难。（《且介亭杂文·论毛笔之尖》）

总之：读史，就愈可以觉悟中国改革之不可缓了。虽是国民性，要改革也得改革，否则，杂史杂说上所写的就是前车。一改革，就无须怕孙女儿总要像点祖母那些事，譬如祖母的脚是三角形，步履维艰的，小姑娘的却是天足，能飞跑；丈母老太太出过天花，脸上有些缺点的，令夫人却种的是牛痘，所以细皮白肉：这也就大差其远了。（《华盖集·这个与那个》）

我自己，是什么也不怕的，生命是我自己的东西，所以，我不妨大步走去，向着我自以为可走的路；即使前面是深渊，荆棘，狭谷，火坑，都由我自己负责。（《华盖集·北京通信》）

中国是古国，历史长了，花样也多，情形复杂，做人也特别难，我觉得别的国度里，处世法总还要简单，所以每个人可以有功夫做些事，在中国，则单是为生活，就要化去生命的几乎全部。尤其是那些诬陷的方法，真是出人意料，譬如对于我的许多谣言，其实大部分是所谓“文学家”造的，有什么仇呢？至多不过是文章上的冲突，有些是一向毫无关系，他不过造着好玩，去年他们还称我为“汉奸”，说我替日本政府做侦探。我骂他时，他们又说我器量狭小。

单是一些无聊的事，就会化去许多力气。但敌人是不足惧的，最可怕的是自己营垒里的蛀虫，许多事都败在他们手里。因此，就有时会使我感到寂寞。但我还是要照先前那样做事的，虽然现在精力不及以前了，也因学问所限，不能慰青年们的渴望，然而我毫无退缩之意。（《书信·致萧军、萧红》）

我早就很希望中国青年站出来，对于中国的社会，文明，都毫无忌惮地加以批评……（《华盖集·题记》）

真的猛士，敢于直面惨淡的人生，敢于正视淋漓的鲜血。（《华盖集续编·记念刘和珍君》）

再看这十二条语录中，有哪些体现社会理念的词语，和它们出现的次数。电脑选词的结果是：

中国——九次，中国人——三次，运命——三次，青年——三次，我自己——三次，国民性、文明、仇恨、凶险、谣言、猛士各一次。

据此可以说，鲁迅是关心中国和中国人的，是常说运命的，是关心青年的，也是经常考虑自己的。国民性、文明，这类理性化词语，他是用的；仇恨、凶险、谣言、猛士，这类情绪化的词语用得更多。

实际上，也可以变通一下，把这十二条语录当做一篇文章来读，那么这就是一篇体现了他的社会理念的宣言了。从中我们可以看出，他是要改造这个社会的，但这个社会改造起来太难了，几乎是不可能的。每前进一步，都要付出巨大的代价，有时到了让人气馁的程度。纵然这样，还是要改造下去，希望在于青年，在于真正的勇士，敢于直面惨淡的人生，敢于正视淋漓的鲜血。这就是鲁迅对他所处的社会的看法，也是他对这个社会实施的改造方略。

这样的社会理念，只能说是一个有良知的知识分子，对社会的正义感，对社会进步的最起码的认知。他的理念，没有超出一个旧时代的士人对社会的认知，所采用的方法，也是千百年来有志于社会改革的志士仁人的那一套，没有新的社会认知，也没有新的改造手段。

相比之下，胡适就不同了，他是学下了西方民主自由平等那一套且深信不疑，以为只有这一套才是改革中国社会的唯一利器；只有这一套，才能彻底改变中国社会眼下腐败落后的状况，建成一个文明的社会，建起一个现代的国家。

据此我们基本上可以这样说，胡适和鲁迅，无论在文风上，还是在社会理念上，都是不同的。他们的不同，在文风上不是白话程度的不同，在社会理念上不是彻底程度的不同，总括起来说，是新潮与传统的不同，创新与固守的不同，说到底则是今与古的不同。也就是说，鲁迅的文风，仍未脱中国古文的樊篱，他的社会认知仍未脱中国古代士人愤世嫉俗、不共戴天一类的命题。没有新的人生追求，也没有新的社会理想。后期思想的变化这里就不说了。胡适则不同，他是在用一种全新的文风写文章，表达的也是一种全新的人生追求，全新的社会理想。民主、自由、平等、宽容，浸透到了他的一切文字中，也浸透到了他的一切为人行事中。

胡适的社会理念

还得用这个办法检验一下胡适的社会理念，要不就没有对比，也不公道。再说一遍，这个办法说不上多么严密多么准确，在没有找到更严密更准确也更简便，又是统计学的办法之前，还得承认这总是个办法。

那就得找一本胡适的语录体的书。手边有本台湾李敖编的《胡适语粹》，文汇出版社二〇〇三年七月出版，大体符合我们的需要。一、编选者是为了全面展示胡适的思想与人格，不是为了拔高他也不是为了诋丑他。二、编选者绝不会想到有人用它做一种统计学的检测，也就不会在条目上做什么手脚。这就保证了我们的检测的随机性。

全书共分十个部分，与社会理念相关的是第四、第五、第六部分。这三个部分的名称和条目数如下：

第四部分	东西文化	三十一条
第五部分	中国前途	二十七条
第六部分	社会·经济	二十三条

选取每部分的头一条与中间一条。第一条好说，中间一条的选法，若整节是偶数不必说了，若是奇数可用加一除二法，得出第四部分选第十六条，第五部分选第十四条，第六部分选第十二条。排列如下：

一个民族的文化，可说是他们适应环境胜利的总和。适应环境之成败，要看他们发明器具的智力如何。文化之进步就基于器具之进步。所谓石器时代、铜器时代、钢铁时代、机电时代等，都是说明文化发展之各时期。各文化之地域的发展也与历史的发展差不多。东西文化之区别，就在于所用的器具不同。近二百年来西方之进步远胜于东方，其原因就是西方能发明新的工具，增加工作的能力，以战胜自然。至于东方虽然在古代发明了一些东西，然而没有继续努力，以故仍在落后的手工业时代，而西方老早就利用机械与电气了。

这才是东西文明真正的区别了。东方文明是建筑在人力上面的,而西方文明是建筑在机械力上面的。有一个美国朋友向我说:“美国每个男女老幼有二十五个以至三十个机械的奴仆替他当差,但是每个中国人只有四分之三的机械奴仆替他服务。”还有一个美国的工程师说:“美国每人有三十五个看不见的奴仆替他做事。美国的工人,并不是工资的奴隶,而是许多工具的头目。”这就是东西文化不同之处。它们原来不过是进步之程度不同,后来时日久远,就变为两种根本不同的文化了。(《东西文化之比较》)

但每一种新发展,不能孤立,必定有他的文化背景,必定是那个文化背景的产儿。埋头做骈文律诗词赋八股,或者静坐讲理学的智识阶级,决不会产生一个佛萨利司(Vesalius),更不会产生一个哈维(Harvey),更不会产生一个巴斯脱(Pasteur)或者一个郭霍(Koch)。巴斯脱和郭霍完全是十九世纪科学最发达时代的人杰,是不用说的。佛萨利司和哈维都是那十六七世纪的欧洲一般文化的产儿,都是那新兴的医科大学教育的产儿,他们都是意大利的巴度阿(Padua)大学出来的。那时候,欧洲的大学教育已有五百年的发展了。那时候,欧洲的科学研究早已远远超过东方那些高谈性命主静主敬的“精神文明”了。其实东方文化的落后,还不等到十六七世纪,到了十六七世纪,高低早已定了,胜败早已分了:我们不记得十七世纪初期利玛窦带来的新天文学在中国已是无坚不摧的了吗?我们的科学文化的落后还得提早两千年!老实说,我们东方人根本就不曾有过一个自然科学的文化背景。(《〈人与医学〉的中译本序》)

今日吾国之急需,不在新奇之学说,高深之哲理,而在所以求学论事观物经国之术。以吾所见言之,有三术焉,皆起死之神丹也:

一曰归纳的理论;

二曰历史的眼光;

三曰进化的观念。(《胡适留学日记》)

扰乱也是最大的仇敌。太平天国之乱毁坏了南方的精华区域,六七十年不能恢复。近二十年中,纷乱不绝,整个的西北方是差不多完全毁了,东南、西南的各省也都成了残破之区、土匪世界。美国生物学者卓尔登(David Star Jordan)曾说,日本所以能革新强盛,全靠维新以前有了二百五十年不断的和平,积养了民族的精力,才能够发愤振作。我们眼见这二十年内战的结果,贫穷是更甚了,疾病死亡是更多了,教育是更破产了,避兵避匪逃荒逃死还来不及,那能办教育?租税是有些省份预征到民国一百多年的了,贪污是更明目张胆的了。(《中国评论周报》本年一月三十日社论说,民国成立以来,官吏贪污更甚于从前。)然而还有无数人天天努力制造内乱!这是我们的第五大仇敌。(《我们走那条路》)

我特别用"社会化的经济制度"一个名词,因为我要避掉"社会主义"一类名词。"社会化的经济制度"就是要顾到社会大多数人民的利益的经济制度。最近几十年的世界历史其一个很明显的方向,就是无论在社会主义的国家,或在资本主义的国家,财产权已经不是私人的一种神圣不可侵犯的人权了。社会大多数人的利益是一切经济制度的基本条件。美国、英国号称资本主义的国家,但他们都有级进的所得税和遗产税。前四年的英国所得税,每年收入一万镑的,税要抽百分之八十,而每年收入在二百五十镑以下的人,只抽百分之三的所得税。同年美国所得税率,单身人(没有结婚的),每年收入一千元的,只抽一百零七元;每年收入一百万元的要抽八十九万九千五百元,等于百分之九十的所得税。这样的经济制度,一方面并不废除私有财产和自由企业,一方面节制资本,征收级进的所得税,供给全国的用度,同时还可以缩短贫富的距离,这样的经济制度可以称为"社会化的"。此外如保障劳工组织,规定最低工资,限制工作时间,用国家收入来救济失业者,这都是"社会化"的方

法。(《眼前世界文化的趋向》)

数日前余演说吾国婚制之得失,余为吾国旧俗辩护,略云:吾国旧婚制能尊重女子之人格。女子不必自己向择偶市场求炫卖,亦不必求媚人悦人之术。其有天然缺陷不能取悦于人,或不甘媚人者,皆有相当配偶。人或疑此种婚姻必无爱情可言,此殊不然。西方婚姻之爱情是自造的(Selfmade),中国婚姻之爱情是名分所造的(Duty-made)。订婚之后,女子对未婚夫自有特殊柔情。故偶闻人提及其人姓名,伊必面赤害羞;闻人道其事,伊必倾耳窃听;闻其有不幸事,则伊必为之悲伤;闻其得意,则必为之欣喜。男子对其未婚妻,亦然。及结婚时,夫妻皆知其有相爱之义务,故往往能互相体恤,互相体贴,以求相爱。向之基于想像,根于名分者,今为实际之需要,亦往往能长成为真实之爱情。(《胡适留学日记》)

第四部分第二条和第六部分第一条,都太长,只选了前面的一段。

对上面抄录的文字,用电脑选词,得出的结果是:

文化——十三次,税——九次,社会——八次,美国——八次,制度——六次,东方——六次,所得税——六次,西方——五次,文明——四次,进步——四次,中国——两次,英国——两次,社会主义——两次,资本主义——两次。

从所选文字中能看出,胡适举例,很少引用中国古书上的话,几乎全是外国的人物与事件。并非不关心中国的事情,而是随时将东方与西方作比较,从中得出自己的看法。注意引用具体的数字说明问题,很少空泛的、大而不当的议论。当然,也不必回避,在某些事情上,胡适的看法并不见得高明,比如对中国旧的婚姻制度的看法。

如果把这几段文字连起来看做一篇文章的话,能明显地看出,胡适是赞美西方文明,主张以西方的社会理念来改造中国社会,而要实现这种改造,必须注重制度建设,这才是学习西方文明的根基。

把鲁迅与胡适作一比较，看得就更为清楚了。鲁迅是个旧文人，他的用语与文风，都是旧的；胡适是个新时代的知识分子，他的用语与文风，都是新的，文是全新的文，人是全新的人。尤其是他对中国社会改造的理念，是向上的，是建设性的。没有褊狭，没有仇恨，只有诚恳的劝导，切实的擘划。鲁迅则不然，气愤，怨恨，诅咒，嘲讽，无所不用其极，偶尔也会说些"光明"一类的词儿，不是言不及义，就是大而无当。在他那里，是看不到什么建设性的改造社会的建言的。

中国若不打算走向现代化则罢，若打算走向现代化，又要在文化上选择一个从旧时代到新时代的传承式的人物，只能是胡适而不能是鲁迅。

中学课本里的鲁迅作品

这是本书的最后一节，该着谈谈中学课本里的鲁迅著作了。

不必一一翻阅眼下通用的中学课本了，手边有两本段崇轩、傅书华合著的《初中语文名篇双解》、《高中语文名篇双解》，据作者说所选篇目均出自人民教育出版社出版的现行中学语文课本，也就是我们通常所说的部颁教材。经查对，初中高中课本上，还有五篇未选。现将未选的篇目补齐，这样现行中学课本上所选的鲁迅著作就都有了。

初中课本上的篇目是：《社戏》、《故乡》、《孔乙己》、《从百草园到三味书屋》、《藤野先生》、《阿长与〈山海经〉》、《"友邦惊诧"论》、《鲁迅自传》、《中国人失掉自信力了吗》。

高中选的篇目是：《药》、《祝福》、《阿Q正传》、《记念刘和珍君》、《为了忘却的纪念》、《呐喊·自序》、《拿来主义》、《灯下漫笔》。

以上共是十七篇。也就是说，一个少年人，从初一到高三六年中，中国现代作家的作品，学得最多的就数鲁迅了。这个多，不是相对的多，可说是绝对的多，其他作家，能选这个数字的零头，都可说是很多了。鉴于此，说中学语文课本上，主要是鲁迅的作品，一点也不为过。

当然，以上篇目，并非一成不变。我上过中学，也教过中学，一九五九年上初中一九六五年高中毕业，一九七〇年到一九八〇教中学语文。在我的记忆中，还学过、教过《一件小事》、《中国无产阶级革命文学和前驱的血》、《文学与出汗》、《“丧家的”“资本家的乏走狗”》、《答北斗杂志社问》等篇。前面所列的现行中学课本上的许多篇目，我上中学时就学过，比如《社戏》、《故乡》、《孔乙己》、《从百草园到三味书屋》、《藤野先生》、《“友邦惊诧”论》、《中国人失掉自信力了吗》、《药》、《祝福》、《阿Q正传》、《记念刘和珍君》、《为了忘却的纪念》。可说几十年来改动不是很多。鉴于此，说几十年来，我们的中学生在语文课上主要是学习鲁迅的作品，一点也不为过。

我不是说鲁迅的作品，一篇也不要上中学语文课本，若是像郁达夫、朱自清那样，选上一两篇，是可以的。就说是个优秀的作家吧，选上三四篇也说得过去，像现在这样一选就是十几篇，是怎么都说不过去的。更为奇怪的是，所选篇目又集中在《呐喊》这本小说集里。这本小说集，连上《自序》，共收入十五篇作品，而中学课本上选入的有六篇。

中学课本上，这样大量地选鲁迅的作品，鲁迅先生地下有知，怕也不会同意的。他知道他的作品，是适宜中学生读，还是不适宜中学生读。前面提到过，在《不是信》一文中，鲁迅曾说，“我也曾反对过将自己的小说采入教科书，怕的是教错了青年，记得曾在报上发表过”。

仍说《呐喊》。这个小说集，是一九二三年八月北京新潮社印行的，到了年底，因为销量好，新潮社要印第二版，征求鲁迅的意见，鲁迅迟迟不肯同意，当然后来还是同意了。这迟迟不肯同意的原因，孙伏园知道了，便以“曾秋士”为笔名，写了篇文章在他编的《晨报副刊》上披露。一九二四年一月十二日刊出，题为《关于鲁迅先生》，其中第三节专谈此事：

> 鲁迅先生对于《呐喊》再版迟迟不予准许的原因闻有数端。一，听说有几个中学堂的教师竟在那里用《呐喊》做课本，甚至有给高小学生读的。这是他所极不愿意的，最不愿意的是竟有人给小孩子选读《狂人日记》。他说“中国书籍虽然缺乏，给小孩子看的书虽然尤其缺乏，但万想不到会轮到我的《呐喊》”。他说他虽然悲观，但到今日的中小学生长大了的时代，也许不至于“吃人”了，那么这种凶险的印象给他们做什么！他说他一听见《呐喊》在那里给中小学生读以后，见了《呐喊》便讨厌，非但

没有再版的必要，简直有让他绝版的必要，也有不再做这一类小说的必要。我说，《狂人日记》末了明明写着“救救孩子”，那么至少要有孩子的人才有看《狂人日记》的资格，孩子自身何必看他。

二，他说《呐喊》的畅销，是中国人素来拒绝外来思想，不爱读译作的恶劣根性的表现。他说中国人现在应该赶紧读外国作品。郑振铎是已经投降了群众了，说译作至少要做到“看得懂”，其实“看得懂”的定义很难下，凡看不懂译作的人大概是一辈子看不懂的，不看可也，硬看亦可也，去牵就他做什么！他的译作《工人绥惠略夫》，他的译作《桃色的云》，他的译作《一个青年的梦》，都是极好的作品，但听说可怜都只销了数百部。

《呐喊》的再版闻已付印，三版大概是绝无希望的了。

从这几段文字可以看出，鲁迅不愿意让他的这本小说集做中学的课本，只举了《狂人日记》的例子，绝不限于这一篇。其原因，他说是因为自己对人世悲观，不愿意这悲观的情绪影响了中学生的健康成长。没有说出的原因，我们还可以推测出对人世的冷漠，甚至绝望。此其一。再一个是，他知道他的小说从艺术上说，不是多么成熟，不过是学习了一些外国小说的技法。《呐喊》之所以畅销，获得世人的赞赏，实在是因为“中国人素来拒绝外来思想，不爱读译作的恶劣根性的表现”，一旦思想开放，多读译作，他的这些技巧，也就不足为奇了。读读可以，若作为中学课本，说不定会贻笑于后人。应当说，鲁迅在这点上是清醒的，是对社会负责，也对自己负责的。

有人会说，这不过是鲁迅的谦虚，怎么可以当真呢。除了鲁迅，谁还能写出这么好的小说。

这样说，是不知道中国新文学的发展历史。现代意义上的小说、诗歌和剧本，这几种文学样式，是新文化运动初期，才传入中国的，或者说，才有中国作家尝试写作的。其技法，都可说不很成熟。在众多的尝试者中，只能说鲁迅会借鉴，有新意，写得比较好，不能说他的小说艺术就达到了纯熟的地步。这是从新文学的尝试一面说的。另一面，鲁迅的小说用的是魏晋笔法。从某种意义上说，鲁迅的小说，借鉴外国小说的立意多些，而借鉴魏晋小说的笔法多些。寥寥几笔，刻画出人物的言行，生动传神，止于达意，就行了。这样的小说，说是新小说，实际上旧小说的成分是很大的。

这是单就小说而论，其他样式的作品，如散文、杂文，也都有不宜入选的理由。下面谈谈我对这些作品的看法，供读者参考。

《社戏》，这篇作品是作为小说选入的。可以说，它就不是小说。说是散文，都有些勉强，只能说是随笔。只是后半部分写孩子们晚上去看社戏的情节，也还生动传神罢了。全文五千五百字，前面写在北京看京剧的部分，占了将近三页，约两千字，三分之一强。这样的比例，对一篇小说来说，先就是大忌。若说是一篇散文，也还勉强说得过去。先写在北京看戏，再过渡到在故乡看戏，是自然的联想，也是强烈的对比。对京剧的不满，有两次失败的实例，对社戏的回忆，由日本书上的说论来引发，笔墨自然地落在了少年时看社戏的趣事上。若说是篇随笔呢，那就更妙了。有实例，有引证，还有生动的记忆，兴之所至，笔亦随之，可说是随笔的佳作。然而，我们却要教学生，这是小说，小说就是这样写的，这不是荒唐吗？

《故乡》的缺陷和《社戏》相似，也就是像散文而不像小说。长处是对人物的刻画比《社戏》好，刻画出了闰土的形象，少年时的天真，成年后的麻木，既合情合理，又入木三分。写杨二嫂，虽寥寥几笔，也还传神。失败处在小说的末尾，“我”带了母亲和侄儿在离开故乡的路上，无端地发了那么多的议论，又是对新的生活的向往，又是“我所谓希望，不也是我自己手制的偶象么”，又是“地上本没有路，走的人多了也便成了路”。哪有这样写小说的！小说的结尾，应该是留给人思考的，而不是作者借了人物发感慨的。

《孔乙己》是鲁迅最为欣赏的一篇小说。他曾对人说，他最喜欢这篇，因为用那么短的篇幅，写了一个人的一生。这也恰恰是这篇小说的失败之处。事实上也并非写了这位教书先生的一生，只不过写了他晚年的穷酸与落魄罢了。只能说时序拉得比较长。这么长的时序里，要写好一个人物，就免不了过多地交代过程。应当说，这是一篇最为典型的鲁迅式的小说。不多的笔墨，叙述了几个生动的情节，人物形象就出来了。在所有入选的作品中,这篇是说得过去的。

《药》这篇小说,主题是深刻的,革命者的牺牲,并未唤起民众的觉醒,不过是给愚昧的民众做了治病的药物。这是另一种更为惨酷的“吃人”。但它的写法,却是十分直露的。连场景都没有写出来。只有压抑而沉闷的笔调,只有几个鬼魂似的人物飘来飘去,在说明着作者的主题。最后瑜儿坟上的花圈,作者已说明所为何来,就不必提了。

《祝福》,这是鲁迅最好的小说了。一个好的短篇小说应具备的因素,几乎全部具备了。最重要的是,通篇充溢着对妇女命运的关怀,对儿童猝死的怜惜,没有鄙弃,没有嘲弄,一切都是出于至善至诚。这在鲁迅的作品中是十分难得的。缺憾还在他的语言的通病,就是过多的转折语,过多的“鲁迅调”,让人在阅读时能体味一种特殊的节奏,又不胜其烦。比如这样的句子:“虽是故乡,然而已没有家,所以只得暂寓在鲁四老爷的宅子里。”比如这样的段落:

> 然而她总如此,全不见有伶俐起来的希望。他们于是想打发她走了,教她回到卫老婆子那里去。但当我还在鲁镇的时候,不过单是这样说;看现在的情状,可见后来终于实行了。然而她是从四叔家出去就成了乞丐的呢,还是先到卫老婆子家然后再成为乞丐的呢?那我可不知道。

《阿Q正传》,收入课本是节选。没有结构的严谨,也没有思想的深沉,纯粹以幽默甚至轻慢的笔调出之,不经意间便写成了这么一篇名作。但它极不宜收入课本,做中学生的教材。它写的是一个农村的流氓,调戏妇女,偷人财物,既麻木不仁,又冥顽不灵,说是怎样的深刻,怕都是评论者的附会,难说就是阅读者的体味。这样的小说,从情操上说,无熏染之必要,从技巧上说,无师法之可能,仅仅因为是鲁迅的名作,便入选中学课本,实在没什么道理可言。

《从百草园到三味书屋》,此篇写旧时私塾学童生活,天真未凿,趣味天成,最宜入选中学课本。

《藤野先生》,平常。若是从敦睦中日邦交出发,选它还说得过去。

《阿长与〈山海经〉》,写一个丑妇人的颟顸与仁慈,毫无美感可言。作者对这位儿时的保姆，是怀念的，但这怀念中有鄙弃的成分，显得很不厚道。最不应当入选的是，此篇中有一段话，对妇女是人格的慢侮，对少年是心灵的戕害。且看下面这段文字：

> “那里的话？！”她严肃地说，“我们就没有用么？我们也要被掳去。城外有兵来攻的时候，长毛就叫我们脱下裤子，一排一排地站在城墙上，外面的大炮就放不出来；再要放，就炸了！”

这样污秽的文字，你让教员在课堂上当着那些少男少女怎么讲？勉强讲了，你让那些少男们对他们的少女同学发生怎样的感想？古代以陶俑作陪葬，孔子闻之，以为不可，说：“始作俑者，其无后乎？”仅仅因为鲁迅是伟大的文学家，而将此篇选入初中语文课本的人，其无儿女乎？

《记念刘和珍君》，前面分析过了。仅仅“我向来是不惮以最坏的恶意来推测中国人的”这一句话，也不应当入选中学课本。

《为了忘却的纪念》，这是一篇好文章，只是太散漫了，对中学生来说，没有任何可师法之处。欣赏还是可以的。

《“友邦惊诧”论》，作为鲁迅的杂文，这篇不是很好的，要选杂文，也不该是这篇。全篇正文不足千字，全是激愤之语，时有谩骂的句子，是这类文章中的大忌。如：

> 好个国民党政府的“友邦人士”！是些什么东西！摆什么“惊诧”的臭面孔呢？

鲁迅的这类杂文，影响了中国整整一代人的文风。不可否认，有正面的影响，那就是说理透辟，词锋凌厉，也有负面的影响，那就是强词夺理，尖酸刻薄。中学生要学讲道理的文章，即便是批判，也要走分析、说理的路子，不能走这种通篇斥责甚至谩骂的路子。

《中国人失掉自信力了吗》和《拿来主义》，想来是为了振奋民族精神，汲取外国的先进经验，才入选中学课本的。若是出于这样的考虑，应当选胡适等真正对西方先进文化有理解、有研究的人的文章。选鲁迅这样的文章，不是很合适的。

其他的就不说了。我认为，作为一个优秀的作家，中学课本上选鲁迅的文章是应当的，只是不应当选这么多，更不应当选那些不宜入选的作品。要叫我说，中学六年，初中选两篇，高中选两篇，就行了。就现有篇目，初中可选《百草园和三味书屋》、《孔乙己》，高中可选《祝福》、《为了忘却的纪念》。顶多再选一篇充分说理的杂文。像现在这样一选就是十几篇，是没道理的，是荒唐可笑的。选上几篇，把鲁迅当一个正常的作家看待，知道中国现代文学史上有这么一个作家，有这么一种写法就够了。把他作为一个正常的作家看待，反而能引起中学生的敬重，勾起往后阅读其作品的欲望。现在这种“漫灌式”的办法，几乎是强制地让中学生接受鲁迅的思想观念，学习鲁迅的文章笔法，只会让他们厌烦，甚至反感。

为了纠正时下的偏颇，我要说：少不读鲁迅，老不读胡适。需要解释的是，我这里说的少不读鲁迅，不是说绝对的不读。现在的少年人读得太多了，已有了负面的影响，影响到身心的健康。不读是极而言之的说法，可理解为少读，至少不要强制他们读。

老不读胡适，是说胡适的书，适合少年读，老了就不必读了。

为什么要这么说呢，因为自由民主，公正宽容，有理想，有担当，这些胡适竭力提倡的社会理念和人生理念，是人生的底色，人格的骨架。早早把这些底色打好了，骨架撑起来了，往后或顺遂或艰窘，都不会走错了人生的路，毁弃了做人的格。老了再读，意思就不大了。暗中合了还好说，若不合，只会让你羞愧白活了一生。这个时候再悔悟，也迟了。再就是，胡适的书，文字清通，道理明澈，少年时读通了，践行了，已然化为人格与思想的有机成分，年纪大了也就不必温习了。

少不读鲁迅，老不读胡适，这句话可反过来理解，那就是少年时要多读胡适，老年时再读鲁迅不迟。鲁迅是一位独特的作家，除了前面说的缺陷以外，他的尖锐的观察，深刻的体验，刻薄的用语，苍凉的情感，都是常人难以比并的。年迈之后，再读这样的文字，会有更为深切的体味，也会有更为独到的心得。

二〇〇四年十一月二十二日于潺湲室

二〇一一年四月三日校订于潺湲室